高等院校经济与贸易类核心课程精品教材

助力乡村振兴社会实践

张玉明　石爱玲　姜万勇　◎　主　编

上海财经大学出版社
SHANGHAI UNIVERSITY OF FINANCE & ECONOMICS PRESS
上海学术·经济学出版中心

图书在版编目(CIP)数据

助力乡村振兴社会实践 / 张玉明, 石爱玲, 姜万勇主编. -- 上海：上海财经大学出版社, 2025.6.
(高等院校经济与贸易类核心课程精品教材). -- ISBN 978-7-5642-4692-1
Ⅰ. F320.3
中国国家版本馆 CIP 数据核字第 2025E3Q854 号

本书得到山东省高等教育本科教学改革研究项目"新文科背景下数智化贸易经济专业应用型人才培养模式创新研究"(Z2021245)的资助

□ 责任编辑　廖沛昕
□ 封面设计　贺加贝

助力乡村振兴社会实践

张玉明　石爱玲　姜万勇　主编

上海财经大学出版社出版发行
(上海市中山北一路 369 号　邮编 200083)
网　　址：http://www.sufep.com
电子邮箱：webmaster@sufep.com
全国新华书店经销
启东市人民印刷有限公司印刷装订
2025 年 6 月第 1 版　2025 年 6 月第 1 次印刷

787mm×1092mm　1/16　12.75 印张　279 千字
定价：49.00 元

Foreword 前言

乡村振兴战略是新时代"三农"工作的总抓手,是关系全面建设社会主义现代化国家的全局性、历史性任务。党的十九大以来,从"产业兴旺、生态宜居、乡风文明、治理有效、生活富裕"的总要求,到"建立健全城乡融合发展体制机制和政策体系"的制度设计,乡村振兴已从理论构想转化为广袤乡村的生动实践。齐鲁大地作为农耕文明的重要发源地,其乡村文化与特色产业交相辉映:从章丘大葱的葱茏绿意到明水古城的泉水文脉,从黑陶技艺的千年窑火到儒商文化的义利之道,无不彰显着山东乡村在历史传承与现代转型中的独特魅力。

作为扎根齐鲁、服务地方的应用型高校,齐鲁理工学院始终秉持"知行合一"的教育理念,坚持将实践教学作为培养高素质应用型人才的重要途径。《助力乡村振兴社会实践》教材的编写,正是响应国家战略号召、对接地方发展需求、深化产教融合的重要举措。教材立足山东章丘乡村振兴实践,整合了章丘铁锅锻造、黄家烤肉制作、石磨技艺传承等特色案例,构建起"理论认知-市场调研-营销策划-非遗活化-文化赋能"五位一体的实践教学体系,旨在引导学生在实地调研中理解乡村发展脉络,在方案设计中培养创新思维,在成果转化中强化社会责任。

教材内容分为理论与实践两大板块:理论篇系统阐释乡村振兴战略的历史演进、政策体系与核心维度,帮助学生建立宏观认知框架;实践篇聚焦山东本土特色产业,通过黑陶、铁锅、大葱等具体案例,引导学生掌握市场调研、营销策划、文化创意等实操技能。每章设置的开篇案例、案例启示、教学目标、实践任务与思考题,形成了"案例导入-知识建构-实践应用-反思提升"的闭环学习体系,既注重理论深度,又强调实践可行性。

特别值得一提的是,教材深度融合了山东章丘地域文化元素。从孟洛川纪念馆的儒商精神到明水古城的文旅融合,从章丘铁匠的匠心传承到黄河流域的生态保护,教材将地方特色转化为教学资源,让学生在熟悉的语境中理解乡村振兴的多元路径。这种"在地化"的教材设计,不仅增强了学生的文化认同感,也为服务地方经济社会发展奠定了认知基础。

乡村振兴是一场深刻的社会变革,需要理论与实践的双重探索。本书既可供高校相关专业开展实践教学使用,也可作为地方政府、企业开展乡村振兴工作的参考资料。我们期待通过教材的推广应用,培养更多懂农业、爱农村、爱农民的"三农"工作者,为齐鲁乡村全面振兴注入青春力量。

本书由张玉明总体设计。参加编写工作的人员有：石爱玲（前言、第七章）、王芳（第一章）、公艳（第二章）、刘淑华（第三章）、李雨涵（第四章）、李蓓蓓（第五章）、巩乾雯（第六章）、姜万勇（第八章）、李栓宁（第九章）、刘星君（第十章）。在分工完成初稿后，由张玉明、石爱玲、姜万勇对全书进行了统稿，石爱玲负责进一步修改。

在本书编写过程中，得到了济南德功龙山黑陶艺术有限公司、章丘铁匠手工艺行业协会、伍忠号黄家烤肉、山东现林石磨有限公司、章丘市徐家兴盛大葱专业合作社、济南市章丘区刁镇旧军乡村博物馆、明水古城国际泉水旅游度假区等单位的大力支持，也借鉴了众多专家学者的研究成果，在此一并致谢。

本书的出版得到了山东省高等教育本科教学改革研究项目"新文科背景下数智化贸易经济专业应用型人才培养模式创新研究"（Z2021245）的资助，得到学校有关领导和同事们的关心与支持，在此表示深深的感谢！

限于作者水平，书中难免存在疏漏之处，敬请广大读者批评指正。

编 者
2025 年 3 月于济南

Contents 目录

理论篇

第一章 乡村振兴战略认知 ······ 3
　　开篇案例 ······ 3
　　案例启示 ······ 4
　　教学目标 ······ 4
　　第一节　乡村振兴的基础：新中国成立以来城乡关系的演变 ······ 4
　　第二节　乡村振兴战略的历史演进与政策体系 ······ 17
　　第三节　乡村振兴的五大核心维度 ······ 23
　　第四节　乡村振兴的典型模式与创新方向 ······ 28
　　　本章小结 ······ 43
　　　实践任务 ······ 43
　　　思考题 ······ 43

第二章 市场调研与分析 ······ 45
　　开篇案例 ······ 45
　　案例启示 ······ 46
　　教学目标 ······ 46
　　第一节　市场调研概述 ······ 46
　　第二节　市场调研问卷设计 ······ 58

第三节　市场调研报告的撰写 ································· 64
　　　本章小结 ··· 70
　　　实践任务 ··· 70
　　　思考题 ··· 70

第三章　营销策划与推广 ·· 73

　　开篇案例 ··· 73
　　案例启示 ··· 74
　　教学目标 ··· 74
　　第一节　营销策划概述 ··· 74
　　第二节　营销策划新思维 ······································· 88
　　第三节　营销推广 ··· 94
　　　本章小结 ··· 104
　　　实践任务 ··· 105
　　　思考题 ··· 105

实　践　篇

第四章　黑陶制品及黑陶制作技艺调研 ································ 109

　　开篇案例 ··· 109
　　案例启示 ··· 110
　　教学目标 ··· 110
　　相关知识 ··· 110
　　一、黑陶的历史与发展 ··· 110
　　二、黑陶产地分布 ··· 111
　　三、黑陶的文化寓意 ··· 114
　　四、黑陶制作流程 ··· 115
　　　本章小结 ··· 117

实践任务 ………………………………………………………………… 117
　　思考题 …………………………………………………………………… 118

第五章　章丘铁锅及其锻造技艺调研 ……………………………………… 120
　开篇案例 …………………………………………………………………… 120
　案例启示 …………………………………………………………………… 121
　教学目标 …………………………………………………………………… 121
　相关知识 …………………………………………………………………… 121
　一、章丘铁锅历史 ………………………………………………………… 121
　二、章丘铁锅制作技艺 …………………………………………………… 122
　三、章丘铁锅的文化价值 ………………………………………………… 129
　　本章小结 ………………………………………………………………… 130
　　实践任务 ………………………………………………………………… 130
　　思考题 …………………………………………………………………… 131

第六章　黄家烤肉及其制作技艺调研 ……………………………………… 133
　开篇案例 …………………………………………………………………… 133
　案例启示 …………………………………………………………………… 134
　教学目标 …………………………………………………………………… 134
　相关知识 …………………………………………………………………… 134
　一、烤肉行业概述 ………………………………………………………… 134
　二、黄家烤肉发展历程 …………………………………………………… 136
　三、黄家烤肉制作流程 …………………………………………………… 140
　　本章小结 ………………………………………………………………… 142
　　实践任务 ………………………………………………………………… 142
　　思考题 …………………………………………………………………… 143

第七章　石磨衍生品及石磨制作技艺调研 ………………………………… 145
　开篇案例 …………………………………………………………………… 145

案例启示 ··· 146
教学目标 ··· 146
相关知识 ··· 146
一、石磨的起源 ··· 146
二、石磨的变迁 ··· 148
三、石磨承载的文化寓意 ··· 149
四、石磨的应用 ··· 150
  本章小结 ··· 151
  实践任务 ··· 151
  思考题 ··· 152

第八章　章丘大葱产销情况及栽培技艺调研 ································· 154
开篇案例 ··· 154
案例启示 ··· 155
教学目标 ··· 155
相关知识 ··· 155
一、章丘大葱种植历史 ·· 155
二、章丘大葱生产情况 ·· 158
三、章丘大葱销售情况 ·· 160
四、章丘大葱栽培技艺 ·· 161
  本章小结 ··· 163
  实践任务 ··· 163
  思考题 ··· 164

第九章　儒商文化调研 ··· 166
开篇案例 ··· 166
案例启示 ··· 167
教学目标 ··· 167
相关知识 ··· 167

一、儒商与儒商精神 ………………………………………………………… 167
二、儒商文化的内涵及基本内容 …………………………………………… 173
三、儒商文化的现代意义 …………………………………………………… 175
　　本章小结 ……………………………………………………………… 178
　　实践任务 ……………………………………………………………… 178
　　思考题 ………………………………………………………………… 178

第十章　明水古城文化创意产品开发调研 …………………………………… 180

　　开篇案例 ……………………………………………………………… 180
　　案例启示 ……………………………………………………………… 181
　　教学目标 ……………………………………………………………… 181
　　相关知识 ……………………………………………………………… 181
一、文化创意产品的概念 …………………………………………………… 181
二、文化创意产品的特点 …………………………………………………… 182
三、文化创意产品的分类 …………………………………………………… 183
四、文化创意产品的开发原理 ……………………………………………… 184
五、文化创意产品的价值实现路径 ………………………………………… 186
　　本章小结 ……………………………………………………………… 187
　　实践任务 ……………………………………………………………… 188
　　思考题 ………………………………………………………………… 188

参考文献 ……………………………………………………………………… 190

理论篇

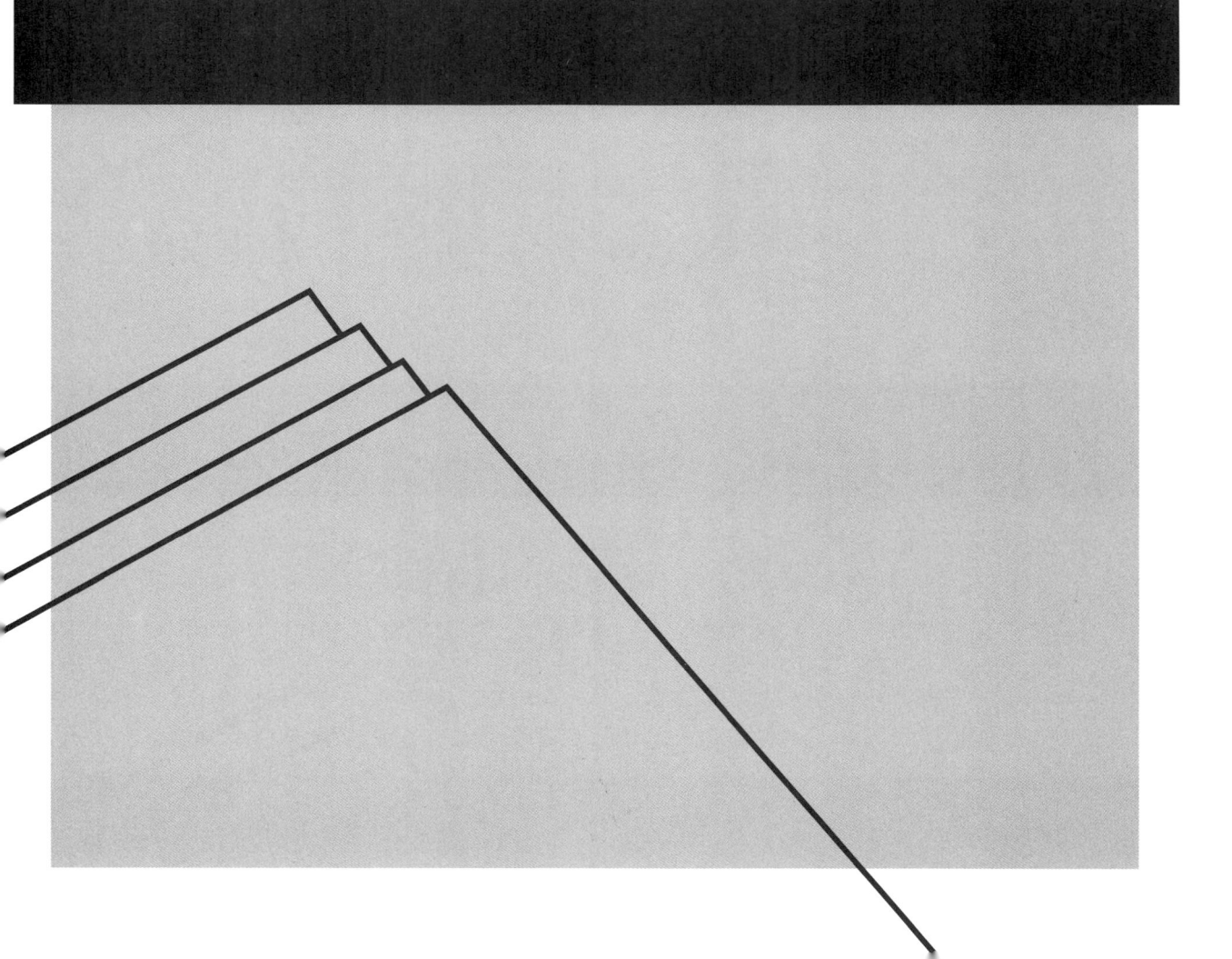

第一章
乡村振兴战略认知

开篇案例

　　天下泉城,"四面荷花三面柳,一城山色半城湖"。出济南,东行百余里,有一座村庄。这里,郁郁葱葱,溪水潺潺,现代化的农业产业园、生态养殖示范区红红火火,花园式的社区公寓楼、文化大院鳞次栉比,一幅乡村振兴的画卷生动铺展。村头红色高大的牌坊上有耀眼醒目的三个金色大字:三涧溪。这是一个被习近平总书记牵挂的村子。

　　2018年6月14日,对于全村人来说,这是一个特别幸福的日子。这一天,习近平总书记亲临考察。拉家常、听民声、嘘寒问暖。农民的生活事,都是习近平总书记念念不忘的大事。

　　在三涧溪村座谈时,习近平总书记说,"农业农村工作,说一千、道一万,增加农民收入是关键"。调动广大农民积极性、创造性,形成现代农业产业体系,实现一二三产业融合发展,多措并举增加农民收入,是乡村振兴的当务之急。

　　三涧溪村以农村集体产权制度改革为契机,以国有股份参与乡村振兴建设,建立国有股份投资、集体资产入股、村民合作社参与的合作发展机制。充分发挥集体经济的积极作用,将集体经济发展与农村基本治理单元结合起来,既有利于发展经济、保障农民权益,又能够全面提升农村社会治理水平。

　　对于先期引进的工业企业,积极推动新旧动能转换,促进产业整体提档升级。借助区位优势发展工业旅游,助推企业培育新的增长点。抓住章丘开通东环路、建设城东工业园和高校园区的有利时机,村里成立三涧溪村建设项目服务公司,专门负责园区的管理服务,配合引进企业落户,承揽工程。这样,村里有了集体收入,农民也挣上了工资。如今,三涧溪村顺着这个思路,走出一条农民钱袋子鼓起来、乡村产业旺起来的振兴之路。

看到村子在党建工作引领下,产业发展有力,集体经济壮大,生态环境秀美,村民的生活越来越好,习近平总书记十分高兴,反复叮嘱,要加快构建促进农民持续较快增收的长效政策机制,让广大农民都尽快富裕起来。

半年后,在2019年新年贺词中,习近平总书记再次回忆起三涧溪,回忆起和村民赵顺利一家围坐一起拉家常的情景,祝福乡亲们的生活蒸蒸日上,越过越红火。

资料来源:求是网,https://www.qstheory.cn。

案例启示

三涧溪村以党建引领乡村振兴,走出了一条产业兴旺、生态宜居、乡风文明、治理有效、生活富裕的振兴之路。产业上,通过"北农、中旅、南工"布局,发展现代农业、冷链物流、电商等多元产业,村集体年收入突破千万元,农民人均年收入超3万元。生态上,坚持绿色发展,将古村建成现代版"富春山居图",基础设施完善,环境宜居;乡风上,以"家"文化为核心,推进家风建设,形成文明新风尚;治理上,创新"五治融合"机制,实现有效治理;生活上,村民住房、医疗、教育等条件显著改善,幸福感显著提升。三涧溪的实践,为乡村振兴提供了可复制的经验样本。

教学目标

知识目标:熟知乡村振兴的基本理论与政策,深入了解乡村振兴战略的起源、发展、内涵和目标,明确乡村振兴对于国家整体发展的战略意义;学习乡村经济、社会、文化发展的基本理论,认识乡村振兴的复杂性和艰巨性;学习乡村振兴的成功案例和先进经验,了解不同地区的乡村振兴模式,掌握乡村振兴的创新方法和手段。

能力目标:具备乡村调研与数据分析能力,即能够运用科学方法进行乡村调研,收集和分析乡村发展的相关数据,为乡村振兴提供决策支持;能够参与乡村发展规划的编制和实施,具备项目策划、执行和评估的能力。具备创新创业与资源整合能力:能够结合乡村实际,发掘创新创业机会,整合政府、企业、社会等多方资源,推动乡村振兴项目的落地实施。

素质目标:树立服务乡村、振兴乡村的责任感和使命感;具备跨学科的知识结构和思维方式,能够运用创新方法解决乡村振兴中的实际问题,推动乡村发展方式的转变;具备良好的团队协作精神和沟通能力,能够与政府部门、企业、村民等各方有效沟通,共同推动乡村振兴事业的发展。

第一节 乡村振兴的基础:新中国成立以来城乡关系的演变

党的十九大报告提出乡村振兴战略,其内涵之一就是"建立健全城乡融合发展体制机制和政策体系"。可以理解为,乡村振兴和城乡融合互为因果,但在城乡割裂的状态下,乡村振兴是不可能的,因此,城乡融合体制机制和政策体系的建立是乡村振兴的基础。

一、传统体制下严重偏斜的城乡关系(1949—1978年)

20世纪50年代初期,百废待兴的新中国面临着工业化、城市化的资金来源问题。由于当时的工业基础十分薄弱,工业化、城市化的资金只能从农业中来,于是,20世纪50年代,中国政府实行了以重工业为中心的"倾斜发展战略"以及包括价格、财政、金融和科学技术在内的较为完整的政策体系。在这个发展战略和政策体系下,政府从三个方面构建了农业农村经济运行的基本框架,即传统农业经营体制的"三大支柱"。

(一)统购统销制度

这一制度形成的主要原因是粮食供应局面的紧张。根据陈云在1953年10月全国粮食会议上的讲话,"全国粮食问题很严重",主要是"收进得少,销售得多",尽管全国粮食丰收,但收入提高后农民的消费水平提高了,自己吃掉的粮食数量增加了,因而卖出的反而减少了。在这种情况下,粮食产区的粮贩子大肆活动,开始跟国家抢购粮食;北京、天津的面粉不够供应。按照陈云的计算,即使完成了收购计划,1953年国家粮食销售也会比收购多87亿斤,这在当时是一个很大的数量。陈云认为:"在粮食问题上,有四种关系要处理好,这就是,国家跟农民的关系;国家跟消费者的关系;国家跟商人的关系;中央跟地方、地方跟地方的关系。……处理好了第一种关系,天下事就好办了,只要收到粮食,分配是容易的。""处理这些关系所要采取的基本办法是:在农村实行征购,在城市实行定量配给,严格管制私商,以及调整内部关系。"[①]根据陈云的建议和会议的决定,1953年10月16日,中共中央作出《关于实行粮食的计划收购与计划供应的决议》,确定在当年11月底之前完成动员和准备,12月初开始在全国范围内实现粮食统购统销。同年11月19日,政务院第194次政务会议通过,并于11月23日发布《政务院关于实行粮食的计划收购和计划供应的命令》,正式实行了粮食统购统销政策。1953年11月15日,中共中央作出《关于在全国实行计划收购油料的决定》;1954年9月9日,政务院发布《关于实行棉花计划收购的命令》,自此,粮棉油全部由国家统一收购和销售。1957年8月9日,国务院发布《关于由国家计划收购(统购)和统一收购的农产品和其他物资不准进入自由市场的规定》,正式规定烤烟、黄洋麻、苎麻、甘蔗、家蚕茧(包括土丝)、茶叶、生猪、羊毛(包括羊绒)、牛皮及其他重要皮张、土糖、土纸、桐油、楠竹、棕片、生漆、核桃仁、杏仁、黑瓜子、白瓜子、栗子、集中产区的重要木材、38种重要中药材(具体品种另由卫生部通知)、供应出口的苹果和柑橘、若干产鱼区供应出口和大城市的水产品,属于国家统一收购的农产品。1957年10月26日,国务院又将核桃列入统一收购物资。可见,国家计划收购和统一收购(后称"派购")的产品占农产品中的大多数。上述商品即使完成了国家计划收购或统一收购任务,也不能在市场上自由销售,必须卖给国家及其委托的收购商店。

但是,当时国家收购的价格都比较低,而且国家的收购计划或任务不仅仅是收购农民

---

① 1953年10月2日,中共中央政治局扩大会议上陈云关于粮食问题的报告。

的剩余农产品,还要收购必需品。1953年10月,陈云在全国粮食会议上曾谈道:"前几年,我们搞城乡交流,收购土产,农民增加了收入,生活改善了,没有粮食的多买一点粮食,有粮食的要多吃一点,少卖一点。结果我们越是需要粮食,他们越是不卖。""合作社为了大量掌握油饼,在产地就近榨油,因此农村供油量便增加了。农村销油增加,使城市的食油供应更加紧张。"国家强行征购,降低了农民的生活水平,必然使得农民产生抵触情绪,而且农村干部的抵触情绪更大,一些县、区级干部甚至部分省部级干部也不理解,从而影响政策实施效果。因此,毛泽东提出,要各级干部联系过渡时期总路线来理解和执行,在操作过程中采取"全党动员,全力以赴"的做法,1953年10月部署的粮食征购任务如期并超额完成。毛泽东在《论十大关系》一文中也谈道:"我们同农民的关系历来都是好的,但是在粮食问题上曾经犯过一个错误。一九五四年我国北方地区因水灾减产,我们却多购了七十亿斤粮食。这样一减一多,闹得去年春季许多地方几乎人人谈粮食,户户谈统销。农民有意见,党内外也有许多意见。"可见,主要农产品计划收购和统一收购制度是城乡关系转化的开始,这一转变的特征就是前述的"倾斜战略",即农业向工业倾斜,农村向城市倾斜,以剥夺农民利益的方式促进工业化、城市化的实现。

（二）人民公社制度

实行计划收购和统一收购的核心是确定每一个农户的实际产量。1953年3月3日,中共中央、国务院发布了《关于迅速布置粮食购销工作安定农民生产情绪的紧急指示》(以下简称《紧急指示》),指出"政策的界限具体表现于粮食统购数字和粮食统销数字的正确规定""必须进一步采取定产、定购、定销的措施,即在每年的春耕以前,以乡为单位,将全乡的计划产量大体上确定下来,并将国家对于本乡的购销数字向农民宣布,使农民知道自己生产多少,国家收购多少,留用多少,缺粮户供应多少"。但实际上必须定产、定购到户,否则无法完成乡级的任务。上述《紧急指示》也要求"各乡要用最快的方法传达到每家农民",可见,农户是统购计划的最终承担者。而当时全国共有1亿多农户,其工作量之大可想而知。

因此,尽管当时的党和国家领导人设想用10—15年时间完成过渡时期总路线的任务,"我国在经济上完成民族独立,还要一二十年时间。我们要努力发展经济,由发展新民主主义经济过渡到社会主义"。而且《紧急指示》也提出,"同时再把农村合作化的步骤放慢一些,这对于缓和当前农村紧张情况,安定农民生产情绪,有重大的意义"。1953年3月8日,《中共中央对各大区缩减农业增产和互助合作发展的五年计划数字的指示》,明确指示要控制和缩减互助合作社覆盖的农户数量。《中华人民共和国发展国民经济的第一个五年计划(1953—1957)》也明确规定到1957年农村入社户数达到总户数的1/3左右。但实际上到1956年4月底就基本上实现了初级形式的合作化,10月底,多数省市实现了高级形式的合作化。具体原因很多,但实现合作化后,粮食统购工作重点由农户转到合作社从而大大减轻基层政府的工作量是一个重要原因。1956年10月6日,国务院发布《关于农业生产合作社粮食统购统销的规定》,要求:"国家对农业社的粮食统购、统销数量,不论高级社或初级社,一般以社为单位。""农业社在进行内部粮食分配的时候,必须保证完成国家核定的粮食征购任务。"1956—1958年,全国范围内由初级社过渡到高级社,再过渡到人民公社,实现了农村所有制形式从私有制、半公有制到公有制的根本性变化,国家完全掌控了农产品生产的全过程。

(三)户籍制度

由于主要农产品的国家计划收购和统一收购在一定程度上损害了农民的利益,而合作化、人民公社化又必然带有一定强迫的性质,这就必然引起部分农民的消极对待,如宰杀耕牛、人口外流等。尤其是人口外流,影响了农业生产力的发展。因此,1957年12月18日,中共中央、国务院联合发布《关于制止农村人口盲目外流的指示》,指出:"去冬今春曾有大量农村人口盲目流入城市,虽经各地分别劝阻和遣送返乡,但是还没有能够根本制止。今年入秋以来,山东、江苏、安徽、河南、河北等省又发生了农村人口盲目外流的现象。……农村人口大量外流,不仅使农村劳动力减少,妨碍农业生产的发展和农业生产合作社的巩固,而且会使城市增加一些无业可就的人口,也给城市的各方面工作带来不少困难。"要求各地采取教育、劝阻、动员返回、禁止招工、遣返等多种方法把人口留在农村。1958年1月9日,第一届全国人大常委会第91次会议通过了《中华人民共和国户口登记条例》,把人口分为城市户口和农村户口两大类,并严格限制城乡之间的迁徙。1959年9月23日,中共中央、国务院发布《关于组织农村集市贸易的指示》,规定小商贩要经过国营商业组织起来,"不准远途贩运,也不准在同一集市作转手买卖,投机倒把,并且要严格遵守市场管理"。"投机倒把"概念出现了并逐渐入刑。1963年3月3日,中共中央、国务院联合发布《关于严格管理大中城市集市贸易和坚决打击投机倒把的指示》;1963年3月8日,国务院发布《关于打击投机倒把和取缔私商长途贩运的几个政策界限的暂行规定》,规定严禁"社员弃农经商",严禁农产品"长途贩运",确保主要农产品的计划和统一收购。

上述三个方面互为支撑,共同构成了传统农村体制的完整框架。1978年以来的改革对象正是这个制度框架。这个制度保证了国家工业化的资金来源,奠定了国家工业化的基础。在这个制度框架下,农业不仅通过农业税(明税)为工业化积累资金,还通过工农产品价格"剪刀差"(暗税)为工业化积累更多的资金。严瑞珍等学者的研究表明,1978年是新中国成立后中国历史上工农产品价格"剪刀差"最大的年份,绝对量为364亿元,相对量为25.5%,即农业部门新创造价值的四分之一以上都以"剪刀差"的形式流出了农业部门。上述数字是惊人的,这也造成了城乡关系的严重偏斜和农业农村自我发展能力的丧失。到了20世纪70年代末期,全国29个省市自治区中,有11个由粮食调出变成粮食调入,只有3个省能够调出粮食,说明制度的净收益已经为零甚至为负,这种严重偏斜的城乡关系无法继续维持。正是在这样的背景下,当安徽等地农民冒着坐牢的危险私下把土地承包到户时,尽管存在着激烈地争论,但基于对上述严峻现实的认知,理性最终突破了意识形态的禁锢,改革的大幕终于拉开。

二、在徘徊中趋于改善的城乡关系(1978—2017年)

改革开放以来,中国的城乡关系发生了重大变化。概括起来就是:20世纪八九十年代中国的城乡关系从开始缓和到趋紧,在世纪之交发生转变,21世纪以来逐渐趋于改善,呈现出马鞍形变动趋势。在下面的内容中,我们先对第一阶段进行简要分析,然后重点讨论21世纪以来城乡关系改善的理念、措施及过程。

(一)第一阶段(1978—1999年)

鉴于前文分析的农业发展形势的严峻性,1978年12月召开的党的十一届三中全会提出了发展农业生产力的25条政策措施,其中之一就是国家对粮食的统购价格从1979年夏粮上市起提高20%,超购部分加价50%。根据《中国统计年鉴(1979年)》的数据,1979年粮食收购价格比1978年实际提高130.5%。同时,大幅度降低了农业机械、化肥、农药、农用塑料等农用工业品的价格。这些措施具有明显的让利特征,在一定程度上缓解了当时城乡关系的紧张局面,也激发了安徽省小岗村等村队把集体所有的土地承包到户经营的冲动。改革开放四十多年来的实践证明,价格改革始终是矫正城乡关系天平的利器之一,也是本阶段的重点改革内容。当然,农产品价格改革的基础是土地制度改革,而后者的成功又推动了劳动力制度改革。本部分重点分析这三项改革对城乡关系变化带来的影响。

1. 土地制度改革

这项始于安徽省小岗村的改革的实质是实行大包干责任制,即把农村集体所有的土地承包到户,分户经营。出于意识形态的原因,尽管这项改革在农民层面极受欢迎,但在政府层面,尤其高层,仍存在着极大的争议,其核心就是对其是社会主义性质还是资本主义性质的判断。1980年9月27日,中共中央印发的《关于进一步加强和完善农业生产责任制的几个问题》的通知指出:"就全国而论,在社会主义工业、社会主义商业和集体农业占绝对优势的情况下,在生产队领导下实行的包产到户是依存于社会主义经济,而不会脱离社会主义轨道的,没有什么复辟资本主义的危险,因而并不可怕。"1982年中央一号文件进一步指出:"包干到户这种形式,……是建立在土地公有制基础上的,所以它不同于合作化以前的小私有的个体经济,而是社会主义农业经济的组成部分。"可见,中央对"小岗改革模式"的肯定也是循序渐进的。在中央高层和基层农民的双重推动下,到1983年春季,实现"双包"责任制的农村基本核算单位(主要是生产队)达到95%以上。1983年10月12日,中共中央、国务院发出《关于实行政社分开建立乡政府的通知》,要求在1984年底之前取消人民公社,成立乡镇政府,并明确指出村民委员会为自治组织,不再是乡镇政府职能的延伸,也是国家调整城乡关系的重要环节。1991年11月29日,党的十三届八中全会通过了《中共中央关于进一步加强农业和农村工作的决定》,把这一体制正式表述为"统分结合的双层经营体制",并写入1999年修正的《中华人民共和国宪法》。

2. 农产品价格改革

工农产品价格"剪刀差"只有在国家控制价格的前提下才有可能实现。土地制度改革后,农民有了生产自主权,粮食的供给很快就得到了满足,而且还由于仓储、运输等问题一度造成了"卖粮难"。在这样的背景下,1985年中共中央一号文件提出:"除个别品种外,国家不再向农民下达农产品统购派购任务","粮食、棉花取消统购,改为合同定购","生猪、水产品和大中城市、工矿区的蔬菜,也要逐步取消派购,自由上市,自由交易,随行就市、按质论价","其他统派购产品,也要分品种、分地区逐步放开。"此后,除了主要粮食品种(稻谷、小麦、玉米、大豆),全部农产品都实现了市场定价和市场化流通。这一政策客观上推进了农业结构调整,加上20世纪80年代末期推进的"菜篮子工程",到了20世纪90年代中期,几乎所有农产品都出现了供过于求的局面,直接推动了20世纪90年代后期的农业结构战略性调整。

在市场化的大背景下,工农产品价格"剪刀差"逐渐消除。笔者以前的研究表明,1978—1997年国家以工农产品价格"剪刀差"方式从农村抽离资金9 152亿元,平均每年457.6亿元。从1993年起"剪刀差"的相对量("剪刀差"与农业创造的所有价值的比值)逐渐下降,1997年降到2.2%。因此,我们认为,到了20世纪末期,工农产品价格"剪刀差"总体上趋于消失了。

3. 劳动力管理制度改革

对农村劳动力的严格管理是传统体制的显著特征之一。按照杜润生的估计,即使在生产队体制下,劳动力剩余仍然达到了三分之一。实现家庭承包经营以后,劳动力的剩余问题更加突出。白南生等人估算,改革初期的安徽省滁县地区(后改为滁州市),按耕地计算,劳动力剩余量可达到30%左右,多的达35%~40%。这么多劳动力,必然要从农村流向城镇寻找就业出路。从逻辑上看,是否允许这些劳动力进入城镇,以及如何对待进入城镇以后的部分农村剩余劳动力,是判断当时城乡关系是否融洽的重要内容。1983年12月,国务院发布《关于严格控制农村劳动力进城做工和农业人口转为非农业人口的通知》,限制农村劳动力进入城镇。但如此大量的剩余劳动力不允许进入城镇自谋职业,必然会带来一系列社会问题。1985年中央一号文件第一次提出:"在各级政府统一管理下,允许农民进城开店设坊,兴办服务业,提供各种劳务。"这算是开了一个口子。但1989年,国务院办公厅发布《关于严格控制民工盲目外出的紧急通知》,要求各地严格控制民工盲目外出;1991年,国务院颁布《全民所有制企业招用农民合同制工人的规定》,规定城镇企业必须按国家计划招用农民工;1994年,劳动部颁布《农村劳动力跨省流动就业管理暂行规定》,要求农村劳动力到城镇就业必须证卡合一(即身份证或户口本和外出人员就业登记卡合一),实际上采取了"卡"的态度。这一政策的变化自1993年党的十四届三中全会开始。这次会议提出:"逐步改革小城镇的户籍管理制度,允许农民进入小城镇务工经商,发展农村第三产业,促进农村剩余劳动力的转移。"1997年6月,国务院批转公安部《小城镇户籍管理制度改革试点方案》和《关于完善农村户籍管理制度意见》,允许符合条件的农村劳动力到小城镇落户。可见,这一阶段国家对农村剩余劳动力进入城镇的政策前期限制,后期放宽,根本原因在于这一大趋势无法阻挡,而且城镇建设也需要这批廉价劳动力。这一阶段外出打工的农村劳动力和城镇劳动力待遇的差距很大,一般是"同工不同酬",并无法享受城镇职工的公共福利待遇。在某些行业(如建筑业),拖欠农民工工资的现象经常发生,以至于到了21世纪,几届总理为农民工讨薪,充分说明了这个问题的严重性。

改革初期,家庭承包经营制度的推行,使得农民收入大幅度提高,1979—1983年5年中,有4年农民人均纯收入增长速度超过10%,为历史上最高水平,从而使城乡居民收入差距一度缩小。这一阶段城乡关系的缓和实质上是"恢复性缓和"。1978年,城镇人均可支配收入和农村居民人均纯收入之比为2.57∶1,1983年下降到1.82∶1;但1986年就又达到了2.13∶1,此后一直呈上升趋势,到了1999年达到2.65∶1,城乡关系呈现恶化趋势(见表1—1),农民人均纯收入的实际增长速度只有少数年份超过城镇居民;而城乡居民收入之比经过20年的改革居然回到了原点(1999年的城乡居民收入之比实际上高于1978年),充分说明了传统体制的顽固性。

表1—1　　　　　　　　1978—1999年城乡居民收入及相关指标

年份	农村居民人均纯收入(元)	农村居民实际增长速度(%)	城镇居民人均可支配收入(元)	城镇居民实际增长速度(%)	城乡居民收入之比
1978	133.6	—	343.4	—	2.57
1979	160.2	14.4	405	13.1	2.53
1980	191.3	8.1	477.6	7.2	2.5
1981	223.4	11.6	500.4	2	2.24
1982	270.1	15	535.3	4.4	1.98
1983	309.8	10.6	564.6	3.1	1.82
1984	355.3	9.8	652.1	10.4	1.84
1985	397.6	1.2	739.1	2.3	1.86
1986	423.8	−0.3	900.9	10.8	2.13
1987	462.6	1	1 002.10	2.6	2.17
1988	544.9	−3.1	1 180.20	−3.1	2.17
1989	601.5	−7.3	1 373.90	−3.3	2.28
1990	686.3	9	1 510.20	5.7	2.2
1991	708.6	−0.2	1 700.60	7.5	2.4
1992	784	3	2 026.60	9.1	2.58
1993	921.6	0.2	2 577.40	5.8	2.8
1994	1 221.00	0.3	3 496.20	1.8	2.86
1995	1 577.70	4.7	4 283.00	1.1	2.71
1996	1 926.10	9	4 838.90	2.9	2.51
1997	2 090.10	4.9	5 160.30	3.3	2.47
1998	2 162.00	4.2	5 425.10	5.7	2.51
1999	2 210.30	3.6	5 854.00	8.9	2.65

注:由于缺乏1977年收入数据,故无法计算出1978年的实际增长速度。
资料来源:历年《中国统计年鉴》。

不仅如此,这一阶段也是农民负担最重的阶段。所谓"农民负担",是指农民除了向国家缴纳税金之外,依法承担的村组提留、乡(镇)统筹费、积累工、义务工及其他费用。农民负担问题的实质是收入再分配问题。20世纪80年代中期以后,农民负担问题开始显现,此后越演越烈,1990年,仅全国农民人均村提留、乡统筹就达到上年农民人均纯收入的7.88%,还不包括其他负担。据国家统计局数据,"七五"期间(1986—1990年)全国农民共上缴提留和统筹881亿元,比"六五"时期(1981—1985年)的462.2亿元多414.8亿元,年均增长20.1%,高于同期农民人均纯收入实际增长速度16.4个百分点。面对这一严峻的现实,1990年2月,国务院发布了《关于切实减轻农民负担的通知》,1991年12月发布《农民承担费用和劳务管理条例》,严格规定了农民应负担的项目和金额。此后,党和国家领导人多次批示要求减轻农民负担,国务院及其相关部门也多次下发文件。1996年12月,中共中央、国务院联合发布《关于切实做好减轻农民负担工作的决定》,提出了减轻农民负担的13条具体措施。1998年7月,中共中央办公厅、国务院办公厅发布《关于切实做好当前减轻农民负担工作的通知》,要求严格控制1998年农民承担提留统筹的绝对额在上年人均纯收入的5%以内。在政策的高压下,从1994年到1996年,全国农民人均负担的村提留和乡统筹费占上年人均纯收入的比例分别为4.81%、4.92%、4.66%,此后各年都严格控制在5%以内。但"九五"时期(1996—2000年),农民人均收入增长速度呈下降态势,加剧了这一时期城乡关系的恶化,由此导致了21世纪初期的农村税费改革。

（二）第二阶段（2000—2017年）

为了从根本上减轻农民负担,缓解城乡关系,2000年3月,中共中央、国务院发出《关于进行农村税费改革试点工作的通知》,决定在安徽以省为单位进行农村税费改革试点,其他省、自治区、直辖市可选择少数县(市)进行试点。试点工作取得了积极的成效并逐渐铺开。2005年12月29日十届全国人大常委会第十九次会议做出了自2006年1月1日起废止《中华人民共和国农业税条例》的决定,农民种地纳税自此成为历史。

执政理念的转变是这一阶段城乡关系改善的基础。2002年11月召开的党的十六大提出:"统筹城乡经济社会发展,建设现代农业,发展农村经济,增加农民收入,是全面建设小康社会的重大任务。"首次提出以统筹城乡为手段解决农业农村农民问题。2005年10月,党的十六届五中全会提出了"扎实稳步推进新农村建设"的历史性任务。2007年10月召开的党的十七大提出:"建立以工促农、以城带乡长效机制,形成城乡经济社会发展一体化新格局。"首次提出城乡经济社会发展一体化理念。党的十八大提出工业化、信息化、城镇化、农业现代化"四化"同步的理念,推动城乡发展一体化,"让广大农民平等参与现代化进程、共同分享现代化成果"。城乡统筹、城乡发展一体化是递进关系,既表达不同时期的执政理念,又蕴含着执政理念形成背后城乡关系的变化。这一阶段,在上述执政理念的主导下,中央政府和地方实施了一系列有利于城乡关系改善的农业农村农民政策。

1. 农业政策

21世纪以后,中央政府在取消农业"四税"的基础上,实施了一系列农业支持保护政策,基本形成了完整的政策体系。

(1) 农产品价格支持政策。

价格支持依然是农业支持保护的重要内容。当然,在 WTO(世界贸易组织)框架下,价格支持不再是单纯地提价,而是具有更加丰富的内涵。主要包括:①2004 年和 2006 年,分别实施了稻谷和小麦的最低收购价格制度。②从 2009 年起,逐步实施玉米、大豆、油菜籽、棉花、食糖等重要农产品的临时收储价格。按 2014 年中央一号文件精神,国务院于当年取消了大豆和棉花的临时收储政策,并对新疆棉花、东北和内蒙古大豆实施目标价格政策。同时取消了食糖的临时收储政策,改为企业收储,并由财政给予一定的贴息补贴。按照 2015 年 6 月国家发展和改革委员会等部门文件精神,国家于当年起取消油菜籽的临时收储政策,改为由地方政府负责组织各类企业进行油菜籽收购,中央财政对主产区予以适当补贴。2016 年,国家改革了玉米临时收储制度,按照"市场定价、价补分离"的原则,将以往的玉米临时收储政策调整为"市场化收购"加"定向补贴"的新机制。2017 年 3 月 23 日,国家发展和改革委员会发布消息,2017 年国家将在东北三省和内蒙古自治区调整大豆目标价格政策,实行市场化收购加补贴机制。③2009 年 1 月 9 日,经国务院批准,国家发展和改革委员会、财政部、农业部、商务部、国家工商行政管理总局、国家质量监督检验检疫总局制定了《防止生猪价格过度下跌调控预案(暂行)》,规定当猪粮比价低于 5∶1 时,要较大幅度增加中央冻肉储备规模。④2015 年中共中央一号文件指出,"积极开展农产品价格保险试点",并在山东省及其他一些省市开始了试点。如 2015 年山东省部分市县试点了大蒜、马铃薯、大白菜、大葱等产品的目标价格保险制度;2016 年,安徽省在部分市县开展了玉米价格保险试点工作。上述试点都取得了比较良好的效果,有效保护了农民的利益。

(2) 农业补贴政策。

主要是 2004 年开始实施的种粮农民直接补贴、良种补贴、农机具购置补贴,2006 年开始实施的农业生产资料价格综合补贴,合称"四大补贴"。2016 年,在前一年试点的基础上,财政部、农业部联合发布了《农业支持保护补贴资金管理办法》,改革除农机具购置补贴之外的三项补贴为"农业支持保护补贴",主要用于支持耕地地力保护和粮食适度规模经营以及国家政策确定的其他方向。此外,中央还于 2005 年起陆续出台了奶牛良种补贴、生猪良种补贴等一系列畜禽养殖补贴政策,有力地促进了养殖业的健康发展。

(3) 农业基础建设补贴政策。

例如,根据 2005 年中央一号文件精神,当年启动了测土配方施肥补贴项目,对农业等部门开展的土壤成分检测和配方施肥工作予以经费补贴。这项政策扩大了测土配方施肥补贴的范围和规模,有力推动了农产品产量的增加和品质改善。2005 年中央一号文件提出认真组织实施"科技入户工程",扶持科技示范户。此后,"农业科技入户示范工程"的组织实施,对农业先进适用技术的推广起到了重要作用。2005 年中央一号文件还提出设立小型农田水利设施建设补助专项资金,对农户投工投劳开展小型农田水利设施建设予以支持。此后,这一专项资金补贴的范围不断扩大,有效支撑了十余年来的农业发展。此外,生态效益补偿机制的建立健全也是 21 世纪以来农业支持政策的重要方向。2006 年中央一号文件要求建立和完善生态补偿机制;2007年中央一号文件提出完善森林生态效益补偿基金制度,探索建立草原生态补偿机制;2008年中央一号文件要求增加水土保持生态效益补偿;2010年中央一号文件要求提高中央财政对属于集体林的国家级公益林森林生态效益补偿标准;2012年中央一号文件提出研究建立公益林补偿标准动态调整机制;2014年中央一号文件提出建立江河源头区、重要水源地、重要水生态修复治理区和蓄滞洪区生态补偿机制;2015年中央一号文件提出落实畜禽规模养殖环境影响评价制度,大力推动农业循环经济发展,继续实行草原生态保护补助奖励政策,开展西北旱区农牧业可持续发展、农牧交错带已垦草原治理、东北黑土地保护试点;2016年中央一号文件提出加强农业资源保护和高效利用、加快农业环境突出问题治理、加强农业生态保护和修复;2017年中央一号文件提出加强重大生态工程建设,推进山水林田湖整体保护、系统修复、综合治理,加快构建国家生态安全屏障,全面推进大规模国土绿化行动。可以说,上述十余个中央一号文件精神,基本构建了21世纪以来农业生态环境保护的政策框架。

总体来看,21世纪以来,以十余个中央一号文件为核心内容的一系列农业支持保护政策的出台,调整了国家财政支出的结构,不断加大了财政对农业投入的力度,初步建立了财政支农稳定增长机制,改变了国民收入分配的格局。政策调整的结果,使农业由21世纪初的粮食总产量下降、农民收入徘徊到粮食综合生产能力稳定在6亿吨、农民人均可支配收入(纯收入)增长水平连续8年超过城镇居民水平,为农业可持续发展和城乡关系改善奠定了坚实的基础。

2. 农村政策、农民政策

21世纪以来,随着"以工补农、以城带乡"政策的确立,各级政府促进农村发展、改善农民生存环境的政策不断出台,初步扭转了"倾斜发展战略"的制度惯性。主要表现在以下三个方面:

(1)农村人居环境政策。

2005年10月,党的十六届五中全会通过了《中共中央关于制定国民经济和社会发展第十一个五年规划的建议》,提出要按照"生产发展、生活宽裕、乡风文明、村容整治、管理民主"的要求,扎实稳步地推进社会主义新农村建设。会议把"村容整洁"作为五项要求之一,对于此后的乡村建设起到了极大的推动作用。2006年中央一号文件对村庄规划、乡村基础设施建设、农村人居环境治理、农村社会事业等都作了具体部署。此后的多个中央一号文件都对上述工作进行详尽安排。例如,2008年中央一号文件要求继续改善农村人居环境,提出增加农村饮水安全工程建设投入、加强农村水能资源规划和管理、继续实施农村电网改造;2009年中央一号文件要求加快农村基础设施建设,提出了加快农村公路建设,2010年底基本实现全国乡镇和东中部地区具备条件的建制村通油(水泥)路的具体目标;2010年中央一号文件要求加强农村水电路气房建设,搞好新农村建设规划引导,合理布局,完善功能,加快改变农村面貌;2015年中央一号文件要求加大农村基础设施建设力度,提出确保如期完成"十二五"农村饮水安全工程规划任务,推进城镇供水管网向农村延伸,加快推进西部地区和集中连片特困地区农村公路建设;2016年中央一号文件强调要把国家财政支持的基础设施建设重点放在农村,建好、管好、护好、运营好农村基础设施,实现城乡差距显著缩小等。

(2)提升农村公共服务水平政策。

2005年中央一号文件提出要落实新增教育、卫生、文化、计划生育等事业经费主要用于农村的规定,用于县以下的比例不低于70%;2006年中央一号文件提出加快发展农村社会事业,重点是农村义务教育、卫生事业、文化事业等;2007年中央一号文件提出在全国范围内对处于农村义务教育阶段的学生全部免除学杂费,对家庭经济困难的学生免费提供教科书并补助寄宿生生活费;建立农村基层干部、农村教师、乡村医生、计划生育工作者、基层农技推广人员及其他与农民生产生活相关服务人员的培训制度,加强在岗培训,提高服务能力;2008年中央一号文件用一个部分篇幅强调要逐步提高农村基本公共服务水平,包括提高农村义务教育水平和基本医疗服务能力、稳定农村低生育水平、繁荣农村公共文化等内容;2009年中央一号文件提出建立稳定的农村文化投入保障机制,提高农村学校公用经费和家庭经济困难寄宿生补助标准,2009年起对中等职业学校农村家庭经济困难学生和涉农专业学生免除学费;2010年中央一号文件提出继续实施中小学校舍安全工程,逐步改善贫困地区农村学生营养状况;2014年中央一号文件强调城乡基本公共服务均等化,提出要加快改善农村义务教育薄弱学校基本办学条件,适当提高农村义务教育生均公用经费标准;2016年中央一号文件提出把社会事业发展的重点放在农村和接纳农业转移人口较多的城镇,加快推动城镇公共服务向农村延伸;2017年中央一号文件提出全面落实城乡统一、重在农村的义务教育经费保障机制,加强乡村教师队伍建设。

(3)农村社会保障制度的建立和逐步完善。

这一制度具体包括以下三大部分:

①新型农村社会养老保险制度。

2009年9月,国务院颁布了《关于开展新型农村社会养老保险试点的指导意见》,标志着中国新型农村社会养老保险制度的建立,即"新农保"。文件要求建立新农保,从2009年开始试点,覆盖面为全国10%的县(市、区、旗),2020年之前实现对农村适龄居民的全覆盖。2014年,国务院颁布了《关于建立统一的城乡居民基本养老保险制度的意见》,提出在2020年之前建立城居保合并实施的城乡居民基本养老保险制度。至此,中国农村养老保险在政策上由"老农保"向"城乡居民养老保险"过渡,完成了养老保险的城乡一体化发展。

②新型农村合作医疗制度。

2002年10月,中共中央、国务院发布《关于进一步加强农村卫生工作的决定》,提出"逐步建立新型农村合作医疗制度",要求"到2010年,在全国农村基本建立起适应社会主义市场经济体制要求和农村经济社会发展水平的农村卫生服务体系和农村合作医疗制度",即"新型农村合作医疗"("新农合")。2003年1月,国务院办公厅转发《卫生部等部门关于建立新型农村合作医疗制度的意见》,正式开展新农合试点工作,并确立了2010年实现全国建立基本覆盖农村居民的新型农村合作医疗制度的目标。2016年1月,国务院发布《关于整合城乡居民基本医疗保险制度的意见》,要求从完善政策入手,推进城镇居民医保和新农合制度整合,逐步在全国范围内建立起统一的城乡居民医保制度。

③农村最低生活保障制度。

2007年7月,国务院颁布《关于在全国建立农村最低生活保障制度的通知》,决定在全国建立农村最低生活保障制度,对符合标准的农村人口给予最低生活保障。随着经济发展水平的提高,农村低保标准从2007年的每人每月70元提升到2017年的每人每月358元。

总的来看,21世纪以来,农村人居环境不断改善,公共服务水平不断提升,社会保障体制基本建立。尽管城乡之间依然存在着明显的差距,但城乡统一的政策和制度体系已经初步建立。由于一系列"三农"利好政策的实施,这一时期农民收入增长很快。2001年,农民收入实际增长4.5%,远超过了2000年的2.7%。2004年起,农民收入进入较高速增长阶段;2010年以后,农民收入增长速度开始持续超过城镇居民收入增长速度,而且少数年份超过了GDP增长速度。这一阶段,由于惯性的因素,城乡居民收入差距在2007年之前持续扩大,2007年达到改革开放以来的最高点(3.14∶1),此后呈下降趋势,到2017年达到了2.71∶1,城乡关系改善的趋势十分明显。这是由政策、体制、机制的变化导致的改善,是"实质性改善"(见表1-2)。

表1-2　　　　　　　　　2000—2020年城乡居民收入及相关指标

年份	农村居民人均纯收入(元)	农村居民实际增长速度(%)	城镇居民人均可支配收入(元)	城镇居民实际增长速度(%)	GDP增长速度(%)	城乡居民收入之比
2000	2 282.10	2.7	6 255.70	6	8.5	2.74
2001	2 406.90	4.5	6 824.00	7.6	8.3	2.84
2002	2 528.90	5.7	7 652.40	11.7	9.1	3.03
2003	2 690.30	4.7	8 405.50	7.7	10	3.12
2004	3 026.60	6.9	9 334.80	5.8	10.1	3.08
2005	3 370.20	8.2	10 382.30	8.1	11.4	3.08
2006	3 731.00	8	11 619.70	9	12.7	3.11
2007	4 327.00	8.6	13 602.50	9.3	14.2	3.14
2008	4 998.80	7.1	15 549.40	6.3	9.7	3.11
2009	5 435.10	8.8	16 900.50	8.8	9.4	3.11
2010	6 272.40	9.7	18 779.10	6.5	10.6	2.99
2011	7 393.90	9.3	21 426.90	6.6	9.6	2.9
2012	8 389.30	9	24 126.70	8.4	7.9	2.88
2013	9 429.60	8.2	26 467.00	6.1	7.7	2.81

续表

年份	农村居民人均纯收入(元)	农村居民实际增长速度(%)	城镇居民人均可支配收入(元)	城镇居民实际增长速度(%)	GDP增长速度(%)	城乡居民收入之比
2014	10 488.90	7.9	28 843.90	6.1	7.3	2.75
2015	11 421.70	6.7	31 194.80	6.1	6.9	2.73
2016	12 363.40	5.5	33 616.30	5.1	6.7	2.72
2017	13 432.40	6.3	36 396.20	5.9	6.8	2.71
2018	14 617	5.9	39 251	5.1	6.6	2.69
2019	16 021	6.2	42 359	5	6.1	2.64
2020	17 131	3.8	43 834	1.2	2.3	2.56
2021	18 931	4.5	47 412	3.5	8.1	2.5
2022	20 543	5	50 876	4	5.5	2.48
2023	22 210	5.2	54 320	4.2	5	2.45
2024	23 950	5.5	57 890	4.5	4.8	2.42

注:从2013年起,农村居民人均纯收入改为可支配收入。

资料来源:历年《中国统计年鉴》。

三、走向融合的城乡关系(2017年至今)

2017年10月,党的十九大报告指出:"要坚持农业农村优先发展,按照产业兴旺、生态宜居、乡风文明、治理有效、生活富裕的总要求,建立健全城乡融合发展体制机制和政策体系,加快推进农业农村现代化。"党的十九大报告正式把中国的城乡关系从统筹发展、一体化发展推进到融合发展阶段。按照党的十九大报告精神,融合发展的途径就是坚持农业农村优先发展,实施乡村振兴战略。2018年中央一号文件对乡村振兴战略的实施进行了部署,提出了2020年、2035年、2050年三个时间节点的目标任务,即"到2020年,乡村振兴取得重要进展,制度框架和政策体系基本形成。……城乡基本公共服务均等化水平进一步提高,城乡融合发展体制机制初步建立;……""到2035年,乡村振兴取得决定性进展,农业农村现代化基本实现。……城乡基本公共服务均等化基本实现,城乡融合发展体制机制更加完善;……""到2050年,乡村全面振兴,农业强、农村美、农民富全面实现"。城乡融合当然是一个长期而艰巨的任务,但按照上述部署,当2035年中国基本实现现代化时,城乡融合的任务应该基本实现。

2019年4月15日,《中共中央 国务院关于建立健全城乡融合发展体制机制和政策体系的意见》(以下简称《意见》)发布,从城乡融合角度对上述三个阶段的目标进行了细化和具体化,即"到2022年,城乡融合发展体制机制初步建立。城乡要素自由流动制度性通道基本打通,城市落户限制逐步消除,……""到2035年,城乡融合发展体制机制更加完善。

城镇化进入成熟期,城乡发展差距和居民生活水平差距显著缩小。""到本世纪中叶,城乡融合发展体制机制成熟定型。城乡全面融合,乡村全面振兴,全体人民共同富裕基本实现。"《意见》从要素配置、基本公共服务、基础设施、乡村经济多元化发展、农民收入持续增长等方面提出了具体要求,是未来一段时期内促进城乡融合发展的总纲领。

2021年中央一号文件在政策上的最大创新在于提出把县域作为城乡融合发展的基本单元。县级行政区域是一个较为独立的地理空间,它以县级政权为调控主体,以市场为导向,优化各类配置资源,具有地域特色,功能完备。它以县城为中心,乡镇为纽带,广大农村为腹地,是联系城乡经济社会的枢纽和桥梁。县域人民政府可以在本区域内优化配置各类资源,推进城乡公共服务、基础设施、要素市场等各个方面的融合发展。因此,我国的城乡融合从县域开始,以县为基本单元是合适的。

城乡融合既是未来的美好愿景,又渗入每一项政策、每一项具体工作之中。由于城乡关系内容庞杂,很难设计出一套指标予以反映。本书前面的分析也主要运用城乡居民收入之比,尽管这一指标不可能全面反映城乡关系,但却是城乡关系的核心内容之一。从表1—2可以看出,从2018年开始,城乡居民收入之比开始快速下降,2017年为2.71∶1,2020年为2.56∶1。2007—2017年,城乡居民收入之比平均每年仅下降0.043,2018—2020年,城乡居民收入之比平均每年下降0.050。本课题组认为,在乡村振兴的大背景下,城乡关系可能得到更快的改善,可能会略超上个10年的均值(尽管很不容易),假设城乡居民收入之比能够按照2018—2020年的下降速度平均每年下降0.05,则到2035年基本实现现代化时的城乡居民收入之比可能降到(1.9~2.0)∶1,这实际上是当前苏、浙、鲁等地发达县(市)的水平。也可以说,按照党的十九大的规划,2035年基本实现现代化,在某种程度上就是在未来十余年间,全国经济社会发展追赶当前发达县、市的过程。

第二节 乡村振兴战略的历史演进与政策体系

一、乡村振兴战略的提出与深化

乡村振兴战略是2017年10月18日习近平在党的十九大报告中提出的战略。包括"乡村产业振兴""乡村人才振兴""乡村文化振兴""乡村生态振兴""乡村组织振兴"五个方面。2017年10月,习近平在党的十九大报告中首次提出乡村振兴战略。2018年3月,时任国务院总理李克强在《政府工作报告》中讲到,要大力实施乡村振兴战略;同年9月,中共中央、国务院印发《乡村振兴战略规划(2018—2022年)》。2021年2月,《中共中央 国务院关于全面推进乡村振兴加快农业农村现代化的意见》发布,这是21世纪以来第18个指导"三农"工作的中央一号文件;2021年2月25日,国务院直属机构国家乡村振兴局正式挂牌。2021年3月,中共中央、国务院发布中央一号文件《关于实现巩固拓展脱贫攻坚成果同乡村振兴有效衔接的意见》,提出重点工作;2021年4月29日,十三届全国人大常委会第二十八次会议表决通过《中华人民共和国乡村振兴促进法》。2024年12月，2024年中央农村工作会议在北京召开，习近平对做好"三农"工作作出重要指示。2025年中央一号文件发布，提出进一步深化农村改革，扎实推进乡村全面振兴。实施乡村振兴战略是关系全面建设社会主义现代化国家的全局性、历史性任务。中央经济工作会议强调，"要锚定建设农业强国目标，学习运用'千万工程'经验，有力有效推进乡村全面振兴"。国家出台了一系列重大战略部署和政策举措，旨在加快促进乡村振兴，实现农业农村现代化。

（一）乡村振兴战略提出背景

乡村振兴战略提出于城乡发展失衡、社会矛盾聚焦、历史成就奠基、文化根基需求及粮食安全考量的多维背景之下，是党中央立足国情农情、着眼"两个一百年"奋斗目标作出的重大战略部署。

1. 城乡发展失衡：乡村振兴战略基点

自改革开放以来，城市凭借其丰富的就业机会、优质的公共服务资源以及广阔的发展空间，吸引了大量农村青壮年劳动力涌入。农村地区因此面临严重的劳动力流失问题，使得传统农业生产因缺乏足够的人力支撑而陷入困境，许多农田被闲置或粗放经营，农业产业呈现衰退迹象。与此同时，乡村经济发展失去动力，大量村庄成为空巢村，村里仅剩下老人与儿童，留守儿童的教育、心理等诸多问题凸显，乡村社会结构面临瓦解风险，整体发展停滞不前。

改革开放后，城乡二元结构导致农村发展显著滞后于城市。2017年，城乡居民收入差距达2.72∶1，农村在基础设施、公共服务、生态环境等方面存在明显短板。例如，农村水利、电力、通信、交通等基础设施与城市相比仍较为落后，教育、医疗等公共服务资源分配不均，农村生态环境治理和修复任务艰巨。

随着工业化、城镇化进程加速，农村青壮年劳动力大量向城市转移，导致农业产业衰退，乡村经济停滞，出现大量空巢村、老人村、留守儿童村和贫困村。据统计，农村常住人口持续减少，农业劳动力老龄化问题日益严重。

党中央连续15年发布中央一号文件，强调城乡融合发展，推动资源要素向农村配置。然而，城乡发展不平衡不充分的问题依然突出，亟须战略级政策突破，以缩小城乡差距，实现共同富裕。

2. 社会矛盾聚焦：乡村振兴的现实需求

新时代中国社会主要矛盾转化为"人民日益增长的美好生活需要和不平衡不充分的发展之间的矛盾"。这种不平衡不充分在乡村地区体现得尤为明显，乡村贫困、人才流失、基础设施不足等问题依然突出。基础设施建设严重滞后，道路泥泞不堪、水电供应不稳定、通信网络覆盖不足等情况普遍存在；公共服务更是远不及城市，教育资源稀缺导致乡村孩子上学难，医疗设施简陋使得村民就医不便，文化娱乐设施匮乏让乡村精神生活单调；生态环境方面，由于缺乏有效治理，垃圾随意堆放、污水横流、工业污染向乡村转移等问题亟待改善，这些成为引发社会矛盾的重要根源。

解决乡村发展面临的突出问题，是全面建成小康社会的关键环节，也是实现共同富裕的必由之路。乡村振兴旨在通过产业兴旺、生态宜居、乡风文明、治理有效、生活富裕的总要求,提升乡村发展水平,满足农民群众对美好生活的向往。

3. 历史成就奠基:乡村振兴的可行基础

一方面,我国长期致力于粮食生产能力提升,通过农业科技研发推广、农田水利设施建设、农业补贴政策扶持等多举措并行,我国粮食产量连续多年增长,农业综合生产能力显著提高。这为保障国家粮食安全筑牢根基,也为乡村进一步发展提供了稳定的产业基础。为乡村振兴奠定了坚实的物质基础。

另一方面,脱贫攻坚战取得举世瞩目的成果。脱贫攻坚战略实施以来,贫困人口大幅减少,贫困地区基础设施和公共服务明显改善,为乡村振兴奠定了民生基础。2020年,我国如期消除绝对贫困,大量贫困人口脱贫致富,不仅改善了民生,还为乡村振兴战略全面实施奠定了坚实的人力、物力和信心基础。

另外,乡村旅游、"互联网+"、农业生产性服务业等新产业新业态快速发展,农产品加工业主营收入占GDP比重达25%,为乡村产业振兴提供了有力支撑。

4. 文化根基需求:乡村振兴的精神内核

乡村是中华优秀传统文化的重要发源地,蕴含着丰富的乡土文化、乡景、乡情、乡音、乡邻、乡德等元素,承载着数千年的农耕文明记忆、民俗风情与价值观念。然而,随着现代化浪潮冲击,乡村传统文化遭受漠视,一些古老技艺、民俗活动濒临失传。重构乡土文化,挖掘、保护与弘扬中华优秀传统文化,成为乡村振兴战略的内在精神要求,有助于凝聚乡村向心力,重塑乡村文明风貌。

文化振兴为产业振兴、人才振兴、生态振兴、组织振兴提供精神动力。通过加强乡村文化建设,提升农民精神风貌,促进乡村社会文明程度不断提高,为乡村振兴提供精神支撑。

5. 粮食安全考量:乡村振兴的底线思维

"民以食为天",粮食安全是国家安全的重要基石,确保18亿亩耕地红线是关乎国家安全与稳定的底线。而乡村作为粮食生产的主阵地,乡村振兴是实现这一目标的关键依托。随着人口增长、消费升级,对粮食数量与质量要求日益提高,提升农业科技水平势在必行,如培育高产优质粮种、推广智能化精准农业种植技术等,以保障粮食自给能力,稳定国内粮食市场。

乡村振兴战略强调"确保中国人的饭碗牢牢端在自己手中",将粮食安全作为农业发展的核心任务。在全球气候变化、国际贸易不确定性等外部风险背景下,增强农业抗风险能力,确保粮食自给自足,是乡村振兴的重要战略考量。

(二)政策演变路径

1. 战略提出阶段(2005—2017年)

2005年,"社会主义新农村"建设正式提出,其核心聚焦于"生产发展、生活宽裕、乡风文明、村容整洁、管理民主"二十字方针。这一时期旨在从多个基础层面开启农村发展新篇章,鼓励农村发展特色产业实现生产进步,通过惠农政策提高农民收入让生活变得宽裕,倡导文明新风尚塑造乡风,整治村庄环境达成村容整洁,完善村民自治强化管理民主,为后续乡村振兴战略雏形构建奠定基石。

2017年,党的十九大具有里程碑意义,将农村发展目标升级为"产业兴旺、生态宜居、乡风文明、治理有效、生活富裕"。这一转变精准把握新时代乡村发展需求,对乡村产业提出更高要求,追求兴旺繁荣;生态方面强调宜居属性,契合人们对美好生活的向往;乡风文明持续推进;治理迈向高效能;生活向富裕富足迈进,标志着乡村振兴战略正式形成,开启全新发展阶段。

2. 政策深化阶段(2018—2020年)

2018年,中央一号文件重磅登场,明确乡村振兴战略的目标任务,首次系统性提出"五个振兴",即乡村产业振兴、乡村人才振兴、乡村文化振兴、乡村生态振兴、乡村组织振兴,从全方位勾勒乡村振兴实施路径,细化各领域重点工作。同年,《乡村振兴战略规划(2018—2022年)》出台,精心谋划9大工程、3大行动、3大计划,涵盖农村基础设施建设、农业产业提升、乡村生态保护、乡村人才培育等诸多关键领域,为各地乡村振兴实践提供精准行动指南。

2020年,脱贫攻坚战取得全面胜利,这是中国发展史上又一伟大丰碑。数以亿计贫困人口脱贫,农村贫困地区旧貌换新颜,基础设施极大改善,产业发展初显成效,贫困群众内生动力激发,为乡村振兴战略深入推进扫除贫困障碍,奠定坚实物质与人力基石,实现两者有效衔接过渡。

3. 法治保障阶段(2021年至今)

2021年,《中华人民共和国乡村振兴促进法》正式实施,这是我国乡村振兴法治进程的关键突破,确立乡村振兴法治框架,从产业发展、人才支撑、文化传承、生态保护、组织建设等多方面明确各方责任、权利与义务,以法律强制力保障战略落地,为乡村持续健康发展保驾护航。同年,中央一号文件着重强调"农业现代化与农村现代化一体设计"理念,推动农业农村协同迈向现代化征程,打破二元结构壁垒,实现城乡融合互动发展。

2024年,政策持续聚焦粮食安全这一永恒主题,加大农业科技研发投入,严守耕地保护红线,强化粮食储备调控;数字乡村建设加速,推动农村电商、智慧农业等新业态蓬勃发展,拓宽农产品销售渠道,提升农业生产效率;人才培育多点发力,"三支一扶"计划重点向乡村振兴重点县倾斜,吸引高校毕业生投身乡村,为乡村注入新鲜血液,提供智力支持。

有关乡村振兴的法律和中央层面出台的部分政策、法律如表1—3所示。

表1—3　　　　有关乡村振兴的法律和中央层面出台的部分政策、法律

法律、政策名称	发布者	发布时间	内容简介
《决胜全面建成小康社会 夺取新时代中国特色社会主义伟大胜利》——在中国共产党第十九次全国代表大会上的报告	中国共产党	2017年10月18日	要坚持农业农村优先发展,按照产业兴旺、生态宜居、乡风文明、治理有效、生活富裕的总要求,建立健全城乡融合发展体制机制和政策体系,加快推进农业农村现代化

续表

法律、政策名称	发布者	发布时间	内容简介
《中共中央 国务院关于实施乡村振兴战略的意见》	中共中央、国务院	2018年1月2日	对乡村振兴战略的实施进行了具体部署,提出了2020年、2035年、2050年三个阶段的目标任务
《乡村振兴战略规划(2018—2022年)》	中共中央、国务院	2018年9月26日	明确了乡村振兴的总体要求、主要任务和保障措施,为全面推进乡村振兴提供了行动指南
《中共中央 国务院关于坚持农业农村优先发展做好"三农"工作的若干意见》	中共中央、国务院	2019年1月3日	按照产业兴旺、生态宜居、乡风文明、治理有效、生活富裕的总要求,对实施乡村振兴战略作出阶段性谋划,分别明确至2020年全面建成小康社会和2022年召开党的二十大时的目标任务,细化实化工作重点和政策措施,部署重大工程、重大计划、重大行动
《国务院关于促进乡村产业振兴的指导意见》	国务院	2019年6月17日	力争用5～10年时间,农村一二三产业融合发展增加值占县域生产总值的比重实现较大幅度提高,乡村产业振兴取得重要进展
《中共中央 国务院关于抓好"三农"领域重点工作确保如期实现全面小康的意见》	中共中央、国务院	2020年1月2日	集中力量完成打赢脱贫攻坚战和补上全面小康"三农"领域突出短板两大重点任务,持续抓好农业稳产保供和农民增收,推进农业高质量发展,保持农村社会和谐稳定,提升农民群众获得感、幸福感、安全感,确保脱贫攻坚战圆满收官,确保农村同步全面建成小康社会
《中共中央 国务院关于全面推进乡村振兴加快农业农村现代化的意见》	中共中央、国务院	2021年1月4日	坚持把解决好"三农"问题作为全党工作重中之重,举全党全社会之力全面推进乡村振兴,促进农业高质高效、乡村宜居宜业、农民富裕富足
《中华人民共和国乡村振兴促进法》	全国人大常委会	2021年6月1日	为乡村振兴提供了法律保障,明确了各级政府和社会各界的责任与义务,推动乡村振兴战略的全面实施
《关于做好2022年全面推进乡村振兴重点工作的意见》	中共中央、国务院	2022年1月4日	明确了2022年乡村振兴的重点工作,包括粮食安全、乡村产业发展、乡村建设、乡村治理等方面,确保乡村振兴战略稳步推进
《关于做好2023年全面推进乡村振兴重点工作的意见》	中共中央、国务院	2023年1月2日	提出了2023年乡村振兴的重点任务,包括巩固拓展脱贫攻坚成果、推进乡村产业发展、加强乡村基础设施建设等,确保乡村振兴战略取得新进展
《中共中央 国务院关于学习运用"千村示范、万村整治"工程经验有力有效推进乡村全面振兴的意见》	中共中央、国务院	2024年1月1日	以习近平新时代中国特色社会主义思想为指导,明确"三农"工作重点。从确保粮食安全、防止规模性返贫,到提升乡村产业、建设、治理水平,涵盖多方面举措,如保障农产品生产、加强产业就业帮扶、促进产业融合等。同时强调加强党的领导,创新改革、投入机制,壮大人才队伍,推进乡村全面振兴,助力农业强国建设

续表

法律、政策名称	发布者	发布时间	内容简介
《中共中央 国务院关于进一步深化农村改革 扎实推进乡村全面振兴的意见》	中共中央、国务院	2025年1月1日	强调深化农村改革，全面推进乡村振兴。要加快农业农村现代化，巩固拓展脱贫攻坚成果，强化粮食安全保障，推动乡村产业高质量发展，提升乡村治理水平，改善农村人居环境，促进农民持续增收，为实现乡村全面振兴提供政策支持和行动指南
《中共中央 国务院关于进一步深化农村改革扎实推进乡村全面振兴工作部署的实施意见》	农业农村部	2025年1月20日	意见以习近平新时代中国特色社会主义思想为指导，从保障粮食安全、巩固脱贫成果、提升农业科技水平等多方面提出举措，包括促进农产品稳产保供、强化科技创新、发展乡村产业等，并强调深化农村改革，强化要素保障，推动乡村全面振兴和农业强国建设

(三)山东省政策与实践

1. 省级政策部署

"齐鲁样板"工程成为山东乡村振兴的一张耀眼名片，紧紧围绕"产业兴旺、生态宜居、治理有效、生活富裕"目标精准发力。在产业领域，深挖山东农业资源优势，大力发展特色农业，如肥城桃、莱阳梨等区域特色果品产业蓬勃兴起；积极拥抱科技浪潮打造智慧农业，利用物联网、大数据实现农业精准化管理；同时，依托山东丰富历史文化与自然资源，开发乡村旅游，像沂蒙山红色乡村游、沿海渔村风情游吸引大量游客，带动乡村经济腾飞。

"四好农村路"建设成绩斐然，实现行政村通硬化路全覆盖，不仅打通农村出行"最后一公里"，便利村民日常出行与农产品运输，降低物流成本，还串联起城乡脉络，促进城乡要素流动，如城市资本、人才借此加速下乡，助力城乡融合深度发展，为乡村全面振兴铺就坚实坦途。

2. 典型案例

寿光蔬菜产业堪称现代农业传奇，历经多年深耕，构建起从种植、加工、物流到科研的全产业链条。在种植端，拥有全球领先温室技术，蔬菜品种繁多且品质优良；加工环节，各类净菜、预制菜产品丰富多样；物流体系发达，依托便捷交通，新鲜蔬菜能在短时间内运往全国各地乃至全球市场，年交易额超百亿元，成为全国蔬菜产业标杆，辐射带动周边地区共同发展。

烟台苹果产业久负盛名，凭借独特地理优势与品牌积淀，在新时代华丽转身。一方面，深挖品牌价值，严格把控苹果质量，以"烟台苹果"地理标志品牌闯市场；另一方面，大力发展深加工，果汁、果脯、苹果醋等产品琳琅满目，同时拓展文旅体验，苹果采摘节、苹果博物馆吸引大量游客，带动果农增收超30%，实现产业多元融合发展。

威海荣成海洋牧场是生态与产业融合典范，秉持绿色发展理念，将海洋生态保护与渔业养殖巧妙融合。通过科学规划养殖区域、投放适宜鱼苗、修复海洋生态环境，打造出鱼、虾、贝、藻等多种生物共生的立体生态养殖模式，既保障渔业可持续发展，又获评国家级海洋公园,渔业产值与生态效益双丰收,为沿海乡村振兴开辟新路径。

二、乡村振兴战略的深化影响

(一)政策体系完善

历经多年探索实践,乡村振兴政策体系从早期单纯指导性文件逐步迈向法治保障新时代,形成"1+1+5+N"成熟架构。以国家层面《中华人民共和国乡村振兴促进法》为核心引领,配套每年中央一号文件细化任务部署,"5"对应产业、人才、文化、生态、组织五大振兴专项指导意见,"N"则涵盖各地结合实际出台的海量具体实施细则,如山东日照市围绕本地绿茶产业、滨海乡村旅游等制定特色政策,为乡村振兴各环节、各领域提供坚实制度支撑,确保工作有章可循、落地有声。

(二)实践成果显著

在人居环境改善领域,全国农村卫生厕所普及率超75%,告别过去脏、乱、差的如厕环境,大量农村配备冲水式卫生厕所,改善村民生活质量;生活垃圾收运处理率达90%,乡村垃圾收集点、转运站合理布局,定期清运处理,乡村面貌焕然一新。山东省在此方面更是成绩突出,"四好农村路"通车里程超26万千米,编织起密织交通网,串联城乡、沟通内外,让农村与城市同频共振,加速要素流通,助力城乡融合迈向更高水平。

(三)理论创新价值

乡村振兴伟大实践催生系列前沿理论成果,"城乡融合发展"理论打破城乡二元分割思维,倡导城乡资源共享、产业协同、要素对流,如城市资金、技术、人才下乡,农村生态产品、劳动力进城;"乡村多功能性建设"理论挖掘乡村生态涵养、文化传承、休闲旅游等多元价值,指导各地因地制宜分类推进乡村振兴,如生态脆弱区侧重生态修复与生态产业,文化厚重区主打文旅融合,为乡村振兴提供科学理论指引,丰富发展经济学内涵。

第三节 乡村振兴的五大核心维度

乡村振兴战略作为解决新时代中国社会主要矛盾、实现"两个一百年"奋斗目标和中华民族伟大复兴的中国梦的重大历史任务,涵盖了产业、人才、文化、生态、组织五大核心维度,它们相辅相成、协同发力,共同勾勒出乡村振兴的宏伟蓝图。以下将对这五大核心维度展开深入剖析,以帮助同学们全面理解乡村振兴的内涵与实践路径。

一、乡村产业振兴

(一)内涵阐释

乡村产业振兴是乡村振兴的基石,其核心要义在于构建多元、高效、可持续发展的乡村产业体系。一方面,要推动传统农业向现代农业转型升级,实现从粗放式种植养殖向精细化、智能化、绿色化生产模式转变;另一方面,积极拓展农业多种功能,促进农村一二三产业深度融合发展,挖掘乡村在生态、文化、旅游等方面的潜在价值,将乡村产业的"蛋糕"做大做强,让农民分享更多产业增值收益。

(二)关键目标与举措

1. 产业链延伸与升级

引导农产品加工业向纵深发展,提高产品附加值。例如,山东章丘以大葱闻名,以往多以初级农产品形式售卖,如今当地企业开发出葱酥、葱油、葱酱等深加工产品,延长了产业链条,使大葱身价倍增。同时,加强农业与上下游产业的协同联动,形成"种植-加工-销售-物流"一体化运作模式,降低运营成本,增强市场竞争力。

2. 新业态培育与壮大

大力发展农村电商,打破地域限制,拓宽农产品销售渠道。像浙江临安的山核桃产业,通过电商平台,年销售额突破数亿元,产品畅销全国。乡村旅游也是重要突破口,利用乡村独特的自然风光、民俗文化、农耕体验等资源,开发特色旅游项目,如安徽皖南的古村落旅游,吸引大量游客,带动餐饮、住宿等相关产业发展。此外,智慧农业蓬勃兴起,借助物联网、大数据、人工智能等技术,实现精准农业生产,提高资源利用效率。

(三)实践案例剖析

1. 全国案例

赣南地区凭借得天独厚的自然条件,规模化种植脐橙,大力发展脐橙产业。当地政府通过统一品牌建设、质量标准制定,打造出"赣南脐橙"这一响亮品牌,借助电商、展销会等渠道推向市场。同时,发展脐橙深加工,生产果汁、果脯、果酒等产品,构建起完整产业链。如今,赣南脐橙产业带动农户数十万户,人均增收超万元,成为乡村产业振兴的典范。

2. 山东案例

沂源苹果以其色泽鲜艳、口感脆甜著称。当地果农在政府引导下,大力发展苹果产业,成立专业合作社,实现标准化种植、统一品牌销售。不仅如此,还依托苹果园发展观光采摘、果酒酿造、苹果文化节等多元业态,每年吸引游客数十万人次,带动果农增收30%以上,为山东乡村产业振兴添上浓墨重彩的一笔。

二、乡村人才振兴

(一)内涵阐释

人才是乡村振兴的关键支撑,乡村人才振兴旨在吸引各类人才投身乡村建设,培养造就一支懂农业、爱农村、爱农民的"三农"工作队伍。既包括本土成长起来的实用型人才,如新型职业农民、乡村工匠等,也涵盖返乡创业的外出务工人员、高校毕业生以及下乡帮扶的专家学者、干部队伍等外来人才,通过他们的知识、技能与创造力,为乡村发展注入源源不断的活力。

(二)关键目标与举措

1. 本土人才培育机制

实施"新型职业农民培育工程",依托各地农广校、职业院校、农业技术推广机构等平台,开设种植养殖技术、农业机械操作、农产品营销等实用课程,采取理论教学与田间实践相结合的方式,培养大批扎根乡村、精于农事的本土人才。例如,山东每年培训新型职业农民超 10 万人次,为农业现代化提供了坚实的人力保障。

2. **人才引进激励政策**

各地纷纷出台优惠政策吸引外来人才。"三支一扶"计划选派高校毕业生到农村支教、支农、支医和帮扶乡村振兴,为乡村带来新知识、新观念;"乡村振兴合伙人"制度鼓励企业家、创业者与乡村结对,利用资金、技术、市场资源,助力乡村产业项目落地。同时,为返乡人才提供创业补贴、场地支持、金融信贷等便利条件,激发他们回乡创业的热情。

(三)实践案例剖析

1. **全国案例**

贵州塘约村曾是贫困山村,在脱贫攻坚过程中,通过"村社一体、合股联营"模式吸引年轻人回乡创业。村里成立合作社,将土地、林地等资源整合,发展特色种植、乡村旅游。返乡青年利用在外学到的电商知识、管理经验,为村里打开农产品销路,打造旅游品牌,使塘约村从贫困村一跃成为富裕村,走出了人才振兴之路。

2. **山东案例**

莱西市作为农业大市,高度重视人才振兴。一方面,大力培育本土人才,举办"农民田间学校",让农民在家门口学技术;另一方面,吸引外来人才,与高校、科研院所合作,建立农业科技示范基地,邀请专家驻村指导。同时,出台政策鼓励大学生村官扎根农村,带动村民发展高效农业、生态农业,为乡村发展汇聚强大人才力量,实现"人才兴农"。

三、乡村文化振兴

(一)内涵阐释

乡村文化振兴承载着传承中华优秀传统文化、弘扬社会主义核心价值观、丰富农民精神世界的重任。它不仅要保护乡村物质文化遗产,如古老建筑、传统村落等,更要激活非物质文化遗产,像民间技艺、民俗风情、传统节庆等,让乡村文化在新时代焕发出新活力,成为凝聚乡村人心、塑造乡村风貌的精神纽带。

(二)关键目标与举措

1. **文化传承保护行动**

开展乡村历史文化资源普查,对古民居、古桥梁、古碑刻等物质文化遗产进行修缮保护,建立档案资料。以福建土楼为例,当地政府投入大量资金对土楼进行保护性修复,使其重现昔日风采,并成功申报世界文化遗产。同时,对剪纸、刺绣、木雕等非物质文化遗产,通过"非遗传承人"制度,鼓励老艺人带徒授艺,让技艺代代相传。

2. **文化创新发展举措**

推动非遗与现代生活接轨,进行文创开发。如四川绵竹的年画,与现代设计元素融合,开发出年画手机壳、抱枕、文具等文创产品,畅销市场。此外,促进文旅融合,以乡村文化为内涵,开发特色旅游线路。比如山西平遥的古城旅游,将古城历史文化与民俗体验相结合,游客可以参观古建筑、品尝平遥牛肉、观看《又见平遥》实景演出,感受浓郁的地方文化魅力。

(三)实践案例剖析

1. 全国案例

陕西袁家村原本是普通农村,凭借关中民俗文化打造特色旅游。村里保留了大量传统民居,恢复了传统手工作坊,如磨坊、油坊、醋坊等,游客可以现场观看传统工艺制作过程,品尝地道的关中美食。袁家村还举办民俗文化节,展示民间艺术、传统体育等项目,年接待游客超千万人次,旅游收入数亿元,成为乡村文化振兴的标杆。

2. 山东案例

潍坊青州历史悠久,文化底蕴深厚。当地许多乡村挖掘自身文化特色,如井塘古村依托明代古村落建筑,发展民俗文化旅游,游客可以住进古民居,体验传统农耕生活;同时,青州的农民画作为非物质文化遗产,走进乡村学校、社区,培养了大批年轻创作者,他们创作的作品不仅在国内展览,还走出国门,传播中国乡村文化。

四、乡村生态振兴

(一)内涵阐释

乡村生态振兴聚焦于打造人与自然和谐共生的乡村生态环境,守护乡村的绿水青山,将生态优势转化为发展优势。既要防治农业面源污染,推进农村人居环境整治,让乡村天更蓝、水更清、地更绿,又要发展生态友好型农业,开发生态产品和服务,实现生态保护与经济发展的良性互动。

(二)关键目标与举措

1. 生态环境治理工程

大力推进农村人居环境整治"三大革命",即厕所革命、污水治理革命、垃圾处理革命。在厕所革命方面,山东到2024年卫生厕所普及率达85%,采用无害化卫生厕所改造技术,改善农民如厕环境;污水治理上,通过建设小型污水处理站、推广人工湿地处理技术,使农村生活污水得到有效处理;垃圾处理则采用"户分类、村收集、镇转运、县处理"模式,实现垃圾无害化、资源化。

2. 绿色农业转型之路

推广绿色农业生产技术,如秸秆还田,将农作物秸秆粉碎还田,增加土壤肥力,减少化肥使用量;实施水肥一体化,利用滴灌、喷灌技术精准施肥浇水,提高肥料利用率,降低农药残留。发展生态循环农业,构建"种植-养殖-沼气-种植"等循环模式,实现农业废弃物资源化利用,减少环境污染。

(三)实践案例剖析

1. 全国案例

浙江安吉曾是工业污染较为严重的地区,后来痛定思痛,封山育林、关停污染企业,全力打造生态县。通过发展白茶产业、乡村旅游等绿色产业,实现了从"卖石头"到"卖风景"

的转变。如今,安吉的绿水青山成为最大的财富,年旅游收入超百亿元,生态环境质量位居全国前列,为乡村生态振兴提供了成功范例。

2. 山东案例

荣成拥有漫长的海岸线,当地以海洋牧场建设为核心,开展海洋生态保护与渔业养殖融合发展。投放人工鱼礁,增殖放流鱼苗,修复海洋生态环境,在此基础上发展海参、鲍鱼、海鱼等高端海产品养殖。同时,开发海上观光、海钓等旅游项目,将生态优势转化为经济优势,获评国家级海洋公园,成为山东沿海乡村生态振兴的典范。

五、乡村组织振兴

(一)内涵阐释

乡村组织振兴是乡村振兴的保障,其核心在于强化农村基层党组织领导核心地位,健全村民自治组织、集体经济组织等各类乡村组织,完善乡村治理体系,提升乡村治理能力,让乡村事务有人管、管得好,确保乡村振兴各项政策落地生根。

(二)关键目标与举措

1. **党建引领强化工程**

推广"莱西经验",加强农村基层党组织建设,选优配强村党组织书记,发挥先锋模范作用。村党组织带头谋划产业项目,像山东兰陵的一些村庄,党组织领办合作社,发展蔬菜种植、农产品加工等产业,带领村民增收致富;在乡村矛盾纠纷调解中,党员干部冲在前面,利用"网格化"管理,及时排查化解邻里纠纷、土地矛盾等问题。

2. **村民自治完善机制**

建立健全村民自治制度,村务监督委员会对村级事务决策、财务收支等进行全程监督,保障村民知情权、参与权、监督权;村民议事会让村民充分参与村庄规划、民生工程等讨论决策,提高村民自我管理、自我服务、自我教育、自我监督能力,形成民事民议、民事民办、民事民管的良好氛围。

(三)实践案例剖析

1. **全国案例**

浙江枫桥以"小事不出村、大事不出镇、矛盾不上交"而闻名全国。当地建立了多元化的矛盾纠纷调解机制,村里有调解委员会,由德高望重的村民、法律明白人等组成,邻里纠纷、轻微民事纠纷就地化解;镇里整合司法、综治等力量,协同处理复杂矛盾。同时,通过开展平安创建活动,强化社会治安综合治理,为乡村发展营造了稳定的社会环境。

2. **山东案例**

山东烟台市龙口市南山村实行村企合一模式,村党组织与企业管理层高度融合,以党组织为核心推动企业发展,企业发展成果反哺乡村建设。村集体创办大型企业集团,为村民提供大量就业岗位,人均年收入超10万元;村集体收入超60亿元,用于完善基础设施,建设学校、医院、养老机构等,村民福利覆盖全生命周期,打造出乡村组织振兴推动共同富裕的生动样板。

综上所述,乡村振兴的五大核心维度紧密相连、缺一不可。产业振兴是物质基础,人才振兴是关键支撑,文化振兴是精神纽带,生态振兴是内在要求,组织振兴是根本保障。只有协同推进这五大维度,才能实现乡村全面振兴,让广大农村地区焕发出勃勃生机与活力,向着农业强、农村美、农民富的目标稳步迈进。

第四节 乡村振兴的典型模式与创新方向

乡村振兴战略是中国实现农业农村现代化的重要举措。近年来,各地在乡村振兴实践中探索出了多种典型模式,并不断推进创新方向。

一、乡村振兴的典型模式

(一)产业振兴模式

产业振兴是乡村全面振兴的基础和关键,"兴"是乡村振兴的核心。通过发展现代农业、乡村特色产业和农村新业态,可以有效提升乡村经济活力,增加农民收入。山东省在产业振兴方面探索出了多种成功模式,如寿光市的蔬菜产业、兰陵县的田园综合体、烟台市的苹果产业和青岛市的农村电商。这些典型案例为全国乡村振兴提供了宝贵的经验和借鉴。未来,随着科技创新、品牌建设和产业链延伸的深入推进,乡村产业振兴将迎来更加广阔的发展前景。

1. 产业振兴模式的主要内容

(1)现代农业发展。

通过引入现代农业技术(如智能农业、精准农业),提高农业生产效率,降低生产成本,提升农产品质量;推动土地流转,发展家庭农场、合作社等规模化经营主体,实现农业生产的集约化和专业化;推广有机农业、生态农业,减少化肥和农药的使用,保护生态环境,提升农产品的市场竞争力。

(2)乡村特色产业。

各地根据自然资源、气候条件和历史传统,因地制宜,发展具有地方特色的产业,如茶叶、水果、中药材、养殖业等;实施品牌化建设,通过打造区域公共品牌,提升农产品的市场知名度和附加值。例如,寿光蔬菜、五常大米等;通过发展农产品加工业、物流业等,延长产业链,增加农产品的附加值,提升农民收入。

(3)农村新业态。

积极发展乡村旅游,利用乡村的自然风光和文化资源,发展休闲农业、乡村旅游、民宿经济等,吸引城市居民到乡村消费;通过电商平台,拓宽农产品的销售渠道,减少中间环节,提高农民收入。例如,拼多多、淘宝等电商平台助力农产品上行;结合乡村文化资源,发展手工艺品、文化体验等文化创意产业,推动文化与经济的融合发展。

2. 产业振兴模式的关键要素

(1)政策支持。

政府通过财政补贴、税收优惠、金融支持等政策,鼓励农业科技创新、产业升级和新业态发展。例如,中央和地方政府出台了一系列支持农业产业化、农村电商和乡村旅游的政策。

(2)人才支撑。

通过吸引农业科技人才、返乡创业人才和农村电商人才,为乡村产业振兴提供智力支持。例如,各地实施的"乡村人才振兴计划"和"科技特派员"制度。

(3)市场导向。

产业振兴必须以市场需求为导向,通过市场调研和品牌建设,提升农产品的市场竞争力。例如,通过电商平台和大数据分析,精准对接市场需求,提升农产品的销售效率。

(4)生态保护。

产业振兴必须与生态保护相结合,推广绿色农业和生态农业,实现经济发展与生态保护的双赢。例如,通过推广有机农业和生态修复工程,改善农村生态环境。

案例 1-1　寿光市蔬菜产业的现代化与品牌化

寿光市作为中国蔬菜产业的璀璨明珠,历经数十年发展,已从传统农业大县蜕变为全国乃至亚洲的蔬菜产业标杆,被誉为"中国蔬菜之乡"。其成功经验深度融合了科技创新、规模化经营、品牌化建设及产业链延伸,不仅实现了蔬菜产业的高质量发展,更成为乡村振兴的典范。

1. 科技创新:赋能产业升级

寿光市持续引入现代农业技术,推动产业变革。智能温室、无土栽培、水肥一体化等技术广泛应用,显著提升生产效率与品质。例如:

智能温室迭代:从初代冬暖式大棚到融合物联网技术的"云棚",实现温湿度自动调控、水肥精准管理,部分温室更配备生物微波能量灌溉机、自动喷雾设备等,科技含量全国领先。

无土栽培突破:采用立体栽培、基质栽培等模式,突破土地资源限制,提升单位面积产量。

技术合作深化:与中国农科院共建研发中心,引入分子设计育种技术,选育出丙醇二酸薄皮黄瓜等 205 个自主新品种,国产种子市场占有率超 70%,打破进口依赖。

2. 规模化经营:构建产业生态

通过土地流转和园区化建设,寿光市形成"龙头企业+合作社+农户"的协同模式。一是建设高端示范园区,如田柳镇现代农业创新创业示范园,提供卷帘机、水肥一体化设施及技术服务,吸引农户租赁经营,单个大棚年收益可达20万元;二是实现标准化生产覆盖,全面推行"六统一"管理(农资、技术、管理、检测、品牌、销售),建成智慧监管平台,实现全程可追溯,1 500余家合作社、所有农户纳入标准化体系。

3. 品牌化建设:提升市场价值

寿光市实施"区域＋企业＋单品"品牌战略,成功塑造"寿光蔬菜"金字招牌。2019年注册"寿光蔬菜"地理标志集体商标,制定管理办法,授权18家经营主体使用,强化品牌规范;打造"崔西一品"原味番茄、"桂河芹菜"等企业品牌,通过统一技术、包装、销售,提升溢价能力。例如,"崔西一品"番茄采用熊蜂授粉、微生物肥种植,获粤港澳大湾区"菜篮子"认证,售价达20元/斤;利用菜博会、国际蔬菜种业博览会等平台,推广"寿光标准",与欧盟、韩国等开展标准互认,年出口蔬菜80余万吨。

4. 产业链延伸:挖掘增值潜力

寿光市从"一粒种子到一桌好菜"全链条发力:建设国家级蔬菜种业创新创业基地,吸引12家"国字号"研发机构,年繁育种苗18亿株,成为"中国蔬菜种业硅谷";发展预制菜、净菜生产,建设正大寿光国际蔬果智慧产业园,获评全国十大预制菜产业基地。拥有全国最大农产品物流园,年交易量900万吨,辐射全国20余省;通过"寿光模式"输出,在西藏、江西等地建设标准化园区,采用沙培技术、物联网监控等,助力当地产业发展。

5. 成效与示范:引领乡村振兴

寿光市蔬菜产业成效显著,年种植面积60万亩,产值110亿元,农村居民人均可支配收入达30 303元。其经验被总结为"标准化＋"模式,入选潍坊市改革典型案例,成为全国学习标杆。

资料来源:寿光市人民政府官网,https://www.shouguang.gov.cn。

案例1-2 临沂市兰陵县:田园综合体与乡村旅游

兰陵县地处鲁南,依托丰富的农业、文化、生态资源,创新打造"田园综合体＋乡村旅游"模式,构建起三产融合、城乡互动的乡村振兴新格局。该模式以田园综合体为平台,整合现代农业、休闲旅游、文化传承等功能,不仅激活了乡村产业,更实现了生态价值、文化价值与经济效益的共赢,成为全省乃至全国乡村振兴的示范样板。

1. 田园综合体:多元业态融合创新

兰陵县以"生产、生活、生态"三生同步理念为核心,建设了代村新天地、金岭压油沟、车辋宝山前和尚岩四大田园综合体,形成差异化发展格局。

代村新天地田园综合体：作为全国首批试点，代村以"农文旅"融合为路径，打造农耕文化展示区、现代农业示范园区、花卉苗木园等十大功能区。智能温室引入荷兰模式，年培育种苗2 000万株；乡村旅游板块年接待游客60万人次，村集体收入突破7 000万元，农民人均收入达4万元，成为"全国文明村"。

金岭压油沟田园综合体：依托古村落与水库资源，开发"农事体验＋特色民宿＋红色教育"链条。复原传统作坊、建设主题民宿，国庆单日游客量破2万人次，带动500余人就业，获评"全国乡村旅游重点村"。

车辋宝山前田园综合体：以野生动物园为核心，融合水上乐园、仿古建筑，形成"亲子娱乐＋生态教育"特色。饲养珍稀动物60余种，年客流量达50万人次，成为临沂近郊旅游热门地。

尚岩田园综合体：聚焦中医药康养，种植枸杞、当归等药材，建设生态体验区与康养旅游区。项目计划投资10亿元，预计年吸引游客30万人次，打造"鲁南药谷"新地标。

2. 乡村旅游：生态与文化的双重赋能

兰陵县以"全域旅游"为抓手，构建"一核四区"布局，推动旅游与农业、文化、康养深度融合。

生态旅游资源开发：会宝湖片区利用"山区水乡"地貌，发展农家乐、摄影基地；压油沟景区以"乡愁经济"为特色，保留古村落肌理，建设盆景产业园、牡丹园，获评"中国最美乡愁旅游目的地"。

文化体验升级：代村"印象代村"夜游项目融合非遗表演、传统小吃，安置贫困户400余人；压油沟景区推出"兰湖花船巡游"，结合本地柳编、泥塑等非遗展示，增强游客沉浸感。

节庆品牌塑造：连续举办十届蔬菜产业博览会、荀子文化节，创新"云养兰""直播带货"模式，年带动农产品销售超亿元。

3. 文化赋能：非遗活化与产业延伸

兰陵县深挖儒学、诗酒、红色文化，推动非遗"活态传承"。

非遗创新：小郭泥塑、长城镇根雕等非遗项目入驻景区，开发文创产品；兰陵美酒文化产业园结合非遗酿造技艺，打造酒文化体验中心。

文化产业集群：建设兰陵文创园，吸引30余家企业入驻；规划盆景文化产业园，聘请国家级大师指导，培育"小东山盆景村"。

政策保障：设立500万元文旅发展基金，对非遗工坊、文创企业给予补贴；实施"文化产业特派员"制度，选派专家指导乡村振兴项目。

4. 成效与示范：乡村振兴的"兰陵模式"

该模式成效显著，年旅游收入突破80亿元，带动2.6万农民就业。蔬菜产业与旅游结合，衍生"蔬菜采摘＋研学"项目；兰花产业通过"智能温室＋电商"，亩产值达

> 40万元,是传统蔬菜的20倍;"归雁工程"吸引979名返乡人才,创办企业932家,带动1.5万人就业,形成"人才回乡、资金回流、信息回用"的良性循环;获评"全国休闲农业与乡村旅游示范县""中国最美文化休闲旅游名县",压油沟景区入选全国"一县一品"典型案例。
>
> 　　兰陵县以田园综合体为支点,撬动三产融合;以乡村旅游为纽带,串联生态与文化;以文化赋能为灵魂,激活乡村内生动力。这一模式不仅实现了产业兴旺、生态宜居、农民富裕的目标,更为乡村振兴提供了可复制、可推广的"兰陵智慧"。未来,随着数字化、绿色化技术的深度应用,兰陵的乡村振兴之路将更加宽广。
>
> 　　资料来源:临沂市人民政府官网,https://www.linyi.gov.cn。

(二)人才振兴模式

人才振兴是乡村振兴的关键支撑,旨在通过吸引、培养和留住各类人才,为乡村发展提供智力支持和创新动力。人才振兴模式的核心在于通过政策激励、平台搭建和教育培训,推动乡村人才队伍建设,助力乡村全面振兴。

1. 人才振兴模式的主要内容

(1)吸引人才返乡创业。

通过提供创业补贴、税收优惠、贷款支持等政策,吸引外出务工人员、大学生、退伍军人等返乡创业;建设创业孵化基地、产业园区等平台,为返乡创业人员提供办公场地、技术支持和市场对接服务。

(2)培养本土人才。

加强农村职业教育,培养适应现代农业发展的新型职业农民;举办各类技能培训班,提升农民的农业技术、电商运营、乡村旅游管理等技能。

(3)引进外部人才。

选派科技特派员到农村,提供技术指导和咨询服务,推动农业科技创新;组织农业专家、大学教授等组成服务团,定期到农村开展技术培训和指导。

(4)优化人才发展环境。

改善农村基础设施,提升乡村生活品质,吸引人才留在乡村;提升农村教育、医疗、文化等公共服务水平,为人才提供良好的工作和生活环境。

2. 人才振兴模式的关键要素

(1)政策支持。

政府通过出台一系列支持人才振兴的政策,如创业补贴、税收优惠、贷款支持等,为人才返乡创业和本土人才培养提供政策保障。

(2)平台搭建。

通过建设创业孵化基地、产业园区等平台,为人才提供办公场地、技术支持和市场对接服务,促进人才与产业的深度融合。

(3)教育培训。

通过加强职业教育和技能培训,提升农民的技术水平和综合素质,为乡村发展提供人才支撑。

(4)环境优化。

通过改善农村基础设施和提升公共服务水平,优化人才发展环境,吸引和留住人才。

案例1-3　安吉县新型职业农民培育:人才振兴赋能乡村振兴的生动实践

安吉县作为中国美丽乡村发源地,以"人才强农"战略为核心,构建起"引、育、用、留"全链条新型职业农民培育体系,不仅破解了乡村"人才空心化"难题,更为全国提供了乡村振兴的人才振兴样本。

1. 政策驱动:构建人才集聚"强磁场"

安吉县以政策创新为引擎,打造乡村人才"引力场":

精准扶持:出台《乡村人才振兴实施方案》,对市级示范性农创客团队奖励10万元,为农创客提供30万~300万元"农创贷",累计发放贷款超2亿元。

靶向引才:实施"百千万"大学生招引计划,建立"共享农创客"人才池,吸引3 000余名青年返乡创业,其中大学生占比达65%。

平台赋能:建设"农创天地-乡创空间-村创基地"三级平台,打造5个乡创基地试点,引入乡村运营团队20余支,形成"人才+产业"双螺旋结构。

2. 培育体系:打造人才成长"快车道"

安吉县构建"政府主导+高校支撑+市场参与"的立体化培育体系。创建省级乡村振兴实训基地1家、农民田间学校8家,覆盖白茶、竹业、乡村旅游等特色产业;开发"综合素养+专业能力+拓展能力"课程体系,如白茶栽培、民宿运营、电商直播等,年培训超3万人次;与浙大、省农科院合作培育"头雁"队伍,选派60名基层农技人员进修,产学研深度融合,提升技术转化能力。

3. 产业赋能:释放人才红利"新动能"

新型职业农民成为产业升级的"关键变量",乡土专家工作站推动白茶、竹产业技术升级,亩均增收超3 000元;农创客开发"竹林鸡""富硒水稻"等特色产业,打造"安吉味道"品牌,带动乡村旅游创收超5亿元;首席专家团队指导"竹海碳汇"项目开发,年碳汇收益超百万元。

4. 留才生态:营造乡村创业"软环境"

安吉县以"乡愁+服务"留住人才,建设乡村人才公寓,提供"三年免租+购房补贴",解决住房难题;开通"人才专列",优化医疗、教育资源,解决通勤、子女教育等后顾之忧;评选"乡村工匠""土专家",19名农民获市级荣誉,增强职业认同感。

> **5. 成效与挑战：乡村振兴的"安吉答卷"**
>
> 成效：培育"南太湖特支计划"人才 12 名，农创客百名，带动就业超 2 万人；白茶产值突破 30 亿元，民宿经济年营收超 8 亿元，村均集体经济增收 15％；通过"生态管家"制度，吸引环保专家团队指导低碳发展。
>
> 挑战：农业技术研发、数字农业等领域高端人才稀缺；政策碎片化，需加强部门协同，整合"农创贷""人才公寓"等政策资源。
>
> 安吉县以新型职业农民培育为支点，撬动人才、产业、生态"三位一体"发展，实现了从"输出人力"到"吸引人才"的转变。其经验表明，乡村振兴的核心在于构建"引才、育才、用才、留才"的闭环生态，让人才成为激活乡村资源的"关键酶"。未来，随着数字化、绿色化技术深度应用，安吉的人才振兴模式将释放更大潜能，为共同富裕示范区建设注入持久动力。
>
> 资料来源：安吉教育资源公共服务平台。

（三）文化振兴模式

文化振兴是乡村振兴的灵魂，旨在通过挖掘、保护和传承乡村文化，提升乡村文化软实力，增强乡村凝聚力和吸引力。文化振兴模式的核心在于通过文化传承、文化创新和文化产业融合，推动乡村文化繁荣发展，助力乡村全面振兴。

1. 文化振兴模式的主要内容

（1）文化传承与保护。

一是非物质文化遗产保护：通过挖掘和保护乡村的非物质文化遗产，如传统手工艺、民俗活动、民间艺术等，传承乡村文化基因；二是历史文化村落保护：保护和修复具有历史文化价值的村落和建筑，保留乡村的历史风貌和文化记忆。

（2）文化创新与融合。

一是文化创意产业：结合乡村文化资源，发展文化创意产业，如手工艺品、文化体验、文化节庆等，推动文化与经济的融合发展；二是文化与旅游融合：通过发展文化旅游，将乡村文化资源转化为旅游产品，吸引游客参与文化体验，提升乡村文化影响力。

（3）文化设施建设。

一是公共文化设施建设：建设乡村图书馆、文化广场、博物馆等公共文化设施，丰富农民的精神文化生活；二是文化服务平台：搭建文化服务平台，提供文化培训、文化活动和信息服务，提升农民的文化素养。

（4）文化教育与传播。

一是文化教育：通过举办文化培训班、文化讲座等活动，提升农民的文化素养和审美能力；二是文化传播：利用新媒体和传统媒体，传播乡村文化，提升乡村文化的知名度和影响力。

2. 文化振兴模式的关键要素

（1）政策支持。

政府通过出台一系列支持文化振兴的政策,如文化保护、文化创意产业扶持、文化旅游融合等,为乡村文化振兴提供政策保障。

(2)资源挖掘。

通过深入挖掘乡村的文化资源,如非物质文化遗产、历史文化村落、民俗活动等,为文化振兴提供丰富的素材和内容。

(3)平台搭建。

通过建设文化设施、文化服务平台等,为文化振兴提供硬件和软件支持,促进文化活动的开展和文化产业的发展。

(4)人才支撑。

通过吸引和培养文化人才,如非遗传承人、文化创意人才、文化教育人才等,为文化振兴提供智力支持。

案例 1-4　曲阜市文化振兴模式:儒家文化传承与文旅融合的双轮驱动

曲阜市作为儒家文化发源地,以"文化传承+文旅融合"为核心路径,构建起"保护-转化-创新-富民"的文化振兴闭环体系,为全国提供了传统文化赋能乡村振兴的典范。

1. 文化传承深化:激活文化基因

机制创新:成立乡村振兴指挥部,下设文化振兴专班,统筹推进"南部文化两创、北部国际慢城、西部湿地生态、东部党建引领"四大片区建设,形成"全域布局、梯次推进"格局。实施"百姓儒学"工程,村村设立"孔子学堂",开展"论语进乡村""儒学美德示范街"创建活动,让儒家文化融入基层治理。

非遗活化:建立"非遗传承人-工坊-电商"产业链,培育32家非遗工坊、12个文创品牌,推出"剪纸特长班""席编社团"等传承项目,带动3 000人就业创收。创新"非遗+旅游"模式,如琉璃瓦厂开发文创脊兽,孔府印阁推出活字印章,年销售额突破800万元。

理论研究:成立全国首家文化"两创"研究院,出版《儒家文化与乡村振兴》等著作,主持国家、省级课题30余项,形成文化研究"新高地"。

2. 文旅融合实践:释放产业动能

项目支撑:打造"新三孔"(孔子研究院、孔子博物馆、尼山圣境)与"老三孔"联动发展,尼山圣境年入游客超500万人次,带动周边民宿、餐饮年营收超2亿元。建设蓼河夜游、明故城灯光秀等沉浸式项目,通过无人机编队表演、3D投影等技术,让"一日游"变"多日游",拉动餐饮住宿增长9.7%。

科技赋能:推行"电子证照+智慧导览"系统,游客扫码即可实现预约、入园、导览全流程,还能享受酒店优惠。开发XR互动剧场《女娲织梦录》、AI导游"孔小丘",提升文化体验科技感。

> 节庆拉动：举办国际孔子文化节、百姓儒学节等，吸引130余国参与者，带动文化消费超10亿元。创新"新中式婚礼""儒风婚尚"等民俗活动，推动传统文化与现代生活融合。
>
> 3. 成效与特色
>
> 品牌塑造：入选"全国县域文旅融合百强""中国最美县域"，文化产业增加值增速5.8%，夜经济矩阵年营收破5亿元。打造"文化曲阜""明礼曲阜"品牌，推出"孔孟之乡"文创IP，年销售文创产品超20万件。
>
> 富民增收：发展民宿200余家、文创公司30余家，直接带动就业760人，片区村均集体收入超30万元。非遗工坊带动3 000人就业，人均年增收2万元，如大庄琉璃瓦厂产品远销欧美，年产值破亿元。
>
> 理论创新：形成"文化浸润乡村、产业反哺文化"的"曲阜路径"，被中央文明办列为新时代文明实践中心建设试点。
>
> 曲阜市以"文化+"战略破局乡村振兴，实现了从"文化资源"到"文化资本"的转化。其经验表明，乡村振兴的核心在于深挖文化内核，通过"传承-创新-融合"路径，让传统文化成为产业兴旺、生态宜居、治理有效的支撑力量。未来，随着数字化、国际化进程加速，曲阜的文化振兴模式将持续释放新动能，为全球文明交流互鉴贡献"东方智慧"。
>
> 资料来源：大众网，https://www.dzwww.com。

（四）生态振兴模式

生态振兴是乡村振兴的重要组成部分，旨在通过保护和改善乡村生态环境，推动绿色发展，实现乡村经济与生态的协调发展。生态振兴模式的核心在于通过生态修复、绿色农业和生态旅游等措施，提升乡村生态环境质量，促进乡村可持续发展。

1. 生态振兴模式的主要内容

（1）生态修复与保护。

一是通过实施退耕还林、湿地保护、水土保持等生态修复工程，改善乡村生态环境；二是建设生态保护区，保护珍稀动植物和生态系统，提升乡村生态功能。

（2）绿色农业发展。

一是推广有机农业技术，减少化肥和农药的使用，生产绿色、安全的农产品；二是发展生态农业，如轮作、间作、生态养殖等，提高农业生产的生态效益。

（3）生态旅游发展。

一是利用乡村的自然风光和生态资源，建设生态旅游区，发展生态旅游；二是乡村旅游综合体：建设乡村旅游综合体，整合农业、文化、旅游等资源，提供多元化的旅游体验。

（4）环境治理与改善。

一是通过治理农村生活垃圾、污水和农业面源污染，改善农村人居环境；二是建设绿色基础设施,如生态厕所、太阳能路灯、雨水收集系统等,提升乡村生态环境质量。

2. 生态振兴模式的关键要素

(1)政策支持。

政府通过出台一系列支持生态振兴的政策,如生态修复、绿色农业、生态旅游等,为乡村生态振兴提供政策保障。

(2)科技创新。

通过引入先进的生态技术和农业技术,提升生态修复和绿色农业的效率和效果。

(3)资金投入。

通过政府投资和社会资本参与,为生态振兴提供资金支持。

(4)公众参与。

通过宣传教育和公众参与,提升农民的生态意识和参与度。

案例 1-5　青岛市乡村生态振兴:绿色基建与污染治理双轨驱动的样板实践

青岛市以"生态优先、绿色发展"为导向,通过农村环境治理与绿色基础设施建设的双轨驱动,构建起"山水林田湖草沙"生命共同体,为全国提供了乡村生态振兴的沿海城市样板。

1. 机制创新:构建生态振兴"四梁八柱"

成立乡村生态振兴工作专班,统筹 21 项年度重点任务,建立"月调度＋暗访＋联合督导"机制,确保治理进度;创新"问题清单＋责任清单＋成效清单"管理模式,针对农村污水、垃圾等痛点,实施"一域一策"精准治理。

推出优化营商环境惠企措施 3.0 版,惠及市场主体 4 100 余家次,发放碳排放权质押贷款 2.8 亿元;对绿色项目实行"一项目一专员"服务,简化审批流程,吸引社会资本参与生态治理。

2. 农村环境治理:打响污染攻坚"组合拳"

实施化肥农药"双减"行动,推广水肥一体化技术 5 万亩,主要农作物绿色防控覆盖率达 55%;建立"村收集-镇转运-市处理"的秸秆、农膜回收体系,废旧农膜回收率超 90%,秸秆综合利用率达 96%。

治理生活污染,完成 274 个村庄污水治理,推广"共享场院""共享苗圃"等生态停车场,规范农机具停放,消除卫生死角 1.9 万处;实施农村清洁取暖改造 33 万户,东岸城区实现无煤化供热,空气质量优良率提升至 88.5%。

提升村容村貌,建设"四好农村路"1 301 千米,新增规模化供水村庄 253 个,自来水普及率达 98.8%;打造微广场、微田园等节点 1 600 余处,推动"环境美"向"生活美"延伸。

3. 绿色基建升级:打造生态宜居"硬支撑"

推广绿色建筑,新建民用建筑 100% 执行绿色建筑标准,累计推广星级绿色建筑2 264万平方米,超低能耗建筑116万平方米;政府工程全面采用绿色建材,建筑垃圾资源化利用率达73.8%。

替代清洁能源,完成农村清洁取暖改造33万户,推广太阳能光伏一体化建筑,东岸城区关停燃煤锅炉56台;发展可再生能源建筑应用,推广智能微电网技术,提升建筑能效。

实施生态修复工程,治理历史遗留矿山286处,修复面积1.4万亩,恢复植被覆盖率超85%;实施河道清淤、中水回补等工程,李村河入选全国美丽河湖,近岸海域水质优良率99%。

4. 成效亮点:生态红利持续释放

空气优良天数达313天,PM2.5年均浓度26微克/立方米;20个国省控河流断面水质全部达标;土壤安全利用率保持100%,入选国家首批海洋碳汇监测试点城市;获评"美丽中国建设地方标杆",7个区(市)建成国家生态文明建设示范区;成功承办上合组织国家绿色发展论坛,提升"生态青岛"国际影响力;发展生态农场、民宿等产业,带动就业超2 000人,片区村均集体收入破30万元;推广"生态+研学""生态+康养"模式,延伸绿色经济链。

青岛市以"绿色基建+污染治理"为双翼,以机制创新为引擎,实现了生态环境从"局部改善"到"全域提升"的跨越。其经验表明,乡村生态振兴需坚持系统治理、科技赋能、产业融合,让"绿水青山"真正成为"金山银山"。未来,随着碳达峰、碳中和目标推进,青岛的生态振兴模式将持续释放新动能,为全球沿海城市绿色发展提供"青岛方案"。

资料来源:青岛政务网,https://www.qingdao.gov.cn。

(五)组织振兴模式

组织振兴是乡村振兴的重要保障,旨在通过加强基层党组织建设、完善村民自治制度和创新乡村治理模式,提升乡村治理能力和水平,为乡村振兴提供坚强的组织保障。组织振兴模式的核心在于通过党建引领、村民自治和社会参与,推动乡村治理现代化,助力乡村全面振兴。

1. 组织振兴模式的主要内容

(1)党建引领。

加强农村基层党组织建设,提升党组织的凝聚力和战斗力,发挥党组织在乡村振兴中的领导作用;鼓励党员带头参与乡村振兴,发挥先锋模范作用,带动村民共同参与乡村建设。

(2)村民自治。

制定和完善村规民约,规范村民行为,促进乡村治理现代化;鼓励村民积极参与乡村治理,增强村民的自治意识和能力。

(3)乡村治理创新。

利用信息技术,提升乡村治理的智能化水平,实现村务管理、公共服务、治安监控等功能的智能化,推进智慧乡村治理;通过村民议事会、社区志愿者等形式,激发村民参与乡村治理的积极性。

(4)社会组织参与。

鼓励社会组织和企业参与乡村治理,提供资金、技术和管理支持。

2. 组织振兴模式的关键要素

(1)政策支持。

政府通过出台一系列支持组织振兴的政策,如党建引领、村民自治、乡村治理创新等,为乡村组织振兴提供政策保障。

(2)党建引领。

通过加强基层党组织建设,提升党组织的凝聚力和战斗力,发挥党组织在乡村振兴中的领导作用。

(3)村民参与。

通过制定和完善村规民约,鼓励村民积极参与乡村治理,增强村民的自治意识和能力。

(4)技术创新。

利用信息技术,提升乡村治理的智能化水平,实现村务管理、公共服务、治安监控等功能的智能化。

(5)社会参与。

鼓励社会组织和企业参与乡村治理,提供资金、技术和管理支持。

案例 1-6　青岛市乡村组织振兴:党建引领与村民自治的"双引擎"实践

青岛市以"党建引领筑根基、村民自治添活力"为主线,通过机制创新、实践深化和特色培育,构建起乡村组织振兴的立体网络,为全国提供了沿海城市乡村治理的示范样本。

1. 机制创新:构建党建引领与村民自治"双轨并行"新体系

党建引领机制升级:实施"党建引领打头阵"行动,建立"幸福党建""链上党建"等品牌矩阵,中央和国家机关工委评选中6个品牌获奖,数量质量居副省级城市前列;开展"机关开放日"30余场,组建125支红色志愿服务队,选派80余名社区党建联络员,推动"双报到""双报告"机制深化;创新"六个一"工作法,建设11个机关党建"第一课堂",评选235个五星级党支部,规范提升15个党建示范点。

村民自治机制优化:颁布《村民自治章程示范文本》,明确民主决策、协商、管理、监督流程,100%村庄完成章程修订;推广村民议事会、村民理事会等自治载体,开展"村民说事""百姓议事"活动,修订完善村规民约,规范村民行为;实施村民委员会职责任务清单管理,清理"牌子多"问题,减负赋能提升自治效能。

2. 实践深化:党建引领与村民自治"同频共振"显成效

党建引领实践:即墨区交通运输局开展"春风送暖""夏送清凉"活动,为800余名货车司机办理保险,提升职业幸福感;西海岸新区创新"三社一司"平台,整合"人、地、房、钱"要素,推动共富劳务合作社、农地托管等改革,蹚出集体增收新路径。

村民自治实践:完成村"两委"换届,实现"一肩挑"比例大幅提升,优化"两委"成员年龄学历结构;晓望村实施"五议一审两公开"制度,规范村级议事决策;大华社区打造"居民议事厅",解决老旧小区积水等难题;推行"1+1+N"矛盾调解机制,实现"一村一法律顾问"全覆盖,累计化解矛盾22.24万件。

3. 特色培育:打造党建引领与村民自治"青岛样板"

莱西经验拓展:深化"莱西经验",完成村庄建制调整,创新党员议事代表制度,推动488个强村共富公司运营,带动村集体增收3.2亿元。

智慧党建赋能:运用"互联网+"技术,实现党务村务线上公开,打造"智慧党建"平台,提升治理效率。

村民自治创新模式:推广乡村治理"积分制",量化评价自治、法治、德治成效,激发村民参与热情;开展"法律明白人""法治带头人"培养工程,推动法官、检察官进村庄普法,提升法治水平。

4. 挑战应对:破解党建引领与村民自治"成长烦恼"

党建引领挑战:部分机关党建与业务"两张皮",需深化"党建+业务"融合机制,推动党建与乡村振兴、基层治理同频共振;实施"头雁培育"计划,开展209场村党组织书记"擂台比武",提升履职能力。

村民自治挑战:通过"最美家庭""文明户"评选,激发村民参与热情,提升自治参与度。

经费保障难题:探索"政府保基本+社会资助+村集体自筹"多元投入机制,保障自治组织运转。

5. 未来方向:擘画党建引领与村民自治"新蓝图"

深化"党建+产业"融合,推动党建引领合作社、共富公司发展,壮大集体经济;打造"智慧党建"升级版,运用大数据、AI技术提升治理精准度;推广"村民议事会+乡贤参事会"模式,引入乡贤力量参与治理;探索"自治+文旅"融合,发展民宿协会、乡村旅游合作社等新型自治组织。

青岛市以党建引领为"红色引擎",以村民自治为"活力源泉",构建了"组织强、自治活、产业旺、乡村美"的振兴格局。其经验表明,乡村组织振兴需坚持党的领导与群众主体相结合,通过机制创新、实践深化和特色培育,激活乡村治理"一池春水"。未来,随着数字赋能和改革深化,青岛的乡村组织振兴模式将持续释放新动能,为全球乡村治理贡献"中国智慧"。

资料来源:青岛政务网,https://www.qingdao.gov.cn

二、乡村振兴未来创新方向

乡村振兴战略自实施以来,已取得了阶段性的显著成果,然而其征程仍任重道远。展望未来,乡村振兴在多个关键领域将呈现出全新的发展态势与创新趋势。

(一)科技深度赋能,驱动产业变革

新质生产力与农业农村发展的深度融合,将成为乡村振兴的核心动力。以智慧农业为例,传感器、物联网、大数据、人工智能等技术将全面渗透到农业生产的各个环节。在山东寿光的智能温室中,传感器能够实时精准监测土壤湿度、养分含量、空气温湿度以及光照强度等关键数据,并通过大数据分析和人工智能算法,自动调控灌溉系统、施肥设备、通风装置以及遮阳设施等,实现精准种植与精细化管理,不仅将番茄亩产提升至30吨以上,还极大地减少了水资源与肥料的浪费,降低了人力成本。同时,垂直农业这一新兴模式也将迎来快速发展,通过立体多层种植、无土栽培等技术,在有限的空间内大幅提高农产品产量,有效缓解城市周边农产品供应压力,减少运输损耗,为城市"菜篮子"工程提供有力支撑。此外,农业无人机将广泛应用于植保作业、农田测绘、作物生长监测等领域,以高效、精准的作业方式提升农业生产效率,保障农产品质量安全。

(二)绿色理念引领,推动可持续发展

未来,绿色发展将贯穿乡村振兴全过程。在农业生产领域,绿色低碳技术将得到更广泛推广,如推广生态循环农业模式,实现农业废弃物的资源化利用,秸秆从被焚烧或丢弃转变为用于制作有机肥、生物质燃料,或者作为牲畜饲料,既减少了环境污染,又降低了农业生产成本。同时,绿色食品、有机农产品的生产规模将不断扩大,消费者对高品质、安全、生态农产品的需求将驱动农业生产向绿色、有机方向转型。在乡村生态环境治理方面,将持续加大力度推进农村生活污水治理、垃圾无害化处理以及农业面源污染防治。例如,在山东的部分乡村,通过建设小型污水处理站、推广人工湿地处理技术,使生活污水得到有效净化后达标排放;采用"户分类、村收集、镇转运、县处理"的垃圾收运处理模式,让乡村垃圾实现无害化处理与资源化利用。此外,生态产品价值实现机制将不断完善,"生态银行""碳汇交易"等创新模式将进一步激活乡村生态资源价值,为乡村生态保护与经济发展注入新动力。

(三)数字经济融入,拓展发展空间

数字经济将重塑乡村产业形态与发展格局。农村电商将向纵深发展,直播带货、社交电商、社区团购等新兴模式将进一步拓展农产品销售渠道,打破地域限制,让优质农产品更便捷地走向全国乃至全球市场。同时,电商平台将与农业产业链深度融合,从单纯的销售环节延伸至农产品生产、加工、仓储、物流等全链条,实现农产品标准化、品牌化建设,提升农产品附加值。数字技术还将推动乡村旅游、休闲农业等新业态的创新发展,通过线上虚拟展示、智能导览、个性化定制旅游产品等服务,提升游客体验,吸引更多城市居民走进乡村。例如,山东的一些乡村旅游景点利用虚拟现实(VR)、增强现实(AR)技术,为游客打造沉浸式的乡村文化体验场景,让游客身临其境地感受传统农耕文化、民俗风情等魅力。此外,数字金融将为乡村振兴提供有力支持,线上小额信贷、农业保险数字化等服务将有效解决农民融资难、融资贵以及农业生产风险保障问题。

(四)产业融合升级,构建多元业态

乡村产业将从单一产业向多业态融合发展转变。在农业与加工业融合方面,将进一步推动农产品加工业向精深加工方向发展,开发更多高附加值产品。以山东的农产品加工企业为例,除了常见的果蔬罐头、肉制品加工外,还将开发出更多功能性食品、生物制品等,例如,利用农产品提取生物活性成分用于制药、化妆品等行业。农业与服务业融合将催生乡村旅游、休闲农业、农村电商、农业科技服务等多种新业态。乡村旅游将从简单的农家乐向综合性旅游度假区转变,融合民俗文化体验、农事活动参与、健康养生、科普教育等多元功能。休闲农业将注重打造主题化、特色化的休闲项目,例如,花卉观赏节、采摘体验园、农耕文化主题公园等。同时,农业与文化产业的融合将挖掘乡村文化内涵,开发乡村文创产品,如乡村特色手工艺品、民俗文化纪念品等,提升乡村产业的文化附加值,构建起一二三产业深度融合的现代乡村产业体系。

(五)人才汇聚回流,激发创新活力

人才是乡村振兴的关键要素,未来将有更多元化的人才投身乡村建设。一方面,本土人才培育力度将持续加大,通过开展各类农业技术培训、职业技能教育、创业培训等,培养一大批懂农业、爱农村、爱农民的新型职业农民,他们将成为乡村产业发展、科技创新的主力军;另一方面,人才引进政策将更加完善,"三支一扶"计划、"乡村振兴合伙人"计划等将吸引更多高校毕业生、专业技术人才、企业家等各类人才返乡创业、下乡发展。例如,一些具有互联网、金融、设计等专业背景的人才将为乡村带来新的理念与技术,推动乡村电商、乡村旅游、乡村文创等新兴产业发展。同时,乡村人才服务保障机制将不断健全,通过提供住房保障、子女教育、医疗服务等优惠政策,解决人才的后顾之忧,让他们能够安心在乡村施展才华,为乡村振兴注入源源不断的创新活力。

(六)城乡融合深化,促进协同共进

城乡融合发展将进入新阶段,城市与乡村之间的要素流动将更加顺畅。一方面,城市的资金、技术、人才、信息等资源将加速向乡村流动,为乡村产业发展、基础设施建设、公共服务提升提供支持。例如,城市资本将投入乡村特色产业项目,建设现代化农业园区、农产品加工基地等;城市的教育、医疗资源将通过远程教学、医疗帮扶等方式向乡村延伸,提升乡村公共服务水平。另一方面,乡村的生态资源、农产品、文化资源等将更好地对接城市需求,实现城乡资源共享、优势互补。乡村的优质农产品将通过便捷的物流配送体系进入城市市场,满足城市居民对高品质食品的需求;乡村的自然风光、民俗文化将吸引城市居民前来旅游、休闲,带动乡村经济发展。此外,城乡在规划布局、产业发展、基础设施建设等方面将实现一体化设计与协同推进,逐步缩小城乡差距,实现城乡共同繁荣发展。

本章小结

本章系统梳理了乡村振兴战略的理论基础与实践路径。首先通过三涧溪村的典型案例,展示了乡村振兴的现实可能性;其次从历史维度分析了新中国成立以来城乡关系的演变历程,揭示了乡村振兴战略提出的历史必然性;然后详细解读了乡村振兴战略的政策体系和发展脉络;最后深入剖析了乡村振兴五大核心维度的内涵,并总结了各类典型模式与未来创新方向。

通过本章学习可知:乡村振兴战略是解决新时代"三农"问题的总抓手,是实现农业农村现代化的必由之路。产业振兴是基础,人才振兴是关键,文化振兴是灵魂,生态振兴是支撑,组织振兴是保障,五大振兴相互关联、相互促进。未来乡村振兴将朝着数字化、绿色化、融合化方向发展,需要不断创新思路和方法。

实践任务

乡村振兴现状调研与方案设计

1. 调研对象

选择山东省内一个行政村(建议优先选择自己家乡或熟悉的村庄),可通过线上资料收集与线下实地调研相结合。

2. 调研内容

(1)基本情况:人口结构、资源禀赋、产业现状等。

(2)乡村振兴的现状:

产业:主要经济来源、特色产业等;

人才:人才结构、返乡创业情况等;

文化:文化资源、文化活动等;

生态:环境状况、生态保护措施等;

组织:基层组织建设、治理模式等。

3. 调研方案设计

针对调研发现的主要问题,提出1~2个可行性强的振兴方案,方案要具体,需包括目标定位、实施路径、预期效果、可能遇到的困难及对策等方面。可参考山东省"乡村振兴示范村"的建设经验,注意收集村史、地方志等基础资料,建议访谈村干部、乡贤、普通村民等不同群体,方案设计要因地制宜,避免空泛。

4. 成果形式

形成不少于2 000字的调研报告。

思考题

一、单项选择题

1. 传统体制下,为解决工业化、城市化资金来源问题,中国政府实行的"倾斜发展战略"以什么为中

心？（　　）

  A. 轻工业   B. 重工业   C. 农业   D. 服务业

2. 2006年起，我国全面取消了（　　），农民种地纳税成为历史。

  A. 农业税   B. 增值税   C. 消费税   D. 营业税

3. 乡村振兴战略提出的"五个振兴"不包括以下哪一项？（　　）

  A. 乡村经济振兴 B. 乡村人才振兴 C. 乡村文化振兴 D. 乡村组织振兴

4. 以下哪个是山东省在乡村振兴中发展的特色农业产业？（　　）

  A. 五常大米 B. 赣南脐橙 C. 肥城桃   D. 吐鲁番葡萄

5. 乡村振兴未来创新方向中，数字经济融入乡村发展不包括以下哪一项？（　　）

  A. 农村电商向纵深发展   B. 数字技术推动乡村旅游创新

  C. 开展生态循环农业   D. 数字金融支持乡村振兴

二、简答题

1. 简述1978—1999年中国城乡关系变化的主要表现。

2. 乡村振兴战略提出的背景有哪些？

3. 乡村产业振兴的内涵和关键目标是什么？

4. 人才振兴模式的主要内容有哪些？

5. 简述乡村振兴未来创新方向中绿色理念引领可持续发展的具体表现。

第二章
市场调研与分析

开篇案例

里斯战略定位咨询发布的《2021年中国茶饮市场报告》显示,原叶茶、现调茶、即饮茶共同组成了4 000多亿元体量的中国茶饮市场,在未来5年,年复合增长率预计高达13.6%。其中,即饮茶在茶饮市场占比近28%,规模破千亿元。

从近年来的发展看,三大细分品类中,现调茶在喜茶等新式茶饮的带动下,颇受市场关注,虽然市场上围绕现调茶的争议不断,但客观来说,它的走红提高了消费者对于整个茶饮市场的关注度,改变了消费者对于茶饮行业的认知,最重要的是改变了茶饮消费人群的年龄结构占比,为行业的消费端注入了更多年轻的血液。

这种消费人群的变化,也为即饮茶未来的品牌发展带来了更多的可能性。如今,主流消费人群的变化对即饮茶从产品、包装、口味等方面都提出了更高的要求,传统即饮茶巨头们逐步陷入了年轻化危机。为了改变这一局面,巨头们也进行过尝试。

农夫山泉推出的东方树叶虽然这几年开始逐步被市场接受,但其背后却是长达10年的市场培育。一边是传统巨头逐渐与消费市场脱节,一边是新消费群体的崛起与新需求的释放,在此背景下,让一众紧贴年轻消费者的新兴品牌入局,让整个即饮茶市场充满了新的可能,即饮茶市场未来大有可为。

资料来源:孙琳,孙志平,杨晓丽. 市场营销实务与案例分析[M]. 北京:人民邮电出版社,2023.

📝 案例启示

传统即饮茶企业务必重视消费人群的变迁，主流消费群体的改变带来了需求的转变，不能因循守旧。像东方树叶虽最终被市场接受，但长达10年的培育期敲响警钟，传统巨头应主动在产品、包装、口味等方面革新，投入耐心与决心持续优化。

新兴品牌要抓住消费人群结构调整的契机，年轻人作为消费主力，喜好个性化、时尚化产品，新兴品牌贴近他们能够快速打开市场。不过，不能仅依赖热度，要稳固产品品质，不断创新，推出特色产品，提升消费者忠诚度。

从行业整体看，健康化是趋势，可通过优化原料、工艺打造健康产品。市场细分与差异化竞争也十分关键，企业要挖掘独特卖点，在产品定位、包装设计、品牌文化等方面塑造自身特色，以此在激烈竞争中脱颖而出。

📝 教学目标

知识目标：理解市场调研的含义、作用、内容、类型、流程等基础知识，掌握市场调研问卷设计的基本内容、原则、形式与技术，以及问卷设计应注意的问题。熟悉市场调研报告的作用、种类、格式与内容，明确不同类型报告的特点和适用场景，掌握撰写报告的注意事项。

能力目标：能够根据实际需求，确定市场调研的问题与目标，设计合理的调研方案，选择合适的调研方法和样本，有效收集、处理与分析市场数据。学会设计科学、合理、具有针对性的市场调研问卷。具备撰写规范、高质量市场调研报告的能力，能够清晰呈现调研结果、分析结论和建议，合理运用图表等工具突出重点内容，增强报告的逻辑性、条理性和可读性。

素质目标：培养学生严谨的科学态度和实事求是的工作作风，使其在市场调研过程中尊重事实、客观分析，确保调研数据的真实性和可靠性。鼓励学生在市场调研中发现新问题、探索新方法，培养其独立思考和创新思维。

第一节　市场调研概述

为了在瞬息万变的市场上求生存、求发展，寻找新的市场机会，避开风险，企业必须具有较强的应变能力，能够及时作出正确的决策。然而，正确的决策来自全面、可靠的市场营销信息。企业必须重视对市场营销信息的收集、处理及分析，为企业决策提供依据。在企业的市场营销管理过程中，每一步都离不开市场调研。

一、市场调研的含义和作用

（一）市场调研的含义

美国市场营销协会（AMA）对市场调研所下的定义为：市场调研（市场调查）是一种通过信息将消费者、顾客和公众与营销者连接起来的职能。这些信息用于识别和确定营销机会及问题，产生、提炼和评估营销活动，监督营销绩效，改进人们对营销过程的理解。市场调研规定解决这些问题所需的信息，设计收集信息的方法，管理并实施信息收集过程，分析结果，最后要沟通所需的结论及其意义。简单地说，市场调研是指对与营销决策相关的数据（商品交换过程中发生的信息）进行计划、收集和分析并把结果向管理者沟通的过程。

市场调研有狭义与广义之分。狭义的市场调研是指只针对消费者所做的调查，调查内容主要包括消费者的购买力、购买数量、动机、使用情况等；广义的市场调研是指对产品从生产、流通到消费领域所做的调查，调查内容除了包括与消费者相关的信息外，还包括产品的定价、包装、运输、销售环境、销售渠道以及广告调查等。

（二）市场调研的作用

1. 为企业经营决策提供客观依据

通过了解分析提供市场信息，可以避免企业在制定营销策略时发生错误，或可以帮助营销决策者了解当前营销策略以及营销活动的得失，以做适当建议。只有实际了解市场情况才能有针对性地制定市场营销策略和企业经营发展策略。在企业管理部门和有关人员要针对某些问题进行决策时，例如进行产品策略、价格策略、分销策略、广告和促销策略的制定，通常要了解的情况和考虑的问题是多方面的，主要包括本企业产品在什么市场上销售较好，有发展潜力；在哪个具体的市场上预期可销售数量是多少；如何才能扩大企业产品的销售量；如何掌握产品的销售价格；如何制定产品价格，才能保证在销售和利润两方面都能上去；怎样组织产品推销，销售费用又将是多少等。这些问题都只有通过具体的市场调查，才可以得到具体的答复，而且只有通过市场调查得来的具体答案才能作为企业决策的依据。否则，就会形成盲目的和脱离实际的决策，而盲目则往往意味着失败和损失。

> **案例 2－1　2024 年中国新能源汽车充电桩市场**
>
> 　　根据最新调查数据，2024 年中国新能源汽车充电桩市场公共充电桩保有量持续增长，环比 2023 年增长率达到 25%。2023 年底公共充电桩数量为 261.7 万台，而到 2024 年底，这一数字增长至 327.1 万台。并且，私人充电桩的安装数量也在快速提升，2024 年新增私人充电桩约 80 万个，较 2023 年增长了 28%。
> 　　数据显示，2024 年 1～11 月新能源汽车产销分别完成 1 097.8 万辆和 1 093.5 万辆，同比分别增长 33.9% 和 34.3%，远超市场此前预期。新能源汽车的高速增长，带动了对充电桩需求的大幅提升。1～11 月，新能源汽车的车桩比持续优化，从 2023 年同期的 2.6∶1 下降至 2.3∶1，但仍然存在较大的提升空间。

> 随着国家对新能源汽车基础设施建设的政策支持不断加强,多地出台补贴政策鼓励充电桩建设,同时环保要求促使更多燃油车向新能源汽车转变,长期来看对充电桩市场的发展产生了积极影响。综合来看,随着新能源汽车市场的进一步扩大,尤其是在公共交通、物流配送等领域的新能源化进程加速,充电桩市场需求将持续旺盛。短期国内充电桩市场规模有望继续保持较高增速,市场竞争也将更加激烈,产品质量和服务水平将成为企业竞争的关键因素。
>
> 资料来源:前瞻产业研究院,《2024年中国电动汽车充电桩行业全景图谱》。

2. 有利于企业在竞争中占据有利地位

提供正确的市场信息,可以了解市场可能的变化趋势以及消费者潜在购买动机和需求,有助于营销者识别最有利可图的市场机会,为企业提供发展新契机。市场竞争日益激烈化,不断地发生变化,而促使市场发生变化的原因很多,主要表现为两个方面的因素:产品、价格、分销、广告、推销等市场因素和有关政治、经济、文化、地理条件等市场环境因素。这两类因素往往又是相互联系和相互影响的,而且不断地发生变化。企业为适应这种变化,就只有通过广泛的市场调查,及时地了解各种市场因素和市场环境因素的变化,从而有针对性地采取措施,通过对市场因素,如价格、产品结构、广告等的调整,去应付市场竞争。对于企业来说,能否及时了解市场变化情况,并适时适当地采取应变措施,是企业能否取胜的关键。

> **案例2-2　来伊份以消费洞察引领休闲食品行业升级**
>
> 来伊份作为休闲食品行业的领军企业,始终将市场调研作为企业发展的核心驱动力,通过精准的市场洞察在激烈竞争中持续占据优势地位。来伊份依托食品研究院的专业团队,深入分析消费趋势与市场需求,针对性地推出符合消费者健康、便捷需求的新品。通过调研发现年轻群体对"疗愈经济"的关注,创新推出"梅压力"紫苏梅片,以粉色系包装结合耳机、音符元素,直击都市人群压力痛点,成功拉动市场销售,验证了市场调研对产品定位的关键作用。2023年,来伊份通过数字化调研与分析,成功优化26款产品包装,减少32 200千克塑料使用,既满足环保趋势,又强化了品牌的可持续形象。
>
> 另外,来伊份通过市场调研深入挖掘地方特色农产品潜力,与云南、贵州等地供应商合作,将罗汉笋、小土豆等地方特产打造成全国性爆款。例如,通过对消费者口味偏好的调研,指导供应商改进加工工艺,使大关县罗汉笋年销售额突破2 000万元,收购价从9 000元/吨提升至14 000元/吨,实现企业与地方经济的双赢。此外,来伊份还通过市场调研优化门店布局,在全国近600个县级市场渗透,并推出生活店、仓储会员店等新模式,单店日业绩提升超12%,客流增长超20%,进一步巩固了市场地位。
>
> 资料来源:来伊份官网,https://www.laiyifen.con。

3. 有助于改进企业的经营活动

当今世界,科技发展迅速,新发明、新创造、新技术和新产品层出不穷,日新月异。这种技术的进步自然会在商品市场上以产品的形式反映出来。通过市场调查,可以得到有助于及时地了解市场经济动态和科技信息的资料信息,为企业提供最新的市场情报和技术生产情报,以便更好地学习和吸取同行业的先进经验和最新技术,改进企业的生产技术,提高人员的技术水平,提高企业的管理水平,从而提高产品的质量,加速产品的更新换代,增强产品和企业的竞争力,保障企业的生存和发展。

> **案例2-3　中国生成式人工智能的崛起与商业化突围**
>
> 生成式人工智能是在传统人工智能技术基础上发展而来,通过深度学习和大数据训练,具备了自主生成内容的能力。用户不仅可以获得它基于已有数据的分析结果,还能让其生成文本、图像、音频等多种形式内容,并且可以通过持续交互对生成内容进行调整,为人们带来了极具创新性的体验,是人工智能领域的重大突破。
>
> 我国对人工智能技术发展一直予以高度关注,尤其自2023年生成式人工智能概念兴起至今,国产生成式人工智能大模型如雨后春笋般涌现。据中国互联网络信息中心发布的《生成式人工智能应用发展报告》显示,我国已初步构建了较为全面的人工智能产业体系,相关企业超过4 500家,核心产业规模已接近6 000亿元人民币,产业链覆盖芯片、算法、数据、平台、应用等上下游关键环节。截至2024年7月,我国完成备案并上线、能为公众提供服务的生成式人工智能服务大模型已达190多个,我国以大模型为代表的人工智能普及率达16.4%。百度的文心大模型、阿里的通义大模型、腾讯的混元大模型、字节跳动的豆包大模型、华为的盘古大模型、月之暗面的"Kimi智能助手"等生成式人工智能产品纷纷上线,为用户提供了丰富的选择空间和差异化的用户体验。
>
> 生成式人工智能与制造业、农业、医疗、教育等传统行业深度融合,推动产业转型升级,促进新业态、新模式的不断涌现。尤其在2024年,随着生成式人工智能技术的日趋成熟,各大科技企业的模型调用价格显著下降,从而明显降低了其他行业对生成式人工智能技术的应用成本。从智能语音助手到自动驾驶汽车,从机器翻译到智能医疗诊断,从智能制造到智慧城市,各类人工智能产品正逐步走进人们的生活,极大地提高了用户的生活质量和工作效率。
>
> 当前,生成式人工智能行业虽处于高速发展阶段,但也面临数据隐私、伦理道德等挑战。短期内,市场格局可能因技术创新和行业标准的完善而发生变化。在这种情况下,各厂商如何通过强化数据安全保障、提升模型性能、拓展应用场景来满足用户多样化需求,将成为竞争的关键。
>
> 在本案例中,我国生成式人工智能相关行业若要在激烈的市场竞争中占据有利地位,需通过持续的市场调研,洞察行业趋势,加大研发投入以推出创新性产品及服务,从而在市场中抢占先机。
>
> 资料来源:中国互联网络信息中心,《生成式人工智能应用发展报告》。

4. 为企业市场地位和产品宣传等提供信息和支持

市场宣传推广需要了解各种信息的传播渠道和传播机制，以寻找合适的宣传推广载体和方式以及详细的营销计划，这也需要市场调研来解决，特别是高速变化的环境下，过去的经验只能减少犯错误的机会，更需要实时的信息更新来保证宣传推广的到位。通常在市场宣传推广的还需要引用强力机构的市场信息支持，例如在消费者认同度、品牌知名度、满意度、市场份额等各方面提供企业的优势信息以满足进一步的需要。

案例2-4　雀巢咖啡如何用市场调研打开中国消费市场

雀巢在中国已经是家喻户晓的品牌。提起雀巢咖啡，很多人都会想到一句广告词："雀巢咖啡，味道好极了。"雀巢为什么在中国会取得如此骄人的成绩呢？其成功离不开广泛的市场调研。

雀巢咖啡刚进入中国市场时，市场占有率较低。为此，雀巢公司组织专门的市场调查组对市场进行了深入调查，调查内容包括消费者的购买意向、消费者对产品价位的接受程度、消费者认为产品存在的问题等。通过调查，雀巢公司发现以下问题：

（1）由于其走的是高端品牌路线，包装精美、价格昂贵，因而只有极少数高收入人群购买，大多数中低收入者都不知雀巢为何物。

（2）味道苦涩，品种单一，不能满足更多的消费者需求。

（3）速溶性差、沉淀物较多，花费较大力气仍然搅拌不均匀。

基于该调查结果，雀巢公司研发了一款新产品——雀巢速溶咖啡，其速溶性强、口感丝滑、价格便宜、品种较多、包装简便，因而深受广大消费者喜爱。该产品扩大了雀巢咖啡的市场占有率，成为雀巢咖啡的经典之作。

资料来源：陶广华，刘乐荣，徐嵘. 市场调查与分析[M]. 2版. 北京：北京理工大学出版社，2020.

二、市场调研的内容和类型

（一）市场调研的内容

市场调研是企业了解和掌握市场现状、判断发展趋势、制定营销战略和策略的基础和有效工具。调研内容是为实现调研目标服务的，营销人员可根据市场调研的目的确定具体的调研内容。市场调研的内容涉及市场营销活动的整个过程，十分广泛，但归纳起来，主要是市场构造把握、商圈分析、市场营销组合分析以及市场营销活动的监测与评价4个方面。

1. 把握市场构造的调研与分析

把握市场构造的调研与分析，简单而言，就是对市场机会的分析和对市场的详细分析，如确定市场需求、识别细分市场、营销SWOT分析、宏观或微观环境分析等几个方面。

一般来讲,调研是用来评估各种选择机遇的,包括把握产品生命周期的调研、商品或服务的购买渠道和满意度的调研、细分市场识别的调研、产品销售动向的调研和宏观环境动向的调研。

> **案例2-5　　瑞幸咖啡的市场构造调研与分析实践**
>
> 随着消费者生活节奏加快以及对咖啡饮品接受度的提升,便捷且高品质的咖啡需求日益增长。瑞幸通过线上调查问卷、线下访谈等方式收集数据,发现年轻上班族对能快速获取、价格亲民且口味多样的咖啡产品有着强烈需求。基于此,瑞幸定位快时尚咖啡,推出丰富多样的咖啡及非咖啡饮品,满足不同消费者口味偏好。
>
> 瑞幸对咖啡市场进行细分,发现除传统咖啡门店面向的休闲消费场景外,还存在巨大的办公场景消费市场。于是,其将年轻上班族作为重要目标细分市场,围绕这部分人群的消费习惯,在写字楼周边密集布局门店,并大力发展线上外卖业务,方便上班族随时购买。
>
> 资料来源:苏朝晖.市场营销从理论到实践[M].2版.北京:人民邮电出版社,2021.

2. 商圈的调研与分析

商圈的调研与分析主要是调研与分析区域市场的购买能力、竞争环境、购买行为、购买动机4个方面。购买能力调研主要是收集人口、家庭、零售额等资料,分析的内容为对区域市场的预测;竞争环境调研主要是收集区域市场内消费者对不同产品、服务的购买行为,以对市场占有率的分析为主要内容;购买行为调研主要是对消费者来店、购买行为的把握,具体是对消费者的生活形态、来店行为、来店理由进行调研,以对店铺形象的分析为主要内容;购买动机调研主要是收集零售额、商场面积等资料,以对销售状况的预测为分析内容。

3. 市场营销组合的调研与分析

市场营销组合的调研与分析主要是对产品、价格、促销和流通的调研与分析。产品调研主要是对消费者满意度(对功能、设计、性能、价格、服务等方面的满意度)、新产品与旧产品的销路情况进行调研;价格调研主要是对企业自身及竞争企业不同渠道的销售价格、价格与需求的关联性进行调研;促销调研主要是对知名度、收视率、阅读率和促销效果进行调研;流通调研主要是对不同区域、流通渠道的销售状况进行调研,如选择零售点和仓库地址等。

> **案例 2-6　小米（Xiaomi）在印度市场的快速崛起**
>
> 小米是中国最大的智能手机品牌之一，在印度市场也有着惊人的发展速度和市场份额。然而，在印度这样一个竞争激烈、多元化、复杂化的市场，小米如何打开市场并取得成功呢？其中一个关键因素就是市场调研。小米在进入印度市场之前，就进行了深入的市场调研，了解了印度消费者的智能手机需求、功能偏好、购买行为和使用习惯，以及印度市场的竞争格局、法律法规、文化差异和社会变化。基于市场调研的结果，小米制定了一系列的快速崛起策略，包括：
>
> 调整产品组合，推出符合印度消费者需求和功能的智能手机，例如增加电池容量、适应不同网络制式、融合本地语言和应用等，并且提供多样化的颜色、款式和尺寸选择。
>
> 调整价格策略，根据不同城市和地区的消费水平和购买力，制定合理的价格区间和折扣优惠，并且采用互联网销售模式，降低运营成本和中间环节，提高价格竞争力。
>
> 调整渠道策略，选择适合印度消费者生活方式和消费场合的店铺位置和设计，如线上平台、线下体验店、合作伙伴等，并且提供便捷、高效、贴心的店内环境和服务，打造智能手机销售中心的概念。
>
> 调整促销策略，利用社交媒体、移动支付、会员计划等方式，与印度消费者建立互动和沟通，提升品牌知晓度和忠诚度，并且推出针对印度节日和文化特色的主题活动和限量产品，增加品牌吸引力和差异化。
>
> 通过市场调研和快速崛起策略，小米在印度市场取得了巨大的成功。截至2021年9月底，小米在印度智能手机市场的份额达到了26.1%，在全球超过200个国家和地区中排名第一。小米也成了印度消费者心目中的高性价比智能手机品牌之一，享有较高的品牌美誉度和客户满意度。
>
> 资料来源：陈启杰. 市场调研与预测[M]. 4版. 上海：上海财经大学出版社，2013.

4. 市场营销活动的监测与评价

营销活动的监测与评价主要是对销售动向、顾客满意度以及广告效果的把握。对销售动向把握的调研主要是对不同制造商、不同流通渠道的销售状况进行调研，此部分的研究分析内容为对市场占有率、按区域和流通渠道来划分的分析；对顾客满意度把握的调研主要是对顾客对内容满意度的把握，其研究分析内容为与目标顾客的匹配程度；对广告效果把握的调研主要是对知名度、收视率、阅读率和广告效果的把握，主要研究分析内容为对广告费与广告效果等的分析。

案例 2-7　可口可乐营销活动的监测与评价

可口可乐作为全球知名饮料品牌,在营销活动监测与评价方面有着成熟的体系。

可口可乐持续追踪不同制造商、流通渠道的销售数据以把握销售动向。例如,通过与各地经销商的合作以及销售系统的数据收集,分析不同区域的市场占有率。在便利店渠道,其碳酸饮料的销量在夏季往往高于冬季;在学校周边,小瓶装产品更受欢迎,市场占有率较高;而在超市渠道,大包装家庭装产品在节假日期间销量大幅增长。通过按区域和流通渠道划分的销售分析,可口可乐能及时调整生产和铺货策略。

另外,可口可乐通过线上调查问卷、线下访谈等方式收集顾客反馈。在新品研发和推广过程中,重点关注产品口味、包装设计等与目标顾客需求的匹配程度。例如推出的无糖可乐,针对注重健康的消费者群体进行口味优化和包装升级,从顾客反馈来看,这一产品与目标顾客的匹配度较高,顾客满意度也随之提升。

资料来源:郭国庆,钱明辉.市场营销学通论[M].7版.北京:中国人民大学出版社,2017.

(二)市场调研的类型

随着市场调研领域的不断拓展,市场调研的类型也出现了多样化的局面。根据不同的标准,市场调研可以分为不同的类型。

1. 按照调研的性质和目的分类

按照调研的性质和目的,市场调研可分为探索性调研、描述性调研、因果性调研和预测性调研。

(1)探索性调研(问题是什么)。

该调研又称非正式调研或试探性调研,即收集初步的数据,借以启示该问题的真正性质,并尽可能提出若干假设或新的构思。例如,某企业为寻找产品近期销售量持续下降的原因而进行的调研。

(2)描述性调研(描述的是什么)。

即做定量描述。例如,调研市场的潜在需求,有多少人愿花 100 元在飞机上打一次电话。

(3)因果性调研(采取措施会带来什么变化)。

即测试因果关系。例如,针对员工工资的增加与消费品的需求之间的关系所做的调研。

(4)预测性调研(将来是什么)。

即在收集历史和当下数据的基础上,对事物未来发展趋势做出预测。例如,针对某种产品下半年的需求量的变化所做的调研。

2. 按照调研对象的范围分类

按照调查对象的范围，市场调研可分为全面市场调研、典型市场调研、重点市场调研和抽样市场调研。

（1）全面市场调研。

全面市场调研是指为了收集一定时空范围内调研对象的较为全面、准确、系统的调研资料，对调研对象（总体）的全部个体单位进行逐一的、无遗漏的全面调研。这种调研方式主要适用的情形：市场调研对象的个体差异性很大，调研机构需要全面、准确了解并掌握调研对象的市场信息，调研的市场信息至关重要。虽然调研结果比较准确、全面，但由于全面市场调研覆盖面广，所需时间较长，需要的人力、物力、财力较多，因而没有得到普遍应用。

（2）典型市场调研。

典型市场调研是调研人员为了实现特定的调研目的从调研对象（总体）中有意识地选择一部分有代表性的单位组成样本而进行的专门调研。这种调研方式要求调研人员利用总体的有关信息，对调研对象的特性和总体分布进行分析，把那些能够代表总体的单位挑选出来组成样本，之后通过观察、访问、登记等方法获取所需的信息。其主要特点是调研选取的样本数量很少，调研人员可以集中对样本单位做较为深入、细致地调研，从中发现与总结调研对象（总体）的一些特征与规律。但是，采用典型市场调研要注意避免发生以偏概全的问题。

（3）重点市场调研。

重点市场调研指调研人员为了实现特定的调研目的从调研对象（总体）中选择一部分重点单位组成样本而进行的一种非全面调研。例如，要了解全国钢铁产、销、存的情况，可以从全国众多的钢铁企业中，选择首钢、宝钢、包钢、鞍钢等几家大型钢铁公司组成重点样本进行调研。

（4）抽样市场调研。

抽样市场调研，即按照随机原则，以一定的抽样方式从调研对象（总体）中选取部分个体单位作为调研样本所进行的调研，以样本的调研结果推断总体的情况。这种调研方式可以使市场面有控制地减缩，从而缩短调研时间，节省调研的人力、物力、财力。为此，抽样市场调研在市场调研中成了一种应用较广、较常用的调研方式。

思政园地

人口数据如何统计和公布

目前，我国人口统计调查主要有三种方式：

（1）全国人口普查，每十年开展一次，在尾数逢"0"年份进行，普查数据在《中国人口普查资料》上发布。

(2)全国1‰人口抽样调查,在尾数逢"5"的年份进行,调查数据在《全国1‰人口抽样调查资料》上发布。

(3)全国人口变动情况抽样调查,样本量约占总人口的1‰,除普查年份和1‰人口调查抽样年份外,每年进行一次,调查数据在《中国统计年鉴》和《中国人口和就业统计年鉴》上发布。

上述三类人口数据的主要统计指标均会在国家统计局数据库中的年度数据中公布。

资料来源:国家统计局。

【思政启示】 严谨有序的统计制度和丰富多元的发布渠道,彰显了国家对人口这一发展关键要素的高度重视与科学把控,映射出我国始终秉持求真务实的态度,以扎实数据为基,精准施策推动社会发展,启示我们在学习与工作中,也要坚守实事求是,以科学严谨的态度对待各项事务,为集体与国家发展贡献力量。

3. 按照收集资料的方法分类

按照收集资料的方法,市场调研可分为文案调研、实地调研。

(1)文案调研。

文案调研主要是对现成的信息资料进行收集、分析研究和利用的行为活动。主要的信息资料来自企业内部信息系统,可能存在于经销商、广告代理商、行业协会的信息系统内,也可能出现于政府出版物或商业、贸易出版物上,还可能来自专门提供市场营销信息的企业。文案调研法的特点是获取资料速度快,费用少,但针对性、准确性和客观性不高,因此必须对已存在的二手资料进行严格的审查与评复。审查与评估的标准有3个,即公正性、有效性和可靠性。

(2)实地调研。

实地调研法,又称原始资料调研法,是指调研员直接向被访调研者询问,从而收集第一手资料(原始资料),再加以整理和分析,写出调查报告的方法。实地调研的方法一般包括询问法、观察法和实验法3种。询问法主要是调研人员通过各种方式向被调研者发问或征求意见来收集市场信息的一种调研方法。询问法可分为面谈调研、邮寄调研、电话调研和留置调研。观察法是调研人员在调研现场,直接或通过仪器观察、记录被调研者的行为和表情,以获取信息的一种调研方法。实验法是通过实际的、小规模的营销活动来调查关于某一产品或某项营销措施执行效果等市场信息的一种调研方法。实验的主要内容有产品的质量、商标、外观、价格、促销方式及销售渠道等。实验法常用于新产品的试销和展销。

市场调研的分类标准及类型如表2—1所示。

表 2—1　　　　　　　　　　市场调研分类标准及类型

分类标准	具体类型	定义与说明	示　例
按照调研的性质和目的分类	探索性调研	收集初步数据，启示问题真正性质，提出假设或新构思	某企业为寻找产品近期销售量持续下降的原因而进行的调研
	描述性调研	做定量描述	调研市场的潜在需求，有多少人愿花100元在飞机上打一次电话
	因果性调研	测试因果关系	针对员工工资的增加与消费品的需求之间的关系所做的调研
	预测性调研	基于历史和当下数据，预测事物未来发展趋势	针对某种产品下半年的需求量的变化所做的调研
按照调研对象的范围分类	全面市场调研	对调研对象（总体）的全部个体单位进行逐一、无遗漏的全面调研	某城市计划对公共交通系统进行全面升级改造，为了收集该城市公共交通出行需求较为全面、准确、系统的调研资料，相关部门对该城市所有使用公共交通（包括公交、地铁、有轨电车等）的市民进行调研
	典型市场调研	从调研对象（总体）中有意识地选择有代表性的单位组成样本进行专门调研	一家连锁便利店品牌计划对旗下店铺的商品品类进行优化，以提升顾客满意度和销售额。由于其店铺分布广泛，全面调研成本过高，于是挑选出了具有代表性的样本店铺开展调研。例如，选取位于大型居民区中心、周边居民以中老年人为主的店铺，这类店铺日常食品、日用品销量较大；位于写字楼集中的商业区、年轻上班族密集区域的店铺，速食、咖啡、办公用品等销量突出；还有靠近学校、学生流量大的店铺，休闲零食、文具等商品备受青睐
	重点市场调研	从调研对象（总体）中选择一部分重点单位组成样本进行非全面调研	了解全国钢铁产、销、存情况，选择首钢、宝钢等几家大型钢铁公司组成重点样本调研
	抽样市场调研	按照随机原则，选取部分个体单位作为调研样本，以样本推断总体情况	一家在全国拥有上千家门店的连锁便利店品牌，计划深入了解顾客的消费习惯，以优化商品布局和营销策略。考虑全面调研所有门店和顾客成本过高，时间也不允许，于是决定采用抽样市场调研方法。 品牌方首先将全国的门店按照所在城市规模、区域经济水平等因素进行分层。例如，分为一线城市、二线城市、三线及以下城市三个层次。然后在每个层次中，运用随机抽样的方式选取一定比例的门店作为样本。比如，从一线城市的200家门店中随机抽取20家，二线城市的300家门店里抽取30家，三线及以下城市的500家门店中抽取50家

续表

分类标准	具体类型	定义与说明	示　例
按照收集资料的方法分类	文案调研	对现成信息资料进行收集、分析研究和利用	信息资料来自企业内部、经销商、行业协会等
	实地调研	调研员直接向被访者询问,收集第一手资料,包括询问法、观察法和实验法	询问法包括面谈、邮寄、电话、留置调研;观察法观察记录被调研者行为表情;实验法用于新产品试销展销

除了以上3种主要分类方式以外,市场调研还有以下分类方式。例如,按照调研的区域范围不同可以分为:地方性市场调研、区域性市场调研、全国性市场调研和国际市场调研等。按照调研时间不同可以分为:一次性调研、定期调研、经常性调研和临时性调研等。按照调研对象不同可以分为:消费资料市场调研、生产资料市场调研、产品调研、价格调研、分销渠道调研等。市场调研的种类不同,其调研的特征、内容、要求和方法也会有所区别。

三、市场调研的流程

市场调研是设计、收集、分析和报告信息,从而解决某一具体营销问题的过程,所以必须运用科学的程序来进行市场调研。成功的市场调研由7个步骤构成,如图2—1所示。

确定调研需求与目的 → 定义调研问题与目标 → 设计调研方案 → 数据收集 → 数据处理与分析 → 撰写调研报告 → 结果反馈与应用

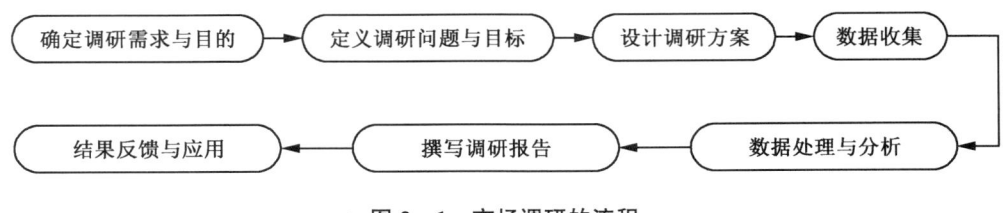

图2—1　市场调研的流程

(一)确定调研需求与目的

市场调研的首要任务是明确调研的必要性。这通常源于企业面临的市场问题、决策需求或战略调整。企业需要明确调研的目的,即希望通过调研解决什么问题,获得哪些关键信息。这些目的可以是了解消费者需求、分析竞争对手、评估市场潜力等。

(二)定义调研问题与目标

在明确调研需求后,需要进一步细化调研问题。调研问题应该具有针对性、可操作性和可衡量性,以便指导后续的调研工作。同时,还需要设定明确的调研目标,这些目标应该与企业的战略和业务需求紧密相连,为企业的决策提供有力支持。

(三)设计调研方案

调研方案是市场调研的核心部分,它涉及调研方法的选择、样本的确定、调研时间安排等。在设计调研方案时,需要充分考虑调研问题的性质、目标市场的特点以及资源的可用性。调研方法可以是问卷调查、访谈、观察、实验等,样本的选择需要确保代表性和广泛性,而调研时间则需要合理安排,以充分利用资源和提高效率。

(四)数据收集

数据收集是市场调研的关键环节。根据调研方案,调研人员需要通过各种渠道和方式收集数据。这可能包括发放问卷、进行访谈、观察市场现象、收集公开资料等。在数据收集过程中,需要确保数据的准确性和完整性,避免数据的遗漏或错误。

(五)数据处理与分析

收集到的数据需要进行清洗、整理和分析。数据处理涉及数据的编码、分类、汇总等操作,以便为后续的分析提供便利。数据分析则是对数据进行深入的挖掘和解读,提取有价值的信息和结论。这可以包括描述性统计分析、因果分析、趋势预测等。

(六)撰写调研报告

调研报告是市场调研的最终成果,它应该清晰地呈现调研结果、分析结论和建议。调研报告需要具有逻辑性、条理性和可读性,以便企业领导和相关部门能够轻松理解并应用调研结果。报告中还应包括对数据来源和调研方法的说明,以增加报告的可信度。

(七)结果反馈与应用

结果反馈与应用是市场调研的最终环节,核心包括:整理验证数据,提炼关键结论;撰写可视化报告,提出可落地的策略建议;分层级反馈(高管战略层、部门执行层);制订应用计划,明确责任;执行监控,试点优化;归档知识,优化后续调研;长期跟踪,校准战略。确保调研成果转化为实际决策,驱动业务增长。

第二节　市场调研问卷设计

调研问卷是一组用于从调查对象获取信息的格式化问题。设计有效的市场调研问卷对有效收集信息十分重要。

一、调研问卷的基本内容

调研问卷的主要功能是全面记录和反映调研对象回答的事实,为企业管理人员提供较为真实的信息。统一的调研问卷还便于资料的统计和整理。一份调研问卷的内容设计应该恰当,既能使调研部门达到调研目的,又能使调研对象乐意合作,使调研人员收集到所需要的信息。因此,在调研问卷的设计过程中,调研人员应事先做些访问,拟定一个初稿,经过事先调研试验,再修改成正式问卷并投入使用。一份完整的调研问卷一般由说明词、问卷主体、调研证明记载等部分组成。

(一)说明词

说明词一般在问卷的开头,是问卷的导言或介绍词,主要包括调研人员代表的单位、调研的目的、对调研对象合作的请求等。说明词一方面可激发调研对象的兴趣,另一方面可使调研对象心中有数,回答问题能有的放矢,围绕着调研主题展开。这样既可加速调研过程,节约时间,又可提高调研结果的质量。因此,说明词要通俗易懂、简明扼要。例如:

公众医疗保险意识调查

尊敬的女士/小姐/先生:

您好!我是六人行市场调研公司访问员,我们正在进行一项有关公众医疗保险意识方面的调研,目的是想了解人们对医疗保险的看法和意见,以便更好地促进医疗保险事业的发展。您的回答无所谓对错,只要真实地反映了您的情况和看法,就达到了这次调研的目的。希望您能积极参与,我们对您的回答完全是保密的。调研要耽搁您一些时间,请您谅解。谢谢您的支持与合作!

(二)问卷主体

问卷主体的资料一般分为3个方面:一是关于调研对象的基本资料,如性别、年龄、社会地位、经济状况、职业、受教育程度等;二是关于调研对象的行为资料,如购物、旅游、服务的具体活动与行为;三是调研对象本人或他人的能力、兴趣、意见、情感、动机等方面的态度资料。问卷设计主要是针对问卷主体的设计。

(三)调研证明记载

调研证明记载主要包括调研人员的姓名、调研地点、调研方式和调研时间,调研对象的姓名或单位名称、地址。采用匿名调研时不写调研对象的姓名。

二、调研问卷的设计原则

调研问卷的设计是影响问卷调查效果的关键因素,一个好的问卷设计可以提高问卷的有效回收率、减少问卷的误差、增加问卷的可信度。调研问卷的设计需要遵循以下几个原则:

(一)目的性原则

目的性原则是指调研问卷的设计必须紧密围绕调研的目的和主题,避免包含与调研无关的问题,也不要遗漏可以提供重要信息的问题。调研问卷的设计者应该在设计问卷之前,明确自己的调研目的和主题,确定自己想要获得的信息,以及这些信息对于调研的意义和价值。问卷的设计者还应该根据调研目的和主题,选择合适的问卷类型,例如描述性问卷、分析性问卷、探索性问卷等,以便后期的数据分析和解释。

(二)科学性原则

科学性原则是指调研问卷的设计要符合科学的方法和标准,保证问卷的客观性和有效性。问卷的设计者应该在设计问卷之前,进行充分的文献综述和前期调查,了解相关的理论和实证,确定自己的研究假设和变量,以及变量之间的关系。问卷的设计者还应该在设计问卷时,注意问题和选项的表述,避免使用模糊、歧义、引导、否定等影响理解和回答的词语,保证问题和选项的清晰、明确、中立和一致。

(三)简明性原则

简明性原则是指调研问卷的设计要简洁明了,避免冗长复杂,提高问卷的可读性和可操作性。问卷的设计者应该在设计问卷时,控制问卷的长度和难度,尽量减少不必要的问题和选项,避免重复或相似的问题,使问卷的内容紧凑有序。问卷的设计者还应该在设计问卷时,注意问卷的格式和排版,使用合适的字体、字号、颜色、间距等,使问卷的外观美观、整洁、易于阅读和填写。

三、调研问卷的设计形式与技术

所谓"调研问卷的设计形式和技术",是指在调研问卷中各种询问语句的设计形式和技巧,旨在将所有要调研的问题准确地传达给调研对象,使他们能顺利而有效地回答问题,达到收集准确、可靠资料的目的。调研问卷的主要设计形式和技术如下:

(一)二项选择法

二项选择法就是在调研问题时,只提出两个答案,两者必须择一。调研对象可用"是"或"否"、"有"或"没有"、"喜欢"或"不喜欢"、"需要"或"不需要"等来回答。例如:

你是否喜欢海尔彩电?

□喜欢　　□不喜欢

这种方法的优点:在调研对象态度与意思不明确时,可使其进行明确的判断,同时能使持中立意见者偏向一方,还能使调研人员在短暂的时间内求得答案;条目简单,易统计。

其缺点:不能表示意见的程度差别,结果也不是很精确。

(二)多项选择法

多项选择法是指对所提出的问题,事先列出两个以上的答案,调研对象可任选其中一项或几项。例如:

现有海尔、东芝、长虹、康佳、海信五种品牌的彩色电视机,你准备购买哪一品牌?

这种方法的优点:可以缓和两者必选其一的缺点,也比较便于统计。

其缺点:答案较多,不便于归类。

(三)自由回答法

自由回答法是指调研人员只根据调研项目提出问题,不必事先拟定答案的调研方法。在这种方法下,调研对象可以不受任何约束,自由发表意见。例如:

你喜欢什么品牌的彩电?

这种方法的优点:提出的问题是开放性的,调研对象可以根据自己的意愿自由发表意见,调研人员能收集到更多的资料。

其缺点:有时会得不到明确的答案,所费时间长,不易统计处理。

注意,采用该方法设计的题型不宜太多。

(四)顺位法

顺位法是指首先列出若干项目,让调研对象进行比较,然后评出高低或优劣程度,再按先后次序进行排列的调研方法。例如：

请你比较下列各种品牌彩电的质量，并作出评价，然后根据评价结果，将各品牌对应的名次填入后边方框内。

海尔□　东芝□　长虹□　康佳□　海信□

这种方法简单易行，调研人员处理完调研结果后，能对调研对象的意见进行排列，观察集中趋势和分散程度。但用顺位法进行调研，顺位的项目不宜过多，且要有同种性质以便进行比较。

（五）比较法

比较法是指列出各种对比项目，由调研对象根据自己的看法，给出对比结果的一种方法。常用的是配对比较法，即依次列出两个对比项目，由调研对象给出对比结果。比较法一般用于了解调研对象对质量、使用功能等方面的评价意见。例如：

请你逐一比较下列各组不同品牌彩电的质量，在你认为质量好的品牌后面打"√"。

（1）海尔□　康佳□
（2）东芝□　长虹□
（3）康佳□　长虹□
（4）海信□　海尔□

需要指出的是，在对比的两个项目中间，还可列出评价程度的差别，这样不仅可了解调研对象的态度顺序，而且还可了解评价的程度。

（六）程度评价法

程度评价法是指将需要回答问题的答案按不同程度给出，请调研对象自己选择的一种方法。在这种方法中，答案没有对或错，只有程度的不同。例如：

你认为目前彩电市场需求的趋势：

（1）迅速上升□
（2）逐步上升□
（3）需求稳定□
（4）逐步下降□
（5）滞销□

（七）过滤法

过滤法又称漏斗法，是指调研人员首先提出离调研主题较远、内容较广泛的问题，然后根据调研对象回答，逐步缩小提问范围，将调研对象注意力有目的地引向所要调研的主题，使其能够很自然地回答的一种方法。

（八）填充法

填充法是指将所要调研的有关项目设计成填充的形式，以便按规定的项目和格式填写的一种方法。填充法一般用于调查基本情况和有关数据资料。例如：

你家的基本情况：

家庭人口_____　就业人口_____　住房间数_____　住房面积_____

四、调研问卷设计的评估

问卷设计是市场调研中非常重要的一个环节。它是影响调研质量的关键因素之一,问卷设计的质量如何,将直接关系到调研的成败。

在设计调研问卷时,必须确定问题的内容、提问的方式与顺序。在这一阶段有可能产生的问题主要包括:问卷的信度与效度不高(这包括:问卷中题目的位置设置不当,被调查者不能真正理解问题的意图,某些问题的用词有诱导性,等等),问卷太长,或是问卷开始就是一些难以回答的复杂问题或敏感问题,不能和被调研者建立和谐的气氛,等等。

对于任何一份调研问卷来说,都会涉及以下三个基本问题:一是通过被调研者回答所得数据和资料是否符合调研者的要求;二是调研所得结果是不是调研者所希望调研的东西;三是当调研访问的时间、地点和调研员发生变化时,对测量的结果会有什么影响。这就是问卷的信度和效度问题。

信度,就是指对同一事物进行重复调研时,所得结果的一致性程度。一致性程度越高,信度就越高;反之信度越低。实际上,信度是考察问卷问题设计的合理性。例如,我们要研究计算机价格与收入的关系,当测量一个人对一台计算机的期望价格时,同一份问卷同一个人前一天测量结果为 8 000 元,第二天测量结果为 1.2 万元,而第三天测量结果为 4 000 元。这说明,所用问卷的问题在设计上可能存在不当。

效度,就是问卷真正测量的内容能满足调研目的的程度。实际上,效度是考察问卷设计的准确性。例如,我们要研究汽车价格对汽车预期销量的影响,研究前将测试者分成三组:一组价格较低,一组较高,还有一组价格不变。假定其他条件完全相同,用一份价格测量表对三组人进行测量,这样得出的结果肯定能够反映汽车价格对汽车预期销量的影响程度。然而,如果我们用一份关于汽车性能的问卷进行测量,那么我们考察的只是公众对汽车性能的关注,而达不到测量价格对销量影响的目的。需要强调的是,一份问卷的问题和答案的设计越能在一致性和准确性上表现突出,也就是说信度和效度越高,就越是一份好问卷。

五、问卷设计应注意的问题

(一)合理选择调研方式和样本

问卷调研的方式和样本的选择会影响问卷的回收率和代表性,进而影响问卷的效果。问卷调研的设计者应该根据调研的目的、对象、内容、时间、成本等因素,综合考虑各种调研方式的优缺点,选择最适合自己的调研方式,例如邮寄、电话、网络、面对面等。问卷调研的设计者还应该根据调研的目标群体、总体特征、抽样误差等因素,采用合适的抽样方法,确定合理的样本量和样本结构,保证样本的随机性和代表性。

(二)设计科学和合理的问题与选项

问卷调研的问题和选项的设计是问卷的核心,直接关系到问卷的质量和效果。问卷调研的设计者应该根据调研的目的和内容,设计科学和合理的问题和选项,包括以下几个方面：

1. 问题的类型

问题的类型可以分为开放式问题和封闭式问题，开放式问题是指没有给出选项，让被调研者自由回答的问题，封闭式问题是指给出若干选项，让被调研者选择的问题。问卷调研的设计者应该根据不同的调研目的和内容，合理地安排开放式问题和封闭式问题的比例和顺序。一般来说，开放式问题可以用于探索性的调研，封闭式问题可以用于描述性和分析性的调研。开放式问题的优点是可以收集更丰富和深入的信息，但缺点是难以量化和分析，也容易受到被调研者的主观影响。封闭式问题的优点是可以方便地量化和分析，也可以减少被调研者的主观影响，但缺点是可能忽略一些重要的信息，也可能引导被调研者的回答。

2. 问题的形式

问题的形式可以分为单选题、多选题、判断题、排序题、量表题、填空题等，不同的问题形式适用于不同的调研内容和目的。问卷调研的设计者应该根据不同的问题类型，选择合适的问题形式，使问题的形式与问题的内容相匹配，也要考虑问题的形式对被调研者的影响，如回答的难易程度、时间、兴趣等。一般来说，单选题和判断题比较简单，多选题和排序题比较复杂，量表题和填空题比较灵活。

3. 问题的内容

问题的内容是指问题所涉及的信息的范围和深度，不同的问题内容适用于不同的调研目的和对象。问卷调研的设计者应该根据调研的目的和对象，确定问题的内容，使问题的内容能够有效地反映调研的主题，也要考虑问题的内容对被调研者的影响，如回答的真实性、敏感性、合法性等。一般来说，问题的内容应该尽量具体、明确、相关，避免涉及过于抽象、模糊、无关的信息，也要避免涉及过于敏感、隐私、违法的信息。

4. 选项的设置

选项的设置是指给出的可供被调研者选择的答案的数量和质量，不同的选项设置适用于不同的问题类型和形式。问卷调研的设计者应该根据问题的类型和形式，确定选项的设置，使选项的设置能够有效地覆盖问题的内容，也要考虑选项的设置对被调研者的影响，例如回答的准确性、完整性、一致性等。一般来说，选项的设置应该尽量简洁、清晰、完备，避免出现重复、相互排斥、不完整的选项，也要避免出现过于明显、模棱两可、不确定的选项。

（三）注意问卷的结构和顺序

问卷的结构和顺序是指问卷的整体布局和问题的排列方式，它会影响问卷的逻辑性和连贯性，进而影响问卷的可读性和可操作性。问卷调研的设计者应该在设计问卷时，注意以下几个方面：

1. 问卷的结构

问卷的结构是指问卷的组成部分和相互关系，一般包括封面、说明、正文、结尾等部分。问卷调研的设计者应该根据调研的目的和内容，确定问卷的结构，使问卷的结构能够有效地展示问卷的主题和内容,也要考虑问卷的结构对被调研者的影响,如回答的兴趣、动机、信任等。一般来说,问卷的结构应该尽量完整、清晰、有序,避免出现缺失、混乱、杂乱的结构,也要避免出现过于冗长、复杂、烦琐的结构。

2. 问题的顺序

问题的顺序是指问题在问卷中的排列顺序,它会影响问题的重要性和相关性,进而影响问题的回答率和质量。问卷调查的设计者应该根据问题的类型和内容,确定问题的顺序,使问题的顺序能够有效地反映问题的逻辑和关系,也要考虑问题的顺序对被调研者的影响,例如回答的顺畅、舒适、自然等。一般来说,问题的顺序应该尽量从简单到复杂,从一般到具体,从无关到相关,避免出现跳跃、冲突、干扰的顺序,也要避免出现过于突兀、尖锐、敏感的顺序。

(四)考虑问卷的可操作性和可接受性

问卷的可操作性和可接受性是指问卷的设计是否符合被调研者的实际情况和心理状态,它会影响问卷的回收率和有效率,进而影响问卷的效果。问卷调研的设计者应该在设计问卷时,考虑以下几个方面:

1. 可操作性

可操作性是指问卷的设计是否方便被调研者进行回答和填写,它涉及问卷的长度、难度、时间、方式等因素。问卷调研的设计者应该根据被调研者的特征和条件,确定问卷的可操作性,使问卷的可操作性能够有效地满足被调研者的需求和期望,也要考虑问卷的可操作性对被调研者的影响,例如回答的愿意、能力、效率等。一般来说,问卷的可操作性应该尽量高,避免出现过长、过难、过紧、过死的问卷,也要避免出现过短、过易、过松、过活的问卷。

2. 可接受性

可接受性是指问卷的设计是否符合被调研者的心理和情感,它涉及问卷的内容、形式、语言等因素。问卷调研的设计者应该根据被调研者的心理和情感,确定问卷的可接受性,使问卷的可接受性能够有效地激发被调研者的兴趣和动机,也要考虑问卷的可接受性对被调研者的影响,例如回答的真实、诚恳、友好等。一般来说,问卷的可接受性应该尽量高,避免出现过于枯燥、乏味、无聊的问卷,也要避免出现过于刺激、冒犯、侵犯的问卷。

第三节　市场调研报告的撰写

一、市场调研报告的作用

市场调研主要目的是为市场营销管理提供服务。具体来说,如果调研人员是从事独立的调研业务,那么他的研究目的就是指导其客户去解决市场营销问题;如果调研人员是被某公司雇用进行调研,那么调研人员的研究目的便是指导该公司市场营销经理去解决问题。只有让客户了解调查材料和结论,调研结果有一定的效果时,调研的服务性才具体落到实处,而要让客户很好地了解调研材料和结论,就必须有一个科学完整的调研报告。

调研报告是调研人员在工作中对某事务、某问题进行深入细致调研后,经过认真分析研究,最终形成的成果和结论。调研报告的作用主要有三个方面:

(一)调研报告可使调研成果形成一种有条理的固定形式

这样可以使委托人或调研结果的使用者能够既简洁又系统地了解所研究问题的基本情况、结论和建议。同时,调研报告能够全面呈现调查研究中的细节,将调研目标、调研展开的主要背景信息、调研方案的确定和评价以及针对调研结果提出相应的建议,这些信息的存档对于未来相关问题的研究都能提供重要的参考作用,成为比较好的二手资料。

(二)调研报告可以全面地反映调研工作的质量

调研报告在某种意义上就是对调研工作的总结,调研各个阶段的工作做得如何,最终都集中体现在报告中。对调研工作质量的评估也很可能主要取决于对调研报告的评价。调研者通过形成调研报告,能够让阅读者和决策者感受到调研人员对整个调研过程的重视和调研质量的控制力度。这种调研报告的形式也会让调研委托方对调研工作的整个过程形成全面清楚的认识,有利于提高其对调研者的信任。

(三)调研报告可以帮助人们采取合理的行动或对策

调研报告可以说是一份系统的调研记录,既有第一手资料又有第二手资料,同时还有系统的分析和结论。这些资料都能够为阅读者和决策者提供大量市场信息资料,这些决策者往往会依据调研报告,加上自己的分析判断,做出合理的决策,并采取有效的行动。此外,决策者们还可以借助过去的调研报告对未来市场进行预测,采取合理的行动。

二、市场调研报告的种类

要写出一份好的报告,最根本的是要安排好报告的内容,而形式是次要的。报告必须根据问题的特点、读者的思维习惯和偏好等来合理安排内容和形式。

从表达形式来看,调研报告分为书面报告和口头报告。对小型调研活动或急需基本信息进行决策时,就没有必要或没有时间使用书面报告,因此口头报告也是一种必要的表达形式。在调研实践中也常常把两者结合起来,在提交书面报告的同时辅之以口头报告作为补充或解释说明。

从其使用者来看,调研报告可分为基础报告、供出版用报告、专题报告和供决策者使用的报告等(见表2—2)。

(一)基础报告

基础报告是调研人员撰写的供其自用的调研报告。它是为取得调研结果而准备的第一份报告。这类报告的内容包括工作文件和报告草稿。它是最后报告的基础,待最后报告完成后,它就成为档案保存起来。正因为如此,在调研实践中往往忽视这类报告。实际上,这类报告也是很必要的。如果不做基础报告,将来需要参考其研究方法和资料时,或需要帮助其他项目研究时,就无法得到这类基础的、完整的工作记录和研究成果。

(二)供出版用报告

这类报告是指调研人员撰写的登载于专业期刊、会刊或专著等公开的调研报告。这类报告应根据刊物和读者的不同而有所差异。一般不能用简单地叙述写成报告,同时内容又不要过于啰唆,只有很专门的期刊或专著才可能需要较多的细节或过程。出版者和读者一般都喜欢语言简练,条理清楚,观点鲜明,有启发性,有可读性的报告。

(三)专题报告

专题报告是指供培训业务人员使用的调研报告。这类报告的特点包括报告产生过程的介绍;有推导结论的逻辑过程和统计上的细节,如假设检验;有复杂的专门附录,如使用的研究方法和完整的文献,以为读者提供进一步的资料来源或证明。

(四)供决策者使用的报告

供决策者使用的调研报告是最常见的调研报告,也是本节研究的重点。由于决策者日常工作繁忙,因此他们只需要调研项目的核心内容,即主要的结论和建议,而不需要很多只适用于专题报告的细节。此时最好将研究方法等资料放在附录中,以备他们需要时参考。

表2—2　　　　　　　　　　　　四种调研的特点及实例

报告类型	特 点	举 例
基础报告	调研人员自用,包含工作文件、报告草稿等原始资料,是最终报告的基础,完成后存档。内容详尽,包含研究方法、原始数据和分析过程	某公司对新产品市场接受度的初步调研记录,包括问卷原始数据、访谈录音整理、初步分析图表等,仅供内部团队参考
供出版用报告	发表于专业期刊、会刊或专著,语言简练,条理清晰,观点鲜明,注重可读性和启发性,省略过多细节	一篇发表在《国际市场营销研究》期刊上的报告,聚焦"Z世代消费偏好对休闲食品包装设计的影响",包含研究框架、核心结论和创新性建议,无复杂推导过程
专题报告	用于培训业务人员,包含报告产生过程、逻辑推导、统计细节(如假设检验)及复杂附录(研究方法、文献等),内容全面深入	某咨询公司为企业定制的"区域市场扩张策略专题报告",详细阐述市场调研的抽样方法、数据建模过程,并附原始问卷和参考文献,供内部培训使用
供决策者使用的报告	面向决策者,聚焦核心结论和建议,省略技术细节,将研究方法等内容置于附录。语言简洁,重点突出	某企业提交给董事会的"年度市场战略报告",直接列出市场份额变化、竞争格局分析及建议的产品优化方向,详细数据和调研方法作为附录补充

三、市场调研报告的格式与内容

市场调研报告一般没有统一固定的格式与内容,尤其是对于口头报告、基础报告和专题报告更是如此。如何安排报告格式和内容,就要根据问题的性质和使用者的要求而定。这里主要介绍一下供决策者阅读和使用的报告的基本格式和内容。

一般来说,提供给决策者的调研报告应包括以下一些内容:

（一）呈送函件

函件要指出该报告直接呈交给谁，进行该项工作的原因，以及这项调研的有关批示或批准事项等。

（二）扉页

扉页要包括三项内容：一是调研报告的标题；二是调研人员姓名及所属单位或调研公司；三是完成和呈报报告的日期等。

调研报告的标题一般要简单醒目并点明报告的主题。有的调研报告可能采用正副两个标题，正标题表达调研的主题，副标题则具体表明调研的单位和问题。如果调研报告需保密，那么就应当在每份扉页上编号或写上准备分发给收件人的姓名。

一般情况下，扉页应放在报告的首页。但也有人喜欢把呈报函件放在首页，以突出表示他们要把报告呈交给函件所指之人。

（三）目录

如果报告较长，报告书就应该有一个目录。所谓"目录"也就是报告中各章节内容索引和附录的顺序提要及其页码。附录可能包括各种表格、图示或插图说明等，它们一般要排列在报告正文之后。目录一般不超过一页。

（四）提要

提要是对调研报告基本内容的概括，是对所有主要事例和主要调研成果及结论的综述。

有的主管人员或决策人员往往对调研的复杂细节没有什么兴趣，有的则工作紧张，以至于他们只想知道主要结果、主要结论和如何行事的建议等。因此，提要是调研报告不可缺少的重要内容。

编写提要时，最好在报告全文写好之后，将其插入到报告中的适当位置（页码）。这种提要一般不宜超过两页，汇总表也不宜超过两个。

（五）导言

这一部分通常包括：进行这项调研工作的原因，工作范围，对研究问题的拟订，要达到的目标，以及调研所依据的一些假设等。此外，如果有必要，还可加进历史背景的简要描述。导言的目的是引导读者详细探讨面临的问题。

（六）研究方法

方法有助于使人们确信调研结果的可靠性，因此应对所用研究方法进行简短叙述，并说明为什么选用这些方法。这里所说的研究方法是指为达到调研目标所使用的程序，它包含着调研方法，但又不能将其简单理解为调研方法。描述研究方法时至少应包括以下几方面：(1)调研设计是探索性的、描述性的，还是结论性的或试验性的；(2)收集、检查和使用各种资料的方法；(3)抽样设计和样本选择方法；(4)所使用的问卷类型以及确定类型的依据；(5)分析和解释所使用的方法；(6)所使用的调研人员的数量和类型（如采访人员、操作人员和管理人员等）。

(七)调研成果

调研成果是调研报告的核心内容,因此,应是重点交代阐述的部分。这部分内容主要包括:(1)对于大量的原始资料进行整理概括的结果及其解释和说明,使读者一目了然;(2)使用的各种定性和定量分析方法的分析结果,包括使用统计分析方法的分析结果和详细的解释;(3)综合概括和结论;(4)表达调研成果的其他手段,例如图、表和曲线等。

报告所列调研成果的完整和详细程度,与调研者的水平和使用报告目的有关。一般来说,调研成果至少应有足够详细的解释,使读者对所研究的问题有充分的了解。详细的资料可以放在附录中,供有关人员在他们认为需进步研究时加以使用。

(八)限制条件

某些限制条件的交代也是很有必要的。例如,完成调研工作的时间期限;调研回答误差及其可能的影响;调研成果的局限性、适用范围和可推广的程度;由于现场被调研对象不愿意作为抽样的对象,而使用代替的样本限制等。

(九)结论和建议

根据调研成果,用归纳法或演绎法进行推理判断,可以合乎逻辑地得出某些结论。这些结论应该对调研的前提或假设进行证实或否定。如果是营销决策调研,结论的提出可采取列举几种可供选择的方案的形式,说明企业可以采取哪种步骤和行动,每种可能的开支和达到的结果。如果可能的话,调研人员应预测到企业采取了某种具体方案后,一定时间内应达到的经济效益。

紧接在结论之后应是有关行动的建议。建议的内容主要包括:企业应当选择哪一种行动方案,其可行性如何;由谁做,做什么,何时何地做等。这些建议可能被决策者采纳,也可能被束之高阁。但是,无论调研人员的建议是否起作用,为了进一步研究的需要,提出建议都是他们职权范围内的事,都应当提出他们的建议。

(十)附录

附录主要包括用来论证、说明或进一步阐述正文有关情况的补充或扩充资料。一般将其顺序编号,排列在正文之后。可能涉及的资料主要包括:

(1)已经在报告的正文汇总的统计表和统计数字列表及其详细计算。

(2)第二手资料来源索引,第一手资料来源和联系对象的名称及地址、电话、电子邮件地址及网址一览表。

(3)收集资料所使用的问卷和采访者指导说明书。

(4)为抽样调研而选定样本的有关细节。

(5)有关会议记录、书籍、手册等。

(6)其他有必要列入的参考资料。

最后,关于调研报告的格式与内容,我们需要说明两点:

第一,以上只是提供给决策者使用的调研报告的典型格式和内容。实际上,不是说所有的这类报告都必须罗列这些内容,而是可以根据问题的大小和委托者或决策者的需求情况,具体确定报告的格式和内容。例如,研究方法部分、限制条件部分及附录部分均可根据情况适当简化甚至取消。

第二，具体写作顺序也是灵活多样的。通常可以按照调研工作过程写，就调研的问题逐个阐明清楚；可以按照事物发生、发展的过程写，例如事物发生的时间、地点、原因，产生的影响、经验教训以及如何解决等；也可以将两种事物对比描述，从对比中判断是非，解决问题；还可以把问题分成几个部分写，每个部分加上小标题，使之脉络清楚。

四、撰写市场调研报告的注意事项

撰写一份好的调研报告不是件易事。调研报告本身不仅显示着调研的质量，而且反映了撰写者本身的知识水平和文学素养。在撰写调研报告时，主要注意以下几个方面的问题：

（一）考虑谁是读者

报告应当是为特定的读者而撰写的，他们可能是领导、管理部门的决策者，也可能是一般的用户。因此，在撰写调研报告时，撰写人员不但要考虑这些读者的技术水平、对调研项目的兴趣，还应当考虑他们可能在什么环境下阅读该报告，以及他们会如何使用该报告。有时候，撰写者可针对不同技术水平和对项目有不同兴趣的读者，将报告分成几个不同的部分，或干脆完全针对个别对象，分别撰写整个报告。

（二）力求简明扼要，删除一切不必要的词句

调研报告应该是精练的，任何不必要的东西都应省略。不过，也不能为了达到简洁而牺牲了报告的完整性。

（三）行文流畅，易读易懂

报告应当是易读易懂的，报告中的材料要组织得有逻辑性，使读者能够很容易弄懂报告各部分内容的内在联系。使用简短的、直接的、清楚的句子把事情说清楚，比用"正确的"但含糊难懂的词语来表达要好得多。为了检查报告是否易读易懂，最好请两个不熟悉该项目的人来阅读该报告，并提出意见，反复修改几次之后再呈交给读者。

（四）内容客观

调研报告的突出特点是用事实说话，应以客观的态度来撰写报告。在文体上最好用第三人称或非人称代词，如"作者/笔者认为……""据××资料表明"等语句。

行文时，应以向读者报告的语气撰写，不要表现出力图说服读者同意某种观点或看法。读者关心的是调研的结果和发现，而不是你个人的主观看法。同时，报告应当准确地给出项目的研究方法、调研结果的结论，不能有任何迎合用户或管理决策部门期望的倾向。

（五）选用不同类型的图表，具体说明和突出报告的重点内容

用表格、图表、照片或其他可视物品来补充正文中的关键信息是十分重要的。直观可视的图表等对帮助报告撰写者和读者之间进行交流是很有好处的，也可以增强报告的明了程度和效果。

本章小结

本章围绕市场调研与分析展开,系统阐述了相关知识与技能,助力读者理解其在企业营销中的关键作用。

市场调研是连接消费者与营销者的重要职能,通过收集、分析数据为决策提供依据,其作用涵盖为企业决策提供支撑、助力企业在竞争中占据优势、推动企业经营活动改进以及为市场宣传推广提供信息。市场调研内容广泛,涉及市场构造、商圈、营销组合及营销活动监测评价。市场调研类型多样,按性质目的、对象范围、收集资料方法等不同标准划分。市场调研的流程包含确定需求目的、定义问题目标、设计方案、收集处理分析数据、撰写报告及结果反馈应用等环节,各环节紧密相连,缺一不可。

市场调研问卷设计至关重要。一份完整问卷由说明词、问卷主体、调研证明记载构成。设计时需遵循目的性、科学性、简明性原则,运用二项选择法、多项选择法等多种形式与技术。同时,要注意合理选择调研方式和样本,科学设计问题与选项,关注问卷结构顺序及可操作性和可接受性。

市场调研报告是调研成果的呈现形式,作用在于固定调研成果、反映工作质量、助力决策行动。报告种类多样,不同类型在内容和格式上有所差异。供决策者使用的报告是重点,包含呈送函件、扉页、目录等多个部分。撰写报告时应考虑读者需求,做到简明扼要、行文流畅、内容客观,并借助图表突出重点。

在动态竞争的市场环境中,企业需以消费者需求为导向,通过系统性市场调研实现精准营销。市场调研不仅是数据收集的过程,更是洞察消费趋势、识别竞争机会的战略工具。唯有以数据驱动决策,以创新应对变化,才能在激烈竞争中取胜,实现企业与社会价值的双赢。

实践任务

齐鲁理工学院是一所全国知名高职院校。学校附近有一条繁华的商业街,因地理位置的优势,是大学城里学生的重要娱乐、休闲及消费场所。商业街里商铺林立,餐饮、超市、服装店、数码港、体育用品店、影院、银行、SOHO办公室等一应俱全。今年3月份,该商业街东端新建了一栋商业大楼。该大楼目前已经封顶,管道铺设和外部装修基本完成,正在加紧路面铺设。虽然项目还在施工期,但已经吸引了众多投资商,项目招商正在火热进行中。

章小融商贸有限公司是一家新成立的商贸公司,公司老板是几位拥有梦想的年轻人,他们也想在这拥有近7万消费人群的商圈里实现他们的创业梦想。但是该商业街里已有各类商铺,且数量繁多,公司该立足何种业务,做出什么样的特色才能在机会与竞争并存的商业街里分得一羹半炙呢?这可愁坏了几位年轻人。俗话说:"知彼知己,百战不殆。"在这种情况下,有人建议不妨对现有商业街做一个全方位的市场调研,根据市场调研结果再做定夺。

请以小组为单位,选取调研主题,设计调研问卷,帮助章小融商贸有限公司开展市场调研并撰写调研报告。

思考题

一、单项选择题

1. 按照调研的性质和目的分类,为测试因果关系而进行的调研属于(　　)。

A. 探索性调研　　　B. 描述性调研　　　C. 因果性调研　　　D. 预测性调研
2. 调研问卷的说明词一般不包括（　　）。
  A. 调研人员代表的单位　　　　　B. 调研的目的
  C. 调研对象的基本资料　　　　　D. 对调研对象合作的请求
3. （　　）是对调研对象（总体）的全部个体单位进行逐一的、无遗漏的全面调研。
  A. 典型市场调研　　　　　　　　B. 重点市场调研
  C. 抽样市场调研　　　　　　　　D. 全面市场调研
4. 市场调研报告中，供决策者使用的报告核心内容是（　　）。
  A. 研究方法　　　B. 调研成果　　　C. 结论和建议　　　D. 限制条件
5. 问卷设计中，为了解消费者对不同品牌彩电质量的评价意见，适合采用的方法是（　　）。
  A. 二项选择法　　　B. 比较法　　　C. 自由回答法　　　D. 程度评价法

二、多项选择题

1. 市场调研的作用包括（　　）。
  A. 为企业决策提供依据
  B. 有利于企业在竞争中占据有利地位
  C. 有助于改进企业的经营活动
  D. 为企业市场地位和产品宣传等提供信息和支持
2. 市场调研的内容主要涵盖（　　）。
  A. 把握市场构造的调研与分析　　　B. 商圈的调研与分析
  C. 营销组合的调研与分析　　　　　D. 营销活动的监测与评价
3. 按照收集资料的方法分类，市场调研可分为（　　）。
  A. 文案调研　　　B. 实地调研　　　C. 抽样调研　　　D. 特殊调研
4. 一份完整的调研问卷通常由以下哪些部分组成？（　　）
  A. 说明词　　　B. 问卷主体　　　C. 调研证明记载　　　D. 附录
5. 撰写市场调研报告的注意事项包括（　　）。
  A. 考虑谁是读者
  B. 力求简明扼要，删除一切不必要的词句
  C. 行文流畅，易读易懂
  D. 内容客观

三、简答题

1. 市场调研在企业制定营销策略中起到哪些关键作用？请结合实际案例进行说明。
2. 以某一具体产品为例，分析市场调研中把握市场构造的调研与分析应包含哪些具体内容？
3. 探索性调研、描述性调研、因果性调研和预测性调研在实际应用场景中有何不同？请分别举例说明。
4. 设计市场调研问卷时，如何综合运用多种设计形式以更好地收集信息？
5. 供决策者使用的市场调研报告与其他类型报告在内容和格式上有哪些显著差异？
6. 撰写市场调研报告时，如何做到既内容客观又能突出重点，增强报告的实用性和可读性？

四、案例分析题

花西子市场拓展调研

花西子作为国产美妆品牌,在国内二、三线城市已收获一定知名度,凭借东方彩妆定位与特色产品包装吸引了不少消费者。但伴随美妆市场竞争加剧,其市场份额增长逐渐变缓。为突破发展"瓶颈",探寻新机遇,花西子决定开展市场调研。

调研前期,团队查阅行业报告,发现国内美妆市场规模持续扩张,线上渠道销售额占比攀升,年轻消费者渐成消费主力,他们格外关注产品成分、功效与品牌文化内涵。

花西子采用多种调研方法。线上,借助社交媒体和专业调研平台发布问卷,收集不同地区、年龄消费者的购买习惯、偏好品牌、价格接受范围等信息。线下,在重点城市组织焦点小组访谈,邀请美妆爱好者、潜在消费者共同探讨对花西子的印象、期待改进之处。同时,安排调研人员走访各大美妆集合店、商场专柜,观察花西子产品和竞品的陈列、销售情况。

经数据整理分析,结果显示:在一线城市,花西子知名度明显低于部分国际大牌和本土头部品牌;线上渠道中,品牌官网和电商平台店铺页面设计对年轻消费者吸引力不足,产品介绍不够全面细致;产品包装虽有特色,但在设计感和辨识度上还有提升空间;部分消费者反馈,产品的某些功效宣传与实际使用效果存在差距。

根据案例,回答下列问题:

(1)从花西子的发展现状出发,分析此次市场调研对其突破发展"瓶颈"的必要性。

(2)结合案例,阐述花西子所采用的调研方法分别属于市场调研分类中的哪一类,以及这些方法各自的优点。

(3)基于调研结果,假如你是花西子的市场经理,你会制定哪些针对性的营销策略来提升品牌竞争力?

第三章
营销策划与推广

开篇案例

在竞争激烈的饮料市场中,有一家名为"鲜果时光"的果汁品牌,一直不温不火。该品牌主打100%纯果汁,无添加,品质优良,但市场份额却远低于一些主打口味和包装的竞品。

起初,"鲜果时光"采用传统的营销方式,在超市、便利店等铺货,并进行简单的促销活动,如买一送一。然而,这些常规手段并未带来显著的销售增长。

为了改变这一局面,品牌方开始深入调研市场和消费者需求。他们发现,随着健康意识的提升,消费者对健康饮品的需求日益增长,但市面上很多果汁产品都含有大量糖分和添加剂。同时,年轻消费者更注重产品的个性化和社交属性。

基于这些洞察,"鲜果时光"制订了全新的营销策划方案。在产品方面,进一步优化配方,突出"健康、天然"的特点,并推出小包装便携装,满足消费者随时随地饮用的需求。在价格策略上,根据不同渠道和包装规格进行差异化定价,提高产品性价比。在渠道方面,除了传统零售渠道,还积极拓展线上电商平台和社交媒体渠道,与网红、健身博主合作进行产品推广。在促销活动上,举办"健康果汁挑战"等线上线下互动活动,吸引消费者参与,增强品牌黏性。

经过一系列的营销策划和执行,"鲜果时光"的市场份额逐步提升,品牌知名度和美誉度也大幅提高,成功在竞争激烈的饮料市场中脱颖而出。

资料来源:靳洪,刘翠. 市场营销学理论、案例与实训[M]. 北京:人民邮电出版社,2023.

案例启示

对于在市场中处于劣势的品牌而言，不能盲目沿用传统营销方式。要像"鲜果时光"一样，深入调研市场与消费者需求，这是成功转型的关键。

当洞察到消费者对健康饮品需求增长以及年轻群体注重个性化、社交属性后，应迅速调整产品策略。优化配方凸显产品核心优势，推出小包装满足便捷需求，同时依据不同渠道和规格差异化定价，提升性价比。

在渠道拓展上，不能局限于传统零售，线上电商与社交媒体平台潜力巨大，借助网红、博主等影响力能有效扩大品牌曝光。促销活动也需创新，举办互动性强的活动，增强消费者参与感和品牌黏性。总之，精准把握市场变化，全方位优化营销策略，才能突破困境，在激烈竞争中抢占一席之地。

教学目标

知识目标：了解营销策划的含义、特征、营销策划的内容；理解营销的本质、营销策划的原理、营销推广的分类；掌握价值营销、体验营销、4R理论、推广专题活动策划等。

能力目标：能够分析市场环境和竞争对手，制定适应市场需求的营销策略和推广计划；能够评估营销活动的效果，不断优化营销策略和推广方案，提升市场竞争力。

素质目标：具备创新思维和创业精神，能够灵活应对市场变化，开拓创新的营销模式和方法；具有责任心和执行力，能够承担起营销策划和推广活动的责任，保证活动顺利实施并取得预期效果。

第一节　营销策划概述

策划是现代社会最常见的经济活动之一，是指对各项事业或活动做出决策前的谋划、构思和设计活动。市场营销策划是策划活动的一个方面，是企业为占领市场、取得收益而进行的规划与安排。市场营销策划是现代企业提高市场竞争力的重要举措。

一、营销的含义和本质

（一）营销的含义

营销是一门不断发展的学科。在不同阶段，不同的营销学者对营销的界定有所不同，对营销的认识也呈现出不断发展变化的过程。学者们已经从最初将营销看成"同其他部门相分离的管理职能"发展到认为营销是"指引整个企业网络为利益相关者谋取利益的管理责任和组织能力"。

伴随营销理论与实践的不断创新，营销的概念在不同时期有不同的主流表述。例如美国市场营销协会（AMA）在1960年的定义："市场营销是引导货物和劳务从生产者流转到达消费者或用户所进行的一切企业活动。"而到1985年,该定义则变成为市场营销是个人和组织对理念(或主意、计策)、货物和劳务的构想、定价、促销和分销的计划与执行过程,以创造达到个人和组织的目标的交换。2007年AMA公布市场营销的新定义:营销是一项有组织的活动,包括创造、传播和交付顾客价值和管理顾客关系的一系列过程,从而使利益相关者和企业都从中受益。

本书采用著名营销学家菲利普·科特勒(Philip Kotler)教授的定义:所谓"市场营销",是指个人和集体通过创造提供、出售、同别人自由交换产品或服务的方式获得自己所需产品或服务的社会过程。科特勒还说,营销是通过创造和交换产品及价值,从而使个人或群体满足欲望和需要的社会和管理过程。

根据上述定义,可以将市场营销概念从管理角度具体归纳为下列要点:

(1)市场营销的基本目标是"获得顾客、挽留顾客和提升顾客"。

(2)"交换"是市场营销的核心。市场营销的基本业务就是为实现交换不断地"创造、传播和交付顾客价值和管理顾客关系"。

(3)交换过程能否高效地顺利进行,取决于营销者创造的产品和价值满足顾客需求的程度,以及对交换过程管理的水平。

(二)营销的本质

1. 顾客购买的是"某种需求的满足"

营销的本质是满足人类的需求。日本企业界给市场营销下的定义为:"市场营销是在满足消费者利益的基础上,研究如何适应市场需求而提供商品或服务的整个企业活动。"这个概念体现了市场营销活动的核心和本质。企业产品的畅销,归根结底是生产了对的东西,这个对的东西就是消费者需要的东西,它能解决消费者的问题。

这种需求体现了消费者的核心价值,是商品定位的基础,商品定位是新产品开发的依据。问题的难点在于,基于该定位的产品市场规模是否足够大,企业能否依靠其发展壮大。或者在市场不足时,企业是否能够高效率、低成本地生产这种个性化产品。

2. 由于竞争的存在,顾客倾向于获取最大价值

事实上,目前市场上畅销的产品无疑都基本满足了消费者的"某种需求",营销因竞争而变得更加残酷,在产品同质化越来越严重的情况下,谁为客户提供的价值更大,谁就能最终赢得客户。提高商品的价值可以从两个方面入手:一是降低顾客的成本;二是提高商品效用。

3. 从现代竞争角度来看,客户关系管理是制胜法宝

关系营销理论认为,谁占有顾客,谁就拥有市场。随着竞争的加剧,追踪客户、研究客户、联系客户变得越来越重要。营销过程其实就是积累优质客户的过程,这就是关系营销的基本理念。

4. 从企业经营角度来看,市场营销既是一个系统,又是一个过程

市场营销是一个系统。企业要把各个方面的工作做好,产品研发部门要设计出消费者需要的产品,生产部门要生产出高质量产品,人力资源部门要招聘合格的员工,营销部门要找到客户并说服他们购买产品,等等,这些基础工作一个都不能少。

市场营销又是一个过程。营销部门一定要持续加强管理,把基础工作一步一步做好,企业才能持续经营和发展,如持续的市场调研、不间断的产品研发、长期的客户维护、永恒的品牌塑造等。

案例 3-1　　变,抑或不变

福特汽车公司成立于1903年,第一批大众化的福特汽车实用、优质、价格合理,因此生意一开始就非常兴隆。1908年初,福特汽车公司根据当时大众的需要,作出了战略性的决策,致力于生产规格统一、品种单一、价格低廉、大众需要且买得起的汽车。1908年10月1日,采用流水线生产方式生产的著名的T型车被推向市场。此后十多年,由于T型车适销对路,销量迅速增加,产品供不应求,福特汽车公司在商业上取得了巨大的成功。

到了20世纪20年代中期,随着美国经济的快速发展和居民收入的增加及生活水平的提高,汽车市场发生了巨大的变化,买方市场在美国已经基本形成,道路及交通状况也发生了质的改变,简陋而又千篇一律的T型车虽然价廉,但已经不能满足消费者的消费需求。然而,面对市场的变化,福特汽车公司仍然没有意识到消费者的需求变化,顽固地坚持生产中心的观念,就如其宣称的"无论顾客需要什么颜色的汽车,福特只提供黑色的",这句话也成为营销理念僵化的"名言"。面对市场的变化,通用汽车公司及时地抓住了市场机会,推出了新的式样和颜色的雪佛兰汽车,雪佛兰汽车一上市就受到消费者的追捧,而福特T型车的销量剧降。1927年,曾销售了1 500多万辆的T型车不得不停产。通用汽车公司则一举超过福特成为世界最大的汽车公司。

从福特T型车的兴衰历史可以看出,营销理念是多么重要。根据市场特点,及时改变营销理念,成就了通用汽车公司;而固守僵化的营销理念,也使福特汽车公司遭受了沉重的打击。因此,营销理念是企业成败的关键。

资料来源:郭国庆,陈凯. 市场营销学[M]. 8版. 北京:中国人民大学出版社,2024.

二、市场营销策划的含义

市场营销策划是策划的一个分支,是指在对企业内外部环境进行准确分析,并有效运用经营资源的前提下,对一定阶段内企业营销活动的行动方针、目标、战略以及实施方案与具体措施进行设计和计划。市场营销策划借助创造性思维,有效地利用企业资源和社会资源,制订可行的营销活动方案,从而改变企业现状,达到理想目标。

市场营销策划既可以是关系企业全局的营销战略策划,也可以是对某一个具体营销项目的战术策划。市场营销策划上承整个企业的发展战略和竞争战略,下接具体部门的实施细节,是企业整体战略与营销部门实施细节的一个桥梁。**市场营销策划是企业的一种职能性策划,主要由企业的营销部门组织实施,是在创新思维的基础上制订的市场营销行动方案。**

案例3-2 神妙策划——法国赢了世界杯,华帝赢了世界

2018年7月15日,世界杯决赛中,法国队4∶2战胜克罗地亚队,继1998年后再夺冠军。此次,中国品牌——华帝公司也大放异彩。一起来回顾一下华帝这次营销活动的始终。

1. 事件策划

2018年5月31日,华帝在其官方微博上公布"法国队夺冠,华帝退全款"的消息,表示为了庆祝华帝正式成为法国国家足球队官方赞助商,并迎接"6·18"的到来,公司做出若法国国家足球队在2018年俄罗斯世界杯中夺冠,则对在2018年6月1日0时至2018年6月30日22时期间购买华帝"夺冠套餐"的消费者,按所购"夺冠套餐"产品的发票全额退款的决定。这一决定赚足了眼球。

除此之外,2018年6月5日,华帝世界杯主题微电影《最燃的我们》正式上映。这部由亨利主演的微电影一时间刷屏了朋友圈。这部8分23秒的微电影讲述了大人物的职业生涯点燃小人物足球梦想的故事,放在世界杯开幕前播放,无疑给所有的球迷打了一张情怀牌,让所有球迷、非球迷都找到了一个情感共鸣点。

在世界杯开幕之前,一则"法国队夺冠,华帝退全款"的分众电梯广告,就已经在都市白领主流风向标人群中引爆了话题。这起由传统媒体发端,在社交媒体上发酵,随后在分众电梯媒体引爆主流人群的悬念营销,不仅让华帝成功实现品牌造势,而且通过寓"售"于乐的手法有效调动了世界杯观赛人群的积极性,最大限度将流量变为销量,由此引发其他品牌纷纷跟风效仿,借势将这一波世界杯推向了高潮。

2. 世界杯营销方式

中国企业借助世界杯营销的方式大致分为两种:一种是直接和世界杯官方组织合作,成为官方赞助商,直接在赛场投放看板广告。另一种是通过签约球队或球员的方式营销,比如华帝,就签约了法国国家队;同为厨电企业的万和,则签约了阿根廷国家队;冰箱企业美菱,签约了比利时国家队。其实还有第三种,既不是官方赞助商,也未签约某一支球队或某个球员,而是以打擦边球的方式"蹭"世界杯热度。

这次世界杯,华帝公司从开幕到结束,几乎每天都推送法国队的比赛信息,在大众心目中建立起"华帝&法国队"的新链接,加之"华帝免单"的热点,在球迷及其他受众的心中留下了刻痕。

3. 法国夺冠后爆点传播

法国队夺冠瞬间,华帝一则退款启动书引爆了话题关注度,几乎一夜之间成为各大媒体机构的头条。目前,个人作为流量平台进行信息传播服务的比比皆是,这样的传播往往依靠的是明星或者自媒体博主个人品牌的力量,再与实体经济进行对接,实现流量的变现。华帝这次选择的是自己的形象代言人,通过及时转发华帝的最新动态,借助明星流量的优势让事件持续发酵。

4. 效果分析

世界杯是一次超级盛典,任何公司都不可能放过这次事件营销的机会。数据显示,2018 年俄罗斯世界杯期间,各国企业投入的广告费用共 24 亿美元。其中,中国企业世界杯期间的广告支出达 8.35 亿美元(约合 53 亿元人民币),超过美国的 4 亿美元,更远高于东道主俄罗斯的 6 400 万美元,全球排名第一。据第一财经报道,本届世界杯的赞助商有 7 家中国企业,分别是万达、海信、蒙牛、vivo、雅迪、指点艺境以及帝牌。

华帝此次总部承担的成本约为 2 900 万元,经销商则需承担 5 000 万元,总共不过 7 900 万元。这是很小的一部分广告费,但是效果是显著的——全世界都认识了华帝。

其实,这个营销方案,从一开始就稳赢。如果法国队夺冠,虽然华帝会因此支付几千万元的退货款,但华帝是法国赞助商,法国队的夺冠无疑会给华帝带来不可估量的品牌曝光度,其价值远远大于几千万元。如果法国队没有夺冠,消费者奔着这个噱头购买了产品,华帝也达到了促进销量的目的。因此,无论法国队是否夺冠,华帝都是此次世界杯的最大赢家,既去了库存,又赢得了广告宣传,让品牌更加深入人心,这就是营销策划的神妙之处。

资料来源:余敏,陈可,沈泽梅. 营销策划[M]. 北京:北京理工大学出版社,2020.

三、市场营销策划的原理

(一)SWOT 分析法

SWOT 分析法(也称 TOWS 分析法、道斯矩阵)即态势分析法。20 世纪 80 年代初由美国旧金山大学的管理学教授韦里克提出,经常被用于企业战略制定、竞争对手分析等场合;是用来确定自身的竞争优势、竞争劣势、机会和威胁,从而将自身的目标与公司内部资源、外部环境有机地结合起来的一种科学的分析方法。SWOT 分析法的模型如表 3—1 所示。

表 3－1　　　　　　　　　　　　　　SWOT 分析法

外部分析＼内部分析	优势 S	劣势 W
机会 O	SO 战略 发扬优势 利用机会	WO 战略 克服劣势 利用机会
威胁 T	ST 战略 利用优势 回避威胁	WT 战略 减少劣势 回避威胁

企业发展面临环境发展趋势分为两大类：环境威胁和环境机会。环境威胁是指环境中一种不利的发展趋势所形成的挑战，如果不采取果断的战略行为，这种不利趋势将导致公司的竞争地位受到削弱。环境机会是指对公司行为富有吸引力的领域，在这一领域中，该公司将拥有竞争优势。

优势是组织机构的内部因素，具体包括有利的竞争态势、充足的财政来源、良好的企业形象、技术力量、规模经济、产品质量、市场份额、成本优势、广告攻势等。劣势也是组织机构的内部因素，具体包括设备老化、管理混乱、缺少关键技术、研究开发落后、资金短缺、经营不善、产品积压、竞争力差等。

对环境的分析也可以从不同的角度。例如，一种简明扼要的方法就是宏观环境（PEST）分析；另外一种比较常见的方法就是波特的五力分析。

案例 3－3　　淘宝网的 SWOT 分析

随着互联网的发展，电子商务平台已日益成为购物的重要平台，下面对 SWOT 分析方法对中国最受欢迎的电商平台淘宝进行优势、劣势、机会和威胁的分析。

1. 竞争优势（S）

在淘宝开店，程序简单，店租低，只要实名制即可，店铺装扮也可采用淘宝提供的装扮模块，无须花费巨资购买真材实料，成本可谓低廉。开淘宝店只要有一定的计算机常识皆可完成，受众很广。淘宝网的交易主要通过第三方支付平台支付宝，支付便捷安全，同时保证了客户和商家的利益。

2. 竞争劣势（W）

淘宝准入门槛低，卖家良莠不齐导致商业信用出现问题。客户无法直接接触商品，导致淘宝网上出现一些假冒伪劣产品。评价体系不完善，淘宝现有的评价体系给消费者太多自由评价的空间，买家素质良莠不齐，卖家时常遭受恶意评价。同时也存在有些卖家雇人刷信用的行为，导致信誉不实。这些使交易的公平公正缺乏保障。

> **3. 发展机会（O）**
>
> 近年来，政府工作报告指出，要积极发展电子商务，以互联网、物联网为基础，发展物物交换。国家的政策支持为电子商务的发展提供了有力保障。同时，随着互联网的飞速发展，软硬件技术和网购平台的日渐成熟，大大降低了网络营销的运营风险，网络购物环境越来越成熟。
>
> **4. 环境威胁（T）**
>
> 电子商务利用互联网和现代电子信息技术进行商务活动，谈判信息、订单信息、支付信息等大量商务信息在计算机系统存放和处理，而黑客攻击、计算机病毒将会给信息安全带来巨大隐患。
>
> **5. 策略选择**
>
> 在网络竞争日趋激烈的今天，淘宝若要在众多网络商城中保持领先地位，则在保持自身优势的同时，仍需要引导和挖掘客户的深度需求，加快产品创新，提供多元化服务，应对多变的市场机制，同时要加快解决自身经营管理方面存在的问题。建立健全评价体系，将评价系统从抽象到具体、定性到定量转变，从而杜绝一些消费者恶意评价的空间。加强淘宝内部监管，严查刷信誉行为，对于该行为淘宝应进行惩罚，以净化市场环境，避免不良风气蔓延。淘宝可以提供一个投诉平台，并及时有效处理此类问题即可。这样既不用淘宝大量劳动力支出，又可以减少市场中商铺的不诚信行为。
>
> 资料来源：朱捷. 市场营销[M]. 成都：电子科技大学出版社，2020.

（二）市场细分理论

市场细分的概念是美国市场学家温德尔·史密斯（WendellR. Smith）于1956年提出来的。此后，美国营销学家菲利浦·科特勒进一步发展和完善了温德尔·史密斯的理论并最终形成了成熟的市场细分理论（STP）：市场细分（segmentation）、目标市场选择（targeting）和市场定位（positioning），它是战略营销的核心内容。

市场细分是指根据顾客需求上的差异把某个产品或服务的市场逐一细分的过程。目标市场是指企业从细分后的市场中选择出来的决定进入的细分市场，也是对企业最有利的市场组成部分。市场定位就是为自己的产品树立特定的形象，使之与众不同，在消费者的心目中占据"重要位置"。

如何选择细分标准进行市场细分是所有企业开展营销活动时必须解决的问题。对于该问题，相关的研究经历了一些变化。早期研究主要从自然地理环境、人口统计等外部特征进行细分，其假设前提是居住于同一区域、处于同一年龄段或收入水平的消费者具有相似的消费需求。但是，实践表明，具有相同人口与地理特征的消费者在面对相同的促销活动时，可能会有不同的反应。其中一个重要原因是他们的心理偏好不同。于是，人们开始关注消费者的心理特征对其购买行为产生的影响。但是，后来的研究发现，心理差异不能完全解释消费者行为的变化,消费者对许多产品的消费需求其实与使用情境密切相关。

(三)4P营销理论

4P营销理论(The Marketing Theory of 4Ps),4P理论产生于20世纪60年代的美国,随着营销组合理论的提出而出现的。

4P营销理论被归结为四个基本策略的组合,即产品(product)、价格(price)、渠道(place)、促销(promotion)。

1967年,菲利普·科特勒在其畅销书《营销管理:分析、规划与控制》第一版中进一步确认了以4P营销理论为核心的营销组合方法,具体内容如下:

1. 产品

注重开发的功能,要求产品有独特的卖点,把产品的功能诉求放在第一。

2. 价格

根据不同的市场定位,制定不同的价格策略,产品的定价依据是企业的品牌战略,注重品牌的含金量。

3. 渠道

企业并不直接面对消费者,而是注重经销商的培育和销售网络的建立,企业与消费者的联系是通过分销商来进行的。

4. 促销

企业注重通过销售行为的改变来刺激消费者,以短期的行为(如让利、买一送一、营销现场气氛等)促进消费的增长,吸引其他品牌的消费者或导致提前消费来促进销售的增长。

> **案例3-4　宝洁公司市场营销组合策略的应用**
>
> 著名的宝洁公司在市场营销过程中对于4P营销组合策略的实际运用非常成功。
>
> 首先,对于4P营销组合中的产品要素来说,号称"没有打不响的品牌"的宝洁公司自20世纪80年代进军中国市场以来,从海飞丝洗发水开始,接连推出了飘柔、潘婷、舒肤佳、碧浪等品牌。对于这些洗护产品,宝洁公司很注重突出其产品特点:对于潘婷,强调它拥有的维生素B的独特功能,从发根彻底渗透至发梢,滋养头发;对于舒肤佳,则以杀菌为突破口,宣传不仅要去污,还要杀灭皮肤上的细菌;对于碧浪,则强调它对于顽固蛋白质污渍的去污能力,并且打出了浸泡30分钟,不必揉搓就能洗得干干净净的产品新特点。
>
> 对于4P营销组合中的价格因素,宝洁公司以消费者愿意付出的成本为定价原则。宝洁公司最初是以高品质、高价位的品牌形象打入中国市场的,虽然当时中国消费者的收入并不高,但宝洁仍将自己的产品定位在高价上,价格是国内品牌的3~5倍,但比进口品牌便宜一些。而这正切中了消费者崇尚品牌的购买心理,使宝洁公司拥有着强大的竞争力,得以在洗护用品市场上的众多品牌中脱颖而出。而现阶段,宝洁公司继续保持着其高品质,而价格却更为大众化。

此外,为了了解企业与顾客的关联程度,宝洁公司每年运用多种市场调研工具和技术与全球超过700万名消费者进行交流,及时捕捉消费者的意见,同时发现并了解他们的需求。一直立足于为消费者提供方便的宝洁公司建立了包括公司网站与产品网站在内的完善的网站体系,将其作为信息发布、品牌推广、服务支持的平台。

资料来源:郭国庆,陈凯. 市场营销学[M]. 8版. 北京:中国人民大学出版社,2024.

(四)服务营销7P理论

与有形产品的营销一样,在确定了合适的目标市场后,服务营销工作的重点同样是采用正确的营销组合策略,满足目标市场顾客的需求,占领目标市场。但是,服务市场具有一定的特殊性,从而决定了服务营销组合策略的特殊性。在制定服务营销组合策略的过程中,7P营销理论(The Marketing Theory of 7Ps)是在1981年布姆斯(Booms)和比特纳(Bitner)建议在传统市场营销理论4Ps的基础上增加三个"服务性的P"得出的理论,三个"服务性的P",即人(people)、过程(process)、物质环境(physical evidence)。

1. 人员

所有的人都直接或间接地被卷入某种服务的消费过程中,这是7P营销组合很重要的一个观点。知识工作者、白领雇员、管理人员以及部分消费者将额外的价值增加到了既有的社会总产品或服务的供给中,这部分价值往往非常显著。

2. 过程

服务通过一定的程序、机制以及活动得以实现的过程(即消费者管理流程),是市场营销战略的一个关键要素。

3. 物质环境

物质环境包括环境、便利工具和有效引导。可解释为商品与服务本身的展示,即使所促销的东西更加贴近顾客。有形展示的重要性在于顾客能从中得到可触及的线索,去体验你所提供的服务质量。因此,最好的服务是将无法触及的东西变成有形的服务。

案例3-5　　海底捞的"变态级服务"

提到火锅,人们首先能想到以服务著名的海底捞火锅。海底捞品牌创建于1994年,至2024年6月30日,海底捞在全国共有1 371家直营餐厅,其中1 349家位于中国内地,22家位于中国香港、中国澳门、中国台湾,员工143 034名。海底捞为什么会在众多火锅品牌中脱颖而出?在海底捞的众多成功战略中,目前最被人称道的是海底捞以人为本的管理经营方式以及以"变态"闻名的服务。许多顾客都是慕海底捞的"特色服务"而来。海底捞的服务到底有多"变态",我们来看几个例子。

> 在海底捞火锅店,如果客人是一个人点餐,服务员就为他拿了一只玩具熊在对面,让他感到不那么孤单;如有长发的女士,服务员会递上皮筋和发夹;如果顾客带了孩子,服务员甚至会帮忙给孩子喂饭,和孩子做游戏;如果顾客想吃什么别的食物,服务员会立刻买来送给顾客……
>
> 其实,我们不难看到,这些所谓的"变态服务",其实都是就餐中的一些细节问题。那我们为什么会称之为"变态服务"呢?原因有二:一是海底捞的服务在大众餐饮行业中是独一无二的,没有其他的餐饮企业做到这样的地步;二是就海底捞这样人均消费在100元左右的火锅店来说,能提供这种很多高消费餐厅都无法提供的服务,顾客感到了物超所值。
>
> "变态服务"的背后,其实表达出了海底捞领先于许多餐饮企业的顾客理念——以顾客的满意度和忠诚度为先。通过提升顾客的满意度,令他们对品牌产生忠诚,这才是"变态服务"的根本目的。
>
> 资料来源:朱捷. 市场营销[M]. 成都:电子科技大学出版社,2020.

(五)4C营销理论

4C营销理论(The Marketing Theory of 4Cs),是由美国营销专家劳特朋教授(R. F. Lauterborn)(1993)在1990年提出的,与传统营销的4P相对应的4C理论。它以消费者需求为导向,重新设定了市场营销组合的四个基本要素,即消费者(consumer)、成本(cost)、便利(convenience)和沟通(communication)。它强调企业首先应该把追求顾客满意放在第一位,其次是努力降低顾客的购买成本,然后要充分注意到顾客购买过程中的便利性,而不是从企业的角度来决定销售渠道策略,最后还应以消费者为中心实施有效的营销沟通。

1. 瞄准消费者需求

首先要了解、研究、分析消费者的需要与欲求,而不是先考虑企业能生产什么产品。

2. 消费者所愿意支付的成本

首先了解消费者满足需要与欲求愿意付出多少钱(成本),而不是先给产品定价,即向消费者要多少钱。

3. 消费者的便利性

产品应考虑如何方便消费者使用。

4. 与消费者沟通

以消费者为中心实施营销沟通是十分重要的,通过互动、沟通等方式,将企业内外营销不断进行整合,把顾客和企业双方的利益无形地整合在一起。

这一营销理念也深刻地反映在企业营销活动中。在4C营销理论的指导下,越来越多的企业更加关注市场和消费者,与顾客建立一种更为密切的、动态的关系。

四、市场营销策划的内容

市场营销策划的内容相当丰富,根据营销策划起作用时间的长短可分为营销战略策划和营销战术策划(见表3—2)。一项营销策划可以侧重于营销战略,也可以侧重于营销战术,营销战略和营销战术密不可分。侧重于营销战略的策划必须以能够操作的营销战术为实现的手段,而侧重于营销战术的策划则需要营销战略提供策划的方向。没有营销战术的营销战略策划是难以操作的,而没有营销战略的营销战术策划则是盲目的。

表3—2 营销战略策划与营销战术策划

策划项目	策划问题	策划内容
营销战略	1. 企业的顾客是谁？他们的需求是什么？ 2. 企业的竞争对手是谁？ 3. 企业可以在营销的哪些方面获取竞争优势？ 4. 市场营销应该怎样帮助企业获取可持续的竞争优势	企业的营销目标、营销任务、目标市场、市场定位
营销战术	1. 企业采用什么手段实现企业的营销目标和任务？ 2. 企业应该怎样突出营销重点、贯彻营销战略	营销组合、营销具体项目策划

(一)营销战略策划

营销战略策划注重企业的营销活动与企业总体战略之间的联系,其内容是根据企业的战略发展方向、战略发展目标、战略重点与核心竞争力设计企业的营销战略。具体而言,包括以下几个方面的内容:

1. 营销调研策划

知己知彼,百战不殆。营销调研策划是营销管理策划的起点和基础,是制定市场营销管理决策的重要依据。倘若没有扎实的营销调研,写出的策划文案也只能是空中楼阁。营销调研不仅要明确调研的内容,选择科学、合理的调研方法,还要对调研结果进行全面、客观地分析。

2. 营销环境分析

营销环境是指企业营销活动有潜在关系的内部和外部因素的集合。营销环境分为内部环境和外部环境。市场营销环境是存在于企业营销系统外部的不可控制的因素和力量,这些因素和力量是影响企业营销活动及目标实现的外部条件。一个公司的营销环境由在营销之外的影响营销管理能力的所有因素构成,而营销管理能力是指成功地发展和维持同目标用户关系的能力,营销环境既提供机遇又带来风险。

3. STP 的策划

定位是20世纪70年代美国的两位营销专家艾·里斯(AL Ries)和杰克·特劳特(Jack Trout)提出的概念,即把产品定位在你未来潜在的顾客心中,或者说是用广告为产品在消费者的心中找出一个位置。目前,定位在国外已被认为是进行广告策划的最基本的方法之一。后来,现代营销学之父菲利普·科特勒把"定位"这一概念引入营销领域,成为指导整个营销活动的战略选择。

STP,即市场细分、确定目标市场和市场定位。STP的策划就是要根据企业的总体战略、营销目标和营销重点进行市场细分、确定目标市场,并为企业及其产品定位。

菲利普·科特勒认为:"每个公司必须从其现状向前看,制定一个长期战略,以适应各种不断变化的环境。"市场经济社会中,企业之间的竞争越来越激烈,竞争对手也呈多元化,企业要想在竞争中站稳脚跟并立于不败之地,必须进行切合企业自身特点的营销战略策划与对手抗衡,并赢得客户、赢得市场。所以,进行营销战略策划对于企业适应变化的营销环境、取得竞争优势具有重要意义。

案例 3-6 屈臣氏的目标客户选择

屈臣氏,创建于1828年,是长江和记有限公司旗下以保健及美容为主的一个品牌,是现阶段亚洲地区最具规模的个人护理用品连锁店。

屈臣氏认为,对于竞争日益同质化的零售行业,如何锁定目标客户群是至关重要的。

屈臣氏在调研中发现,亚洲女性会用更多的时间逛街购物,她们愿意投入大量时间去寻找更便宜或更好的产品。这与西方国家的消费习惯明显不同。中国女性平均在每个店里逗留的时间是20分钟,而在欧洲只有5分钟左右。这种差异,让屈臣氏最终将中国的主要目标市场锁定在18~40岁的女性,特别是18~35岁、月收入较高的时尚女性。屈臣氏认为,这个年龄段的女性消费者是最富有挑战精神的,她们喜欢用好的产品,寻求新奇体验,追求时尚,愿意在朋友面前展示自我。她们更愿意用金钱为自己带来大的变化,愿意进行各种新的尝试。而不关注40岁以上的消费者,是因为年龄更长一些的女性大多已经有了自己固定的品牌和生活方式。

事实证明,屈臣氏对市场的判断是准确的。在中国的各大城市,即便不是周末时间,也能看到屈臣氏门店内充满了努力"淘宝"、购买"美丽"的年轻女性。为了让18~35岁的这群女性顾客更享受,在选址方面屈臣氏也颇为讲究。最繁华的地段如有大量客流的街道或大商场,是屈臣氏的首选,机场、车站或白领集中的写字楼等地也是考虑对象。

资料来源:节选自MBA智库百科"屈臣氏集团"。

4. 竞争战略策划

市场经济鼓励自由竞争,企业在满足消费者需求的过程中,一定要关注竞争对手。企业必须研究分析竞争对手的优势、劣势、经营战略、营销策略与竞争手段等,有针对性地制定自己的竞争战略,才能在竞争中立于不败之地。通常,企业所选择的竞争战略有成本领先战略、差别化战略和焦点战略等。

(二)营销战术策划

营销战术策划注重企业营销活动的可操作性,是为实现企业的营销战略所进行的战术、措施、项目与程序的策划。它包括以下四个方面的内容:

1. 产品策划

作为营销组合第一位的产品因素,其策划对企业成败有决定性作用。它主要是解决企业能否推出满足消费者需求的产品,设计足以支撑企业发展壮大的产品组合,建立企业长久发展的品牌体系。产品策划包括产品的开发、设计、商标、包装、产品组合设计、品牌、管理等一系列的策划。企业搞好了产品策划,就等于成功了一半。

思政园地

双循环新发展格局下的市场拓展

国家提出"以国内大循环为主体、国内国际双循环相互促进"的战略,企业需调整营销策略。例如,五菱汽车在疫情期间迅速转产口罩,通过"人民需要什么,五菱就造什么"的营销口号,既响应国家应急需求,又强化了品牌的社会责任感,成为"中国制造"的典范。企业营销应紧扣国家战略需求,体现服务社会的核心价值观。

资料来源:五菱汽车官网,https://www.wuling.com/。

2. 价格策划

价格策划是指企业在一定竞争环境下,为了实现自己的营销目标,配合其他营销组合和策略,而进行的定价目标是通过定价方法、定价策略的选择过程来达成的。

案例 3-7　Intel 公司 CPU 的定价

Intel 公司销售 CPU 芯片时,会在充分考虑消费者对产品的了解程度的基础上,采取相应的定价策略。每当 Intel 公司开发出一种新的芯片时,总是先定一个很高的价格。这种新的高科技产品制定较高的价格,很容易吸引专业计算机用户和商业用户。随着时间的推移,当消费者对 CPU 产品的制造成本情况开始了解,同时有竞争者的类似芯片出现时,Intel 公司便会大幅降低 CPU 芯片价格,以吸引一般的家庭计算机用户。通过这种方法,Intel 公司从不同细分市场中收获了尽可能多的利润。

资料来源:邓镝. 营销策划案例分析[M]. 2版. 北京:机械工业出版社,2014.

---

3. 渠道策划

产品从生产者到消费者的过程是通过分销渠道实现的。成功的分销渠道策划是实现企业经营目标的保证。

> **案例 3-8　拿下凉茶业七成市场份额：王老吉的渠道改革**
>
> 　　当新零售之风刮起，连传统凉茶企业广州王老吉大健康产业有限公司（简称"王老吉"）也不得不触及新零售，欲求进行渠道模式改革。
> 　　2018年8月13日，王老吉与京东新通路正式签署战略合作协议。之后，王老吉将借助京东新通路在仓配物流、大数据以及技术等方面的优势，围绕渠道经营、品牌营销、数据共享等方面与京东新通路开展深度合作，更好地满足无界零售时代多元化的消费需求。
> 　　据悉，京东新通路已经与多领域1 000多家全国大牌，300多家区域品牌开展深度合作。根据双方合作内容，王老吉将正式入驻京东掌柜宝平台以及京东便利店，结合双方在品牌力、物流、渠道等多方面的优势资源，进一步提升品牌的销售时效，扩大市场覆盖范围和下沉深度。双方的联合仓配模式将提升通路效率，与传统渠道模式形成互补，进一步开辟增量市场。
> 　　对此，王老吉董事长表示，新技术正在驱动零售行业的变革，尤其对快消品牌的销售渠道提出了更高的要求。此次与京东新通路的合作，为王老吉的渠道创新提供了新的路径，借此可以更好地提升服务能力和综合运营能力。同时，王老吉方面也表示，此番合作是王老吉在无界零售时代渠道经营模式的又一次创新和探索。数据显示，截至2018年上半年，王老吉销售网络覆盖全球，有超千万个终端网点，年销量200多亿元，占据凉茶行业七成的市场份额。
> 　　2014年下半年，在线下渠道已经较为理想的情况下，为了进一步开发线上渠道，王老吉成立了专门的电商部门。2015年元旦，王老吉推出"福禄寿喜财吉"新春吉祥罐，并在京东商城独家发售。后来，王老吉又牵手阿里，加快国际化进军步伐。
> 　　其实，在渠道创新上，近年来王老吉一直在暗自努力。其中包括培育礼品市场，让"喜庆时分送王老吉"成为一种消费潮流，目前礼品市场的销售额占比达到40%；创新餐饮营销，充分结合品牌"怕上火，喝王老吉"的广告效应，持续深耕餐饮渠道，目前餐饮渠道的平均铺市率已达85%；为深化品牌与户外等场景的强关联，王老吉大力开拓瓶装市场，如今瓶装王老吉的销量每年以超过30%的速度在增长。
> 　　资料来源：余敏，陈可，沈泽梅．营销策划[M]．北京：北京理工大学出版社，2020．

4. 促销策划

促销是指企业采取一系列营销手段挖掘客户，维护客户，激发顾客的购买欲望，实现企业的长期和短期经营目标。它包括公关策划、广告策划、促销策划和推销策划等方面。

第二节　营销策划新思维

一、价值营销

早在1954年,德鲁克就指出,顾客购买和消费的绝不是产品,而是价值。菲利普·科特勒是从顾客让渡价值和顾客满意的角度来阐述顾客价值的,其研究的前提是顾客将从那些他们认为提供最高认知价值的公司购买产品。所谓"顾客让渡价值",是指顾客总价值与顾客总成本之差。

顾客价值就是顾客从某一特定产品或服务中获得的一系列利益,它包括产品价值、服务价值、人员价值和形象价值等。顾客总成本是指顾客为了购买产品或服务而付出的一系列成本,包括货币成本、时间成本、精神成本和体力成本。顾客是价值最大化的追求者,在购买产品时,总希望用最低的成本获得最大的收益,以使自己的需要得到最大限度的满足。因此,要增强企业的竞争力,提高顾客让渡价值,可以从两个方面入手:一是降低顾客总成本;二是提高商品给消费者带来的利益满足,即提高顾客总价值。

(一)降低顾客总成本策略

顾客总成本不仅包括货币成本,而且还包括时间成本、精神成本、体力成本等非货币成本。一般情况下,顾客购买产品时首先要考虑货币成本的大小,因此货币成本是构成顾客总成本大小的主要因素和基本因素。在货币成本相同的情况下,顾客在购买时还要考虑所花费的时间、精神、体力等,因此这些支出也是构成顾客总成本的重要因素。

1. 货币成本

货币成本包括消费者购买商品的价格和产品使用过程中的费用。货币成本的高低是企业经营管理水平的综合反映。当然,企业有许多经营管理途径实现货币成本的降低,如提高设备效率、提高人员素质、提高组织管理水平、依靠科技进步等。事实上,依靠科技进步取得成本优势是企业最常用、最有效的手段之一。

2. 非货币成本

非货币性成本包括时间成本、精神成本和体力成本,它们紧密相关,是指顾客在购买产品时所耗费的时间、精神和体力。事实上,这也是企业不得不考虑的因素,如企业针对目标顾客的产品信息的传播,实际上就是减少顾客收集信息的时间和精力。超市、便利店等中间商没有制造产品,但为什么他们仍然能取得利润?实际上,超市也好,便利店也好,他们都选择了交通便利的位置,方便顾客购买,节省了顾客的时间和精力,等于减少了顾客的购买成本。

(二)提高顾客总价值策略

产品价值由产品功能、特性、技术含量、品质、品牌等组成。产品价值始终是顾客价值构成的第一要素。服务价值是指伴随产品实体的出售,企业向顾客提供的各种附加服务,服务价值是构成顾客总价值的重要因素之一。对于顾客来说,人员价值主要表现为服务态度、专业知识、服务技能等,企业员工直接决定着企业为顾客提供的产品与服务的质量,人员价值对企业、对顾客的影响作用是巨大的。形象价值是指企业及其产品在社会公众中形成的总体形象所产生的价值,包括企业的产品、技术、包装、商标等构成的形象所产生的价值,公司及其员工的经营行为、服务态度、工作作风等行为形象所产生的价值。形象价值与产品价值、服务价值、人员价值密切相关,在很大程度上是上述三个方面价值综合作用的反映和结果。因此,企业应高度重视自身形象塑造,为企业进而为顾客带来更大的价值。

马斯洛的需求层次结构是心理学中的激励理论,包括人类需求的五级模型,通常被描绘成金字塔内的等级。从层次结构的底部向上,需求分别为:生理(食物和衣服)、安全(工作保障)、社交需要(友谊)、尊重和自我实现。这种五阶段模式可分为不足需求和增长需求。前四个级别通常称为缺陷需求(D 需求),而最高级别称为增长需求(B 需求)。1943年马斯洛指出,人们需要动力实现某些需要,有些需求优先于其他需求。这就为企业营销创新提供了理论依据。在此,就如何提升产品心理价值提以下几点建议:

1. **独特的产品设计与包装**

当代是一个追求美、欣赏美的时代,在同类产品中,那些设计独特,具有较高艺术价值和欣赏价值的产品往往受到人们的青睐。独特的设计能给产品注入新的活力,为产品创造高附加价值和高效益,许多产品因其外形与包装极大地提升了其产品的价值。例如,紫砂壶、酒瓶因其漂亮的外形成为人们收藏的对象;而服装的款式成为消费者选择的最重要因素。

2. **体验价值**

感官刺激总能给人留下深刻的印象。著名的韦勒定理指出:"不要卖牛排,要卖烧烤牛排的'滋滋'声。"这就是著名的"牛排哲学"。当牛排上桌时,那"滋滋"的油爆声,着实让人垂涎欲滴。美好的东西总能给人留下难以忘怀的深刻印象,但仅靠文字和图像难以完全做到这一点。就如劳伦斯·维森特(Lawrence Vicente)所说:"仅仅靠文字和图像并不能激活个性化叙事,而那些对感官最敏锐的刺激则可以做到这一点:正在盛开的花朵所散发出的许久不散的芬芳,杯中葡萄酒的美味,午夜低音歌手弹奏的爵士乐,诸如此类。"体验除了感官刺激,还能改变人的认知、引发人的思考、触动人的心理、陶冶人的情操。体验营销已经引起企业界的高度重视。

3. **文化价值**

在现代各种商品价值构成中,不仅包括商品的物质效用价值,还包括文化精神价值,而且后者占的比重日益增加。这是因为,当人们物质生活得到相对满足以后,必然追求精神生活的满足。在服务方面不再只追求有形的物质,还要追求心理的愉悦、精神的满足、美的感受等。例如,江苏红豆集团的"红豆"品牌以"此物最相思"的魅力,成为家庭成员之间表达爱意的首选品牌之一;"金六福"酒致力于传播中国"福"文化,成为深受消费者喜爱的品牌。

4. 情感价值

中国人消费方式的变化经历了三个阶段：第一阶段是改革开放前的"生存时代"，注重温饱问题；第二阶段是改革开放后的"生活时代"，注重物质的丰富和生活质量的提高；第三阶段是经济进入平稳发展期的"享受时代"，人们开始追求更能满足自己归属与相爱、尊重与地位乃至自我实现需要的感性产品消费。

案例 3—9　　淘宝：家乡宝贝请上车

淘宝联合中国乡村发展基金会，阿里巴巴公益，按照中国 34 个省、自治区、直辖市，拍摄了 34 张塞满家乡特产的后备箱海报，每个后备箱里选一个代表性特产，为其配备一句暖心文案，引发大家对家乡美味的回忆，对爸妈的牵挂。并推出"家乡宝贝请上车"的宣传主题，拍摄一条塞满后备箱的广告片，呼吁更多人晒出自己的后备箱："我的家乡，我来宝贝。"

项目用双层含义把淘宝与"家乡好物"链接：一是把家乡好物装进后备箱，搭上返程的路途；二是借这个最适合"家乡好物"植入的时间点，向全国人民安利家乡好物，让家乡宝贝也搭上淘宝"购物车"，种草全中国。全网总曝光量高达 21.3 亿次，视频播放量超过 2 200 万。150 家商家的热情参与，还获得了网络媒体的热烈响应，共有超过 1 200 篇相关报道。

资料来源：孙琳，孙志平，杨晓丽. 市场营销实务与案例分析[M]. 北京：人民邮电出版社，2023.

二、体验营销

（一）体验营销的含义

体验营销是指通过看（see）、听（hear）、用（use）、参与（participate）的手段，充分刺激和调动消费者的感官（sense）、情感（feel）、思考（think）、行动（act）、联想（relate）等感性因素和理性因素，以促成销售的一种营销方法。

（二）体验营销的特征

体验营销的特征包括顾客参与、体验需求、个性特征，体验营销活动中都有一个体验"主题"，体验营销更注重顾客在消费过程中的体验。

（三）体验营销的形式

《体验式营销》一书的作者伯恩德·H. 施密特（Bernd H. Schmitt）将不同的体验形式称为战略体验模块，并将其分为以下五种类型：

1. 知觉体验

知觉体验是指感官体验，将视觉、听觉、触觉、味觉与嗅觉等知觉器官应用在体验营销上。感官体验可区分为公司与产品（识别）、引发消费者购买动机和增加产品的附加价值等。

2. 思维体验

思维体验是指以创意的方式引起消费者的好奇、兴趣,对问题进行集中或分散地思考,为消费者创造认知和解决问题的体验。

3. 行为体验

行为体验是指通过增加消费者的身体体验,指出他们做事的替代方法、替代的生活形态与互动,丰富消费者的生活,从而使消费者被激发或自发地改变生活形态。

4. 情感体验

情感体验是指体现消费者内在的感情与情绪,使消费者在消费中感受到各种情感,例如亲情、友情和爱情等。

案例 3-10　家庭聚餐优惠,餐厅生意火爆

一家生意火爆的饭店,其宣传广告语别出心裁:"陪伴父母,享受亲情时光,带父母来用餐可享 7 折优惠;关爱孩子,共度欢乐时光,带孩子来用餐同样享受 7 折;全家福聚,共享美食时光,全部带来用餐可享 6 折。"这一策略不仅触动了人们的心弦,更激发了家庭成员共同用餐的热情。结果,餐厅生意兴隆,皆大欢喜。

资料来源:百度营销学堂。

---

5. 相关体验

相关体验是指通过实现自我改进的个人渴望,使别人对自己产生好感。它使消费者与较广泛的社会系统产生关联,从而建立对某种品牌的偏好。

(四)体验营销策划的基本思路

1. 通过产品包装、品牌设计能诱发消费者的情感体验

在体验经济时代,把商品的功能性(品质)、情感性(个性)甚至社会性(身份地位)融入产品设计之中是未来营销的趋势。消费者的理解和喜好有自己的倾向,它内在于消费心理,而表现于消费者的无意识和大量日常感观中,这就需要在产品设计创意中表达出来。

精心策划的品牌、包装设计对激发消费者情感的作用是不可低估的,例如"永芳"等化妆品,它带给女性消费者的是希望和憧憬。精美的包装,尤其是包装色彩的运用,更具有情感的魅力,例如"尼康"的金黑,有高级、可靠的感觉;"美能达"的蓝白,有精密、质量高的感觉;"柯达"的黄和红,有辉煌、热烈的感觉。2003 年,可口可乐公司旗下的"雪碧"包装再次"变脸"并取得成功,原来的"雪碧"视觉标识"水纹"于 1993 年在全球使用,2000 年在中国市场调整为纯绿色,"水纹"被新水纹"S"替代,恰好是"Sprite"的第一个字母,与原有设计相比,设计更换后的市场调查显示,绿色 S 形气泡在消费者看来更时尚、更醒目、更具清爽感觉。

2. 加强产品开发过程中企业与消费者的互动

消费者个性化需求将逐渐在产品设计中扮演重要角色,如美国未来学家托夫勒所言,使生产者与消费者密切配合的"产消一体形态"将大放异彩。可喜的是,随着现代信息技术在生产经营中的广泛应用,企业大规模地定制化个性营销成为现实。

为顾客提供量身定制的产品将会给顾客提供一种积极的体验,把目标顾客吸引到产品设计与开发中来,不但增加了顾客拥有该产品的感觉,而且使销售变得更为容易,很难想象一个人会不喜欢自己亲自参与设计的劳动成果。

3. 围绕一个主题构建消费意境

主题是体验的基础,主题集中而明确,体验才能深刻,而体验必须通过一系列的要素来实现。从心理学角度来看,新奇、动感、触摸、品尝、高雅的音乐及和谐的色彩等都有利于加深顾客印象,主题的开发可根据这些要素巧妙地加以运用。

主题的构思有赖于各种要素的有机匹配、各种要素的新颖设计,并且要素之间的组合要恰到好处,才有利于加深顾客体验并突出主题。例如热带雨林餐厅的经营者围绕经营主题开发了一系列令人难以忘怀的活动项目,为了强化对雾的感觉,热带雨林餐厅的经营者通过有效刺激顾客的五官加深印象。你首先会听到"咝咝"的声音,而后见到雾从岩石上升起,经过皮肤时有凉爽轻柔的感觉,最后闻到热带雨林特有的清新气味,相信没有哪位顾客不会被这种景象所迷倒。

4. 通过终端卖场有效的感官刺激增强消费者体验

今天的消费者已被尊称为"生活者"或"生活设计者",消费者总会以其敏锐的五官感觉为手段参与购买决策,如何使消费者的"购物"成为一种乐趣,是摆在商家面前的重要课题。

终端卖场应当根据产品对消费者的感官刺激不同而做出设计与调整,把某一类产品归属在某一种感官下。例如,衣服是一种视觉性与触觉性产品,营销人员应规划整体的环境设计、产品的陈列、包装颜色、组合搭配来满足消费者的需求;化妆品需要深度体验,偏向于试用的触感效果,因此,要以美容指导员亲切的恳谈、优雅的待客礼仪、专业的指导来劝诱消费者享受试用过程,以建立起依赖感;香水既是视觉性产品(外包装设计),又是嗅觉性产品,在让消费者试用时,就要抓住顾客的个性,把符合其个性需求和感觉的产品推荐给顾客;音响或唱片之类的产品,"听觉感受"与"现场气氛"十分重要,好的唱片也要有好的音响加以配合,以使顾客凭着感觉来购买他所喜欢的东西。

三、4R 营销理论

(一)4R 营销理论的提出

2001 年,艾略特·艾登伯格(Elliott Ettenberg)在《4R 营销》一书中提出 4R 营销理论。唐·舒尔茨(Don E. Schuhz)在 4C 营销理论的基础上完善了 4R 营销理论。

(二)4R 营销理论的内容

4R 营销理论的四要素如下:

1. 关联

即认为企业与顾客是一个命运共同体。建立并发展与顾客之间的长期关系是企业经营的核心理念和最重要的内容。

2. 反应

在相互影响的市场中,对经营者来说最现实的问题不在于如何控制、制订和实施计划,而在于如何站在顾客的角度及时地倾听顾客的希望、渴望和需求并及时答复和迅速做出反应。

3. 关系

在企业与客户的关系发生了本质性变化的市场环境中,抢占市场的关键已转变为与顾客建立长期而稳固的关系。与此相适应产生了5个转向:

(1)从一次性交易转向强调建立长期友好合作关系;

(2)从着眼于短期利益转向重视长期利益;

(3)从顾客被动适应企业单一销售转向顾客主动参与到生产过程中来;

(4)从相互的利益冲突转向共同的和谐发展;

(5)从管理营销组合转向管理企业与顾客的互动关系。

4. 报酬

任何交易与合作关系的巩固和发展都是经济利益问题。因此,一定的合理回报既是正确处理营销活动中各种矛盾的出发点,也是营销的落脚点。

(三)4R营销理论的特点

1. 4R营销理论以竞争为导向,在新的层次上提出了营销新思路

根据市场日趋激烈的竞争形势,4R营销理论着眼于企业与顾客建立互动与双赢的关系,不仅积极地满足顾客的需求,而且主动地创造需求,通过关联、关系、反应等形式建立与它独特的关系,把企业与顾客联系在一起,形成了独特的竞争优势。

2. 4R营销理论真正体现并落实了关系营销的思想

4R营销理论提出了如何建立关系、长期拥有客户、保证长期利益的具体操作方式,这是关系营销史上的一个很大的进步。

3. 4R营销理论是实现互动的保证

4R营销理论的反应机制为建立企业与顾客关联、互动与双赢的关系提供了基础和保证,同时也延伸和升华了营销便利性。

4. 4R营销理论的回报使企业兼顾利润和成本两方面的内容

为了追求利润,企业必然实施低成本战略,充分考虑顾客愿意支付的成本,实现成本的最小化,并在此基础上获得更多的顾客份额,形成规模效益。这样一来,企业为顾客提供的产品和追求回报就会最终融合,相互促进,从而达到双赢的目的。

(四)4R营销理论的实施要点

1. 紧密联系顾客

企业必须通过某些有效的方式在业务、需求等方面与顾客建立关联,形成一种互助、互求、互需的关系,把顾客与企业联系在一起,减少顾客的流失,以此来提高顾客的忠诚度,赢得长期而稳定的市场。

> **案例 3-11　　亚马逊的个性化推荐**
>
> 　　亚马逊作为全球最大的电子商务平台之一,其个性化推荐系统可以说是关系营销的一个经典案例。通过分析用户的购买历史、浏览记录、搜索行为等数据,亚马逊能够向用户推荐符合其兴趣和需求的商品,从而提高用户购买的满意度和忠诚度。这种个性化推荐不仅能够增加用户的购买欲望,还能够为用户节省时间,提高购物效率,为亚马逊带来了可观的销售额。
> 　　资料来源:孙琳,孙志平,杨晓丽.市场营销实务与案例分析[M].北京:人民邮电出版社,2023.

2. 提高对市场的反应速度

多数公司倾向于说给顾客听,却往往忽略了倾听的重要性。在相互渗透、相互影响的市场中,对企业来说最现实的问题不在于如何制订、实施计划和控制,而在于如何及时地倾听顾客的希望、渴望和需求,并及时作出反应来满足顾客的需求,这样才利于市场的发展。

3. 重视与顾客的互动关系

4R营销理论认为,如今抢占市场的关键已转变为与顾客建立长期而稳固的关系,把交易转变成一种责任,建立起与顾客的互动关系,而沟通是建立这种互动关系的重要手段。

4. 回报是营销的源泉

因为营销目标必须注重产出,注重企业在营销活动中的回报,而达成回报是动力的源泉,所以企业要满足客户需求,为客户提供有价值的服务,不能做无用的事情。一方面,回报是维持市场关系的必要条件;另一方面,追求回报是营销发展的动力,营销的最终价值在于其是否给企业带来短期或长期的收入。

第三节　营销推广

营销推广指在以等价交换为特征的市场推销的交易活动中,工商业组织以各种手段向顾客宣传产品,以激发他们的购买欲望和行为,扩大产品销售量的一种经营活动。

一、营销推广分类

(一)按营销推广对象分类

1. 面向消费者

(1)赠送营销推广。

向消费者赠送样品或试用品,赠送样品是介绍新产品最有效的方法,缺点是费用高。

样品可以选择在商店或闹市区散发或在其他产品中附送,也可以公开广告赠送或入户派送。

(2)折价券。

在购买某种商品时,持券可以免付一定金额的钱。折价券可以通过广告或直邮的方式发送。

(3)包装营销推广。

以较优惠的价格提供组合包装和搭配包装的产品。

(4)抽奖营销推广。

顾客购买一定的产品之后可获得抽奖券,凭券进行抽奖获得奖品或奖金,抽奖可以有多种形式。

(5)现场演示。

企业派营业推广员在销售现场演示本企业的产品,向消费者介绍产品的特点、用途和使用方法等。

(6)联合推广。

企业与零售商联合营业推广,将一些能显示企业优势和特征的产品在商场集中陈列,边展销边销售。

(7)参与营销推广。

消费者参与各种营业推广活动,例如技能竞赛、知识比赛等活动,能获取企业的奖励。

(8)会议营销推广。

各类展销会、博览会、业务洽谈会期间的各种现场产品介绍、推广和销售活动。

2. 面向中间商

(1)批发回扣。

企业为争取批发商或零售商多购进自己的产品,在某一时期内给经销本企业产品的批发商或零售商加大回扣比例。

(2)推广津贴。

企业为促使中间商购进企业产品并帮助企业推销产品,可以支付给中间商一定的推广津贴。

(3)销售竞赛。

根据各个中间商销售本企业产品的业绩,分别给优胜者以不同的奖励,如现金、实物、免费旅游、度假等,以起到激励的作用。

(4)扶持零售商。

生产商对零售商专柜的装潢予以资助,提供 POP 广告,可派遣厂方信息员或代培销售人员,以强化零售网络,促使销售额增加。生产商这样做的目的是提高中间商推销本企业产品的积极性和能力。

3. 面对内部员工

内部员工主要是指企业内部的销售人员,鼓励他们热情推销产品或处理某些老产品,或促使他们积极开拓新市场。一般可采用的方法有销售竞赛、免费提供人员培训、技术指导等形式。

(二)按营销推广策略分类

1. 无偿 SP——赠送

无偿 SP 是指针对目标顾客不收取任何费用的一种促销手段,包括以下三种形式:

(1)无偿附赠,以"酬谢包装"为主。

"酬谢包装"是指以标准包装为衡量基础,但给消费者提供更多价值的一种包装形式。

额外包装,即在包装内额外增加分量,无偿赠予。

包装内赠,即将赠品放入包装内无偿提供给消费者。

包装外赠,即将赠品捆绑或附着在包装上无偿提供给消费者。

功能包装,即包装具有双重以上使用价值,不但可以做包装物,还可另作他用。

(2)无偿试用,以"免费样品"为主。

免费样品是指将产品直接提供给目标对象试用而不予取偿。实施"免费样品"促销,最主要的问题在于如何将样品发送到目标顾客手中。

(3)免费抽奖,以"实体产品"为主。

免费抽奖是受消费者欢迎的一种促销方式,但需要注意开奖规则的真实性和抽奖的公平性。抽奖促销由于消费者参与成本低、操作简单,往往参与人数多,但转化效果不好。

2. 惠赠 SP

惠赠 SP 是指对目标顾客在购买产品时给予一种优惠待遇的促销手段。

(1)买赠,即购买获赠。

只要顾客购买某一产品,即可获得一定数量的赠品。最常用的方式,如买一赠一、买五赠二、买一赠三等。

(2)换赠,即购买补偿获赠。

只要顾客购买某一产品,并再略做补偿,即可再换取到其他产品,如花一点钱以旧换新、再加 1 元送××产品、再花 10 元买另一个产品等。

(3)退赠,即购买达标,返利获赠。

只要顾客购买或购买到一定数量的时候,即可获得返利或赠品,包括消费者累计消费返利和经销商累计销售返利。例如,当购买量达到 1 000 万元时返利 5%,当购买到 10 个商品时赠 1 个商品,当消费三次以上时退还一次的价款等。

3. 折价 SP

折价 SP 是指在目标顾客购买产品时,给予不同形式的价格折扣的促销手段。

(1)折价优惠券。

该优惠券通称优惠券,是一种古老而风行的促销方式。优惠券上一般印有产品的原价、折价比例、购买数量及有效时间,顾客可以凭券购买并获得实惠。

(2)折价优惠卡。

折价优惠卡是一种长期有效的优惠凭证。它一般有会员卡和消费卡两种形式,使发卡企业与目标顾客保持一种比较长久的消费关系。

(3)现价折扣。

即在现行价格的基础上打折销售,这是一种最常见且行之有效的促销手段。它可以让顾客现场获得看得见的利益并心满意足,同时销售者也会获得满意的目标利润。因为现价折扣过程一般是讨价还价的过程,通过讨价还价,可以达到双方基本满意的目标。

(4)减价特卖。

即在一定时间内对产品降低价格,以特别的价格来销售。减价特卖的一个特点就是阶段性,一旦促销目的完成,即恢复到原来的价格水平。减价特卖促销一般只在市场终端实行,但是,制造商一旦介入进来,就可能是一种长久的促销策略。减价特卖的形式通常有"包装减价标贴""货架减价标签"和"特卖通告"三种。

4. 竞赛 SP

竞赛 SP(sales promotion)是指利用人们的好胜和好奇心理,通过举办趣味性和智力性竞赛,吸引目标顾客参与的一种促销手段。

(1)征集与有奖竞赛。

即竞赛的发动者通过征集活动或有奖问答活动吸引消费者参与的一种促销方式。有奖竞赛是才华加参与并获得消费利益的活动,最终竞赛的获奖者必是在比赛中的佼佼者,如广告语征集、商标设计征集、作文竞赛、译名竞赛等。

(2)竞猜比赛。

即竞赛的发动者通过举办对某一结局的竞猜以吸引顾客参与的一种促销方式,如猜谜、体育获胜竞猜、自然现象竞猜、揭谜竞猜等。

(3)优胜选拔比赛。

即竞赛的发动者通过举办某一形式的比赛,吸引爱好者参与,最后选拔出优胜者的促销方式,例如选美比赛、健美大赛、选星大赛、形象代言人选拔赛及饮酒大赛等。

案例 3-12　　11 秒免单,业绩飙升

一家奶茶店,因位置偏僻而一直亏损。为了吸引顾客,店家制定了一个别具一格的策划方案:顾客只需在手机上按下秒表,并准确按下 11 秒,即可享受免单优惠,若稍有偏差,则只需支付 8 折。这一看似简单的策略,实则极具挑战性,因为它利用了人们对小概率事件的好奇心。短短三个月后,这家奶茶店便门庭若市,业绩猛增了 10 倍。

资料来源:百度营销学堂。

---

(4)印花积点竞赛。

即竞赛的发动者指定在某一时间内,目标顾客通过收集产品印花,在达到一定数量时可兑换赠品的促销方式。印花积点是一种古老而具影响力的促销术,只要顾客有一定量的凭证(即印花,如商标、标贴、瓶盖、印券、票证、包装物等),即可依印花量多少领取不同的赠品或奖赏。竞赛 SP 的参与对象主要有三个,促销竞赛的发动者应根据需要选定目标顾客参与。

5. **活动 SP**

活动 SP 是指通过举办与产品销售有关的活动,来达到吸引顾客注意与参与的促销手段。

(1)商品展示会。

即活动举办者通过参加展销会、订货会或自己召开产品演示会等方式来达到促销目的。这种方式每年可以定期举行,不但可以实现促销目的,还可以沟通网络、宣传产品。这种方式亦可以称为会议促销。

(2)抽奖与摸奖。

即顾客在购买商品或消费时,对其给予若干次奖励机会的促销方式。可以说,抽奖与摸奖是消费加运气并获得利益的活动。这种促销活动的其他形式还有很多,例如刮卡兑奖、摇号兑奖、拉环兑奖、包装内藏奖等。

(3)娱乐与游戏。

即通过举办娱乐活动或游戏,以趣味性和娱乐性吸引顾客并达到促销的目的。娱乐与游戏促销需要组织者精心设计,不能使活动脱离促销主题。特别是当产品不便于直接做广告的情况下(如香烟),这种促销方式更能以迂为直、曲径通幽,例如举办大型演唱会、赞助体育竞技比赛、举办寻宝探幽活动等。

二、推广专题活动策划

(一)买赠促销策划

1. **买赠促销的含义**

买赠促销是指商业企业向购买一定金额商品的消费者实施馈赠的促销活动。对于消费者而言,在购买自己需要的产品的同时,免费获得了其他商品,将获得极大的内心满足。

案例 3-13　　免费活动的巧妙转化

一家女装店举办了一场免费活动,客户只需预存 9.9 元即可领取价值 129 元的厨房四件套,同时该预存金额还可升级为两张 50 元的代金券。这样的策略不仅吸引了大量客户参与,还成功转化了预存金额为消费动力。

厨房四件套的实际成本仅为 10 元,而消费者预存的 9.9 元恰好覆盖了这一成本。这一策略妙在,它不仅赠送了顾客两张 50 元的代金券,还在消费者心中种下了"占便宜"的感觉。如果没有厨房四件套作为"饵",仅提供代金券,恐怕难以吸引消费者,即便获得也不会促进到店消费。因为免费的东西往往不被珍惜,而 9.9 元的"投资"则会让消费者觉得获得了实质性的优惠,从而更有可能积极消费。

资料来源:百度营销学堂。

2. 选择设计有吸引力的赠品

有吸引力的赠品是赠送活动成功的关键。赠品一定要新颖、独特、切合促销主题、富有吸引力。若所选赠品没有新鲜感,就不足以吸引消费者。显然,赠品的选择是一个非常有技巧性的问题。在选择赠品时,应该遵循一定的原则。

(1)应该依据目标消费群体选择赠品。

不同的消费群体对于产品的需求是不同的,如果选择一种主消费群体完全不需要的产品作为赠品就会毫无意义,买赠促销对他们来讲也就没有吸引力了。例如,儿童食品袋子中附送的小玩具、小连环画会令小顾客喜不自禁,但若赠送一小袋奶粉则会令小顾客大失所望。

(2)赠品的选择要与促销主题、主推产品相关联。

每次促销活动都有明确的促销主题,尤其是针对特定的节日举办的促销活动,更要注意赠品的选用,例如母亲节赠送康乃馨、儿童节赠送欢乐卡等。这样做的好处主要是给消费者带来便利和增加其消费兴趣,增加赠品的吸引力。

(3)尽量挑选形象好、有名气的产品作赠品。

一是赠品本身最好富有强烈的时代特色,属于时尚产品。二是选择与社会消费热点有关的产品。1994年,德国汉堡公司成功地借助美国迪士尼公司推出的卡通片《狮子王》的社会影响推出玩具赠品,对购买价值1.99马克的"儿童总汇汉堡餐"者赠送塑胶狮子、土狼等玩具,结果深得小消费者的欢心,不到一个半月就送出3 000万个玩具。三是可以选择形象高、成本低的产品,如玉兰油选择有品牌知名度的依泰莲娜项链作为促销赠品,体现了赠品高形象、低成本的原则。

(4)赠品的品质要高,最好具有稀缺性。

一是不论赠品的价值高低,一定要保证赠品的质量。即使是一张明信片,也必须保证其印刷精美、清晰,不能粗制滥造,因为赠品直接影响产品的信誉。二是最好选择一些在市场上不易买到的物品作为赠品。

3. 赠品成本的控制

选择赠品时,除了应考虑其吸引力,还需考虑其成本是否能为产品所负担。

一般来讲,举办一个赠品促销活动需考虑以下费用与事项:赠品本身的花费、赠品的包装、广告宣传的配合、通路展示的配合。注意,赠品的价值不宜过高。企业在策划买赠促销时,不要忽略了赠品的隐性成本,如赠品的数量、赠品的包装、宣传与管理费用等。

4. 赠品的管理

(1)好的赠品若包装不妥容易引起偷盗或被批发商、零售商占为己有,因此对赠品的包装、仓储与收发管理要求较高。附在产品包装上的赠品可能会造成货架陈列上的困难,而包装外的赠品由于和商品分开,零售商需增设额外的地方陈列,会增加赠品管理上的麻烦。

(2)除了对赠品的收、发、使用等做好库存记录外,如果采用将赠品与产品包装在一起的方法,也要确保包装的牢固,还有新的礼品装与存货在零售店的换货工作。

(3)在结账时,店员还必须分清促销商品,以免将赠品也一并收费,有时候还要提醒顾客某品牌附有赠品。

5. 活动的时间

一般来说,活动刚推出时,消费者会因新鲜而感兴趣,随着时间的推移,想得到赠品的顾客都已购买了,还留于市场上的赠品就很难再吸引消费者购买。因此,赠品活动不宜时间过长,一般为8~12周为宜。当然,也要视产品、通路状况及市场的不同,做相应调整。

(二)特价促销策划

特价促销是指在短期内的直接降价促销。由于特价促销对消费者具有特殊的吸引力和强烈的视觉冲击力,因此可以在短时间内有效刺激消费者的购买欲望,快速提升企业和产品的竞争力。特价促销简单易行,是企业最常用的一种方法。

虽然有不少业内人士认为特价促销是最简单、最有效、最易操作的促销方法,但是特价促销本身有其先天性的缺陷,若操作不当,将会给企业的利润、形象、品牌美誉度等带来巨大的损害。所以,在策划特价促销时,必须把握以下几个关键点:

1. 特价产品的选择

特价产品是企业需要处理的产品和快速提升销量的产品。还有一种特价产品专门用于招揽顾客,作为招揽顾客的促销品适合选择适应面广、消耗量大、购买频率高的快速消费品,即大众用品,例如洗衣粉、卫生纸等,商家又称其为"走量的产品"。

2. 特价幅度

策划特价促销时,要注意使特价幅度适中适当。若特价幅度太小,则对顾客没有吸引力,不能引起顾客的购买欲望,从而造成资源的白白浪费;若特价幅度太大,虽然能在短期之内提升销售额,但是会扰乱价格体系,大幅度降低企业利润。一般情况下,品牌知名度较低的产品,其降价幅度要大些;而知名品牌只需小幅度降价便会取得不错的促销效果。一个品牌大幅度降价的效果比几个品牌同时小幅度降价的效果要好得多。

3. 特价促销的时机和持续时间

正确的时机是特价促销活动取得成功的重要前提。策划人员应该先根据市场的热点及顾客的利益点找出一个恰当的时机,例如,新店开张庆祝、庆祝企业销售业绩突破10亿元大关等。一般来说,劳动节、国庆节、情人节等节假日、换季之时、竞争对手大幅度降价时都是特价促销的好时机。

对特价促销时间的有效控制是巩固、扩大促销战果的关键一环。根据有关的调查显示,特价促销的持续时间一般以15天之内为最佳。若持续时间太长,一则促销效果递减,二则顾客一旦习惯特价,将无法再恢复价格弹性;若持续时间过短,则达不到最佳的促销效果。

4. 特价促销信息的发布

策划特价促销时,一定要重点把握住特价促销信息的发布这一环节,因为只有针对目标消费群将促销信息发布到位才能让更多的人知道特价的信息。此时,广告的宣传,海报、横幅、特价标签、特价POP等的张贴,导购人员的推荐等都是向顾客传递特价信息的重要手段。这些都是需要策划人员认真考虑并精心准备的。

5. 特价促销策划的注意事项

(1)建立应急机制,备足货源,及时补货。

策划特价促销之前,应预估销量、查清库存,并准备好充足的货源,以防出现库存不足,产品脱销的情况。

(2)要保证特价产品的品质和服务。

一旦特价产品的质量或服务出现问题,那么企业面临的将是消费者的不断抱怨和投诉,甚至是品牌美誉度的彻底丧失。所以,在策划特价促销时,必须慎重地选择特价商品。

(3)要考虑竞争对手可能做出的反应,随时准备应战。

一般情况下,一个品牌实行特价时,其他竞争品牌也会随之跟进做特价销售。若特价促销效果明显,会引起竞争对手更加猛烈地反击,甚至会导致恶性竞争。所以,企业在策划之初必须想好应对之策,力求避免卷入价格战的旋涡。

(4)要及时恢复产品的正常价格。

特价的时间过长,消费者一旦习惯特价,将很难恢复正常的价格,企业将为此遭受重大的损失。因此,企业在策划时就应该率先想到此点,在促销活动结束后,及时将产品恢复到正常价位。

(三)抽奖活动策划

1. 抽奖活动的含义

企业为鼓励购买或扩大宣传活动,常会举办抽奖活动,以奖品来吸引消费大众的注意力。企业的抽奖活动促销手段,通常是设定一个参与者的资格办法(常是购买商品的限制条件),再提供有吸引力的奖品(如送汽车、招待国外旅行等),用事先言明的抽奖方式抽出中奖名单。

2. 抽奖活动的规划

企业要成功举办抽奖活动,必须对影响该活动的因素进行详细地规划,其要点有以下几个方面:

(1)参加资格。

企业通常会设置参加者资格,符合此条件即可参加本活动。例如,某汽车厂商可限制参加者条件为拥有驾照的人;香烟厂商则可限定年满20岁才可参加。除了"参加资格"的基本条件,厂商也许会另外设定"购买要求"条件。例如,厂商为鼓励消费者扩大消费量,特别规定"一次购买一整箱"才具备参加抽奖资格,或是"寄回产品包装袋"才能参加抽奖活动。

各地区均有不同的促销法规,厂商必须了解并加以尊重,以免届时惹麻烦。此外,为了避免徇私的嫌疑,厂商常严格规定公司员工及广告公司或促销公司的员工均不得参与抽奖活动。

(2)活动形式。

抽奖活动的方式五花八门,应以吸引消费者参加,且有利于厂商操作为原则。

①直接式抽奖,是指消费者凭有效购物票即可抽奖。

②填卡抽奖,是指只要填妥姓名、地址的资料卡,寄至某地址,便可参加抽奖(应详述附寄购物凭证、产品标签纸、产品盒盖等条件)。

③产品包装内含有"抽奖单",可凭此兑奖。

④幸运对号抽奖,是指消费者将手中的抽奖卡与厂商公布的中奖号码核对,如果相同时表示中奖,然后详填姓名、地址,连同抽奖卡一并挂号邮寄至某信箱,即可获奖。

⑤机遇式抽奖,是指采用一种更快速的兑奖式抽奖方式——"刮刮乐"卡片。参加者获得此卡片后,可简单地刮去上面的涂料,再将卡片上显示的数字或标志与厂商事先选妥的数字或标志比对,如若符合,即可中奖。

⑥凭厂商售货后所开立的发票,核对发票号码后三位,与开出奖项号码相符者,即可对号领取奖品。

⑦反映产品意见的抽奖活动,是指在指定的参加表格内详填姓名、地址,并以规定字数完成"我最喜欢甲商品原因是……"连同商品盒盖一起邮寄至××地址即可。

(3)奖品的规划。

奖品及奖品组合的情况是竞赛或抽奖活动成败的关键。首先,奖品要有吸引力,很多抽奖活动失败的原因是奖品诱惑力不足;其次,奖品应当是一个组合。通常奖品组合均采用金字塔形,即一个高价值的大奖,接着是数个中价位的奖品,以及数量庞大的低单价小奖或纪念品。

(4)参加次数。

要明示消费者可参加的次数,例如:

①每人仅限一次,或每次购物仅能抽奖一次,或每件商品限1次抽奖。

②不限次数,随性参加。未抽中者可连续参加抽奖,直到结束活动。

(5)抽奖的可信度。

为提高可信度,应采用令人信服的抽奖方式进行抽奖。抽奖现场宜有公证人员(律师、会计师)、消费者代表、官方人物、记者等在场监督,以避免因为"内部操作"而遭人疑忌。

(6)时间限定。

不论任何抽奖活动,均应特别标明截止日期、收件地址,而对于邮寄参加者,其截止日期应以邮戳为凭。抽奖日期或评选结果日,以及中奖名单的公告与宣传日,亦应详细注明。节假日是消费者集中消费的时间,因此也是企业开展推广活动的好时机。中国除了传统的劳动节、国庆节、中秋节、元旦、春节等节日外,还有近些年日益流行的圣诞节、情人节等新兴节日,这些都成为众多商家利用各种促销高招抢占市场份额的精彩时段。

节假日消费除了具有假日消费的特点外,还有节日消费的特点。消费者既有休闲消费的需求,又有节日庆贺的心理需要。不同于平常的售卖形式,企业通过在大卖场开展节假日推广活动,营造合适的促销氛围,使消费者扩大购买欲望,增加产品的销售。

拓展知识

节日促销

企业如何在节日期间创造销售业绩的高峰？如何通过促销来扩大市场份额，提高品牌的美誉度？如何在产品高度同质化的市场中显示出独特的促销主张？应从以下几个方面进行节日促销的策划。

1. 明确目标

首先是主题鲜明，明确目标是新产品上市、品牌形象宣传还是提升销量，不要简单地搞成甩卖、折价的促销误区。另外也需要了解竞争对手的动态，特别是在几个大的节假日竞争对手最新的促销意图以及促销形式，例如，新品引进、折扣情况、赠品派发等。

2. 确定策略

（1）促销主题创新。

富有新意的促销主题是做好节日促销的灵魂。策划人员应精心设计节日促销的主题，多一些创意，少一些雷同。例如，在"三八妇女节"来临之际，必胜客餐厅掀起了一场主题为"编织下午茶"的女性活动。必胜客餐厅希望通过这种方式，让更多的白领女性在快节奏的都市生活中放松心情、回归传统，品味精彩人生。这一主题就极富创造性。

（2）精心设计，烘托节假日氛围。

节假日是休闲的日子、欢乐的日子，策划人员应捕捉人们的节假日消费心理，寓动于乐，寓销于乐，制造热点，把顾客吸引到自己的柜台前，营造现场气氛，实现节假日销售目的。

（3）借助文化，充实促销内涵。

节日促销策划与文化相结合，将"节日促销"上升到文化的高度。几乎所有的企业在搞节日促销时，都大打"送礼牌""促销牌"，虽然此类促销方式在短期内能够提高销售量，但也只是停留在产品诉求的表面。现在，随着人们收入水平的提高，消费者的消费观念已经从讲究实惠逐渐上升到讲究品位，应当将节日的文化背景与企业的经营理念相结合，开展有针对性的节日文化型促销。一是充分挖掘和利用节假日的文化内涵，赋予产品有针对性的文化诉求，更能带来良好的促销效果；二是将节日文化与企业文化、理念相结合，在给消费者艺术享受的同时，树立良好的企业形象。

（4）互动参与，增强品牌亲和力。

生活水平的提高使消费者的需求开始从大众消费逐渐向个性消费转变，个性服务和体验营销成为新的需求热点，商家要把握好这一趋势，设计出消费者喜欢、乐于参与的促销活动，提高消费者的品牌认同感。

（5）多种促销手段联合使用。

策划节日促销时，要多种促销手段联合进行，营造节日的促销气氛。策划人员要把广告、人员推销、营销推广、公共关系等促销手段进行有效地组合，以最大限度吸引消费者的眼球。作为促销活动的重要环节,促销信息应在第一时间传递给顾客,及时有效的信息传播也是促销策划成功的关键。

3. 节日促销存在的问题

由于节日促销的频率过高,致使活动方案设计过于雷同,促销活动缺乏新意。而且众多厂家促销活动互相攀比,导致促销费用投入也比平时多,使得促销活动效果不佳。企业要想摆脱节日促销的尴尬局面,需要从节日促销存在的问题进行分析研究,寻找破解问题的对策。

通常情况下,节日促销存在以下四大问题:

(1)促销策划没有以市场调查为基础,设计的活动方案对节日市场缺乏理性地思考和系统地规划,未能结合节日市场的特点进行促销组合,具有很强的盲目性。

(2)节日促销理念不清,活动主题缺乏特色。商家在搞节日促销时,过分关注商品的销售,在宣传方面准备不足,广告、海报、条幅等张贴不规范,商场购物环境不佳,而且忽视了对商家和厂家的宣传;节日促销的主题千篇一律,吸引力不强,缺乏新意,没有特色,消费者出现"审美"疲劳。

(3)节日促销的方式陈旧老套,促销手段司空见惯,毫无创意。企业进行节日促销的方式通常是免费使用、有奖销售、折价、凭证优惠、凭证退费、会员制、礼品赠送等,这类活动,消费者已经见怪不怪,对消费者的刺激力度已经大大减弱。

(4)节日促销人员的促销水平低,缺乏亲和力。企业往往为了节省成本或者因策划考虑不周全而忽视了对节日促销人员的培训,使得促销人员的促销技巧不足、水平较低,导致促销人员对顾客的消费心理把握不准确,不能与消费者进行良好的沟通。此外,促销人员因为不了解活动的意义和重要性,不能持续保持饱满的工作热情,影响促销活动的效果。

本章小结

本章系统阐述了营销策划与推广的核心理论及实践方法,通过理论框架与典型案例相结合的方式,为市场营销活动提供了全面的指导。

营销的核心是满足顾客需求并创造价值,其内涵从传统的产品导向逐渐转向顾客导向,强调关系营销与长期价值。4P理论为营销组合策略提供了基础框架,SWOT分析帮助企业识别内外部环境中的优势、劣势、机会与威胁,为战略制定提供依据,STP战略通过目标市场选择与定位,助力企业精准匹配顾客需求,4C理论与4R理论进一步深化了以顾客为中心的营销策略。

价值营销通过降低顾客总成本与提升顾客总价值,增强顾客让渡价值,体验营销是指通过看、听、用、参与的手段,充分刺激和调动消费者的感官、情感、思考、行动、联想等感性因素和理性因素,以促成销售的一种营销方法,4R理论强调与顾客建立长期互动关系。

营销推广对象分为消费者、中间商和内部员工。面向消费者可采用赠品、折价券、抽奖等短期刺激需求,面向中间商可采用批发回扣、销售竞赛等激励渠道合作;面向内部员工可采用销售竞赛与培训提升积极性。

专题活动策划包括买赠促销、特价促销和抽奖活动。买赠促销需注重赠品吸引力与成本控制,特价促销需合理选择产品、控制幅度及时机,避免价格体系混乱,抽奖活动需确保公平性与可信度。

成功的营销策划需以消费者需求为导向,结合市场环境与竞争格局,通过精准洞察、创新策略和高效执行,实现品牌价值的持续提升。无论是传统企业的转型,还是新兴品牌的崛起,均印证了"变则通,通则久"的营销真理。

实践任务

以小组为单位,选择一款市场上的新兴产品,自拟主题,为其进行营销策划,要求协力完成一份《××产品营销策划方案》,并以 PPT 形式进行成果汇报。

思考题

一、单项选择题

1. 营销的核心是(　　)。
   A. 产品生产　　　B. 交换　　　　C. 广告宣传　　　D. 市场调研
2. 4P 营销理论不包括(　　)。
   A. 产品　　　　　B. 价格　　　　C. 顾客　　　　　D. 渠道
3. 体验营销的"牛排哲学"体现的是(　　)。
   A. 情感体验　　　B. 思维体验　　C. 感官体验　　　D. 行为体验
4. 4R 理论中的"R"不包括(　　)。
   A. 关联　　　　　B. 反应　　　　C. 关系　　　　　D. 回报
5. 买赠促销的关键成功因素是(　　)。
   A. 赠品价值　　　B. 赠品吸引力　C. 赠品数量　　　D. 赠品包装

二、多项选择题

1. 营销策划的内容包括(　　)。
   A. 战略策划　　　B. 战术策划　　C. 产品设计　　　D. 价格制定
2. SWOT 分析中的外部因素包括(　　)。
   A. 机会　　　　　B. 威胁　　　　C. 优势　　　　　D. 劣势
3. 体验营销的战略模块包括(　　)。
   A. 知觉体验　　　B. 思维体验　　C. 行为体验　　　D. 情感体验
4. 4C 理论的要素包括(　　)。
   A. 消费者　　　　B. 成本　　　　C. 便利　　　　　D. 沟通
5. 特价促销的注意事项包括(　　)。
   A. 控制特价幅度　B. 选择特价产品　C. 及时恢复原价　D. 确保产品品质

三、简答题

1. 简述营销的本质。

2. 解释 STP 理论的三个步骤。
3. 对比 4P 理论与 7P 理论的差异。
4. 体验营销的特征有哪些？
5. 4R 理论的实施要点是什么？
6. 节日促销存在的主要问题有哪些？

四、案例分析题

济南黑陶企业龙山陶艺为打破传统工艺品销售"瓶颈"，策划黑陶美学生活节活动。活动包含三大板块：

(1)非遗传承人直播讲解蛋壳陶工艺；
(2)线下体验店推出"黑陶手作＋茶文化"套餐；
(3)发起"我的黑陶故事"短视频挑战赛。

三个月内实现线上销售额增长 28%，线下体验店客流量提升 45%，品牌搜索指数上涨 60%。但活动期间出现部分顾客反馈"直播内容专业性不足""手作体验等待时间过长"等问题。

根据案例，回答下列问题：

(1)请运用 4P 理论分析该活动的营销策略组合。
(2)结合 4R 理论说明企业如何构建长期客户关系。
(3)从体验营销角度解析三大板块的设计逻辑。

实践篇

第四章
黑陶制品及黑陶制作技艺调研

开篇案例

　　济南德功龙山黑陶艺术有限公司坐落于龙山文化的发祥地章丘龙山街道办事处，是一家集设计、制作、销售于一体的省级非遗项目企业，产品远销30多个国家和地区。

　　公司扎根乡村，建立起"公司＋农户＋基地"的产业模式。一方面，积极吸纳周边村民就业，尤其是对有陶艺基础或手工艺特长的村民进行系统培训，让他们掌握黑陶制作的精湛技艺，从普通农民转变为专业工匠，实现家门口稳定增收。另一方面，与农户签订合作协议，鼓励农户参与黑陶原材料的采集与初步加工，增加农户额外收入。

　　在产业发展上，公司不断加大研发投入，创新黑陶产品形式，将传统工艺与现代设计理念融合，开发出一系列兼具实用性与艺术性的黑陶文创产品，拓宽了市场销路，提升了黑陶产业附加值。同时，公司借助电商平台与文旅融合发展契机，举办黑陶文化节、开展黑陶制作体验活动等，吸引大量游客前来参观、学习与消费，不仅提升了龙山黑陶的知名度，还带动了当地餐饮、住宿等相关产业发展，为乡村经济注入新活力。

　　此外，公司注重文化传承，通过开展非遗进校园、进社区活动，培养黑陶制作后备人才，让古老的龙山黑陶文化在乡村大地持续焕发生机，实现文化与经济的协同发展，走出了一条独具特色的乡村振兴之路。

资料来源：济南市文化和旅游局。

案例启示

济南德功龙山黑陶艺术有限公司的成功实践,为乡村振兴与非遗传承发展带来诸多启示。在产业模式上,"公司 ＋ 农户 ＋ 基地"模式充分挖掘本地人力资源与原材料资源,实现互利共赢。产品创新方面,融合传统与现代,打造文创产品,拓展市场。营销推广借助电商与文旅融合,提升知名度并带动相关产业。文化传承上,通过进校园、社区活动培养后备人才。这表明,乡村产业发展需立足本土特色,创新融合,多方协同,才能实现文化与经济的协同进步,探索出可持续的乡村振兴路径。

教学目标

知识目标:了解黑陶起源与发展的三个阶段,熟知黑陶制作五大核心流程。

能力目标:能够设计黑陶制品市场调研方案,运用SWOT分析法评估企业竞争态势,策划非遗工坊运营方案。

素质目标:通过体验黑陶产品的制作过程,增强对中华传统工艺的文化自信,树立非遗保护的社会责任感,培养"工匠精神"的职业素养。

相关知识

一、黑陶的历史与发展

黑陶,顾名思义,是指通体呈现黑色或黑灰色的陶器。它是以陶土为原料,经过成型、干燥、烧制等工艺制成的无釉或施釉陶器。黑陶的黑色并非来自颜料,而是源于其独特的烧制工艺,这一过程被称为"渗碳还原法",其核心在于通过精准控制窑炉内的氧气含量与温度变化,促使陶土中的金属元素发生化学反应。

(一)起源与早期发展

黑陶起源可追溯至新石器时代,距今约 4 000～6 000 年前。在大汶口文化、龙山文化等遗址中,均出土了大量精美的黑陶器物。这一时期,黑陶制作处于初始阶段,以手工捏制为主,工艺相对简单。其造型多为实用的生活器具,如罐、盆、碗等,满足人们日常的盛储、饮食需求。但从出土器物可看出,当时人们已开始注重陶器表面的处理,通过打磨等方式使其表面光滑,部分器物已呈现出一定的黑色质感,标志着黑陶工艺的萌芽。

随着时间推移,黑陶制作工艺逐渐发展。到龙山文化时期,黑陶制作达到了一个高峰,形成了独特的"黑、薄、光、亮"的工艺特点。这一时期采用了先进的轮制技术,使得陶器的器形更加规整、精致,胎体也更为轻薄。同时,在烧制工艺上有了重大突破,发明了封窑渗碳法。在烧制后期,通过封闭窑炉,使窑内产生大量浓烟,浓烟中的碳粒渗入陶器胎体,从而使陶器呈现出乌黑发亮的色泽,黑陶工艺得以正式形成。

(二)古代发展历程

商周时期,青铜工艺盛行,黑陶的发展受到一定影响,但并未停止。这一时期黑陶在工艺上继续传承了龙山文化的部分特点,不过在造型和用途上有了新变化。黑陶器物除了日常生活用品外,还出现了一些用于祭祀、礼仪等场合的礼器,造型更加庄重、复杂,融入了当时的宗教、文化元素。在制作工艺上,虽然轮制技术仍在使用,但装饰技法更为丰富,如刻画纹、弦纹等装饰手法被广泛应用,使黑陶更具艺术美感。

秦汉时期,瓷器开始兴起,黑陶在日常生活中的地位逐渐被瓷器取代。但在一些特定地区和领域,黑陶制作依然延续。此时黑陶在工艺上更加注重实用性与装饰性的结合,造型更为多样化,出现了一些仿动物、人物造型的器物,体现了当时人们丰富的想象力和审美情趣。在装饰方面,除了传统的刻画纹,还出现了彩绘等新的装饰方式,使黑陶的色彩更加丰富。然而,随着时间的推移,黑陶的发展逐渐趋于缓慢,在唐宋以后,其在陶瓷领域的影响力逐渐减弱。

(三)近现代的复兴与发展

近现代以来,随着对传统文化的重视和保护意识的增强,黑陶这一古老的工艺重新受到关注。20世纪中叶,一些考古发现再次将黑陶带入人们的视野,引发了学者和手工艺人的研究兴趣。同时,社会经济的发展和人们对文化产品需求的增加,为黑陶产业的复兴提供了契机。

从20世纪后期开始,许多地方积极推动黑陶工艺的传承与发展。一方面,传统手工艺人通过口传心授的方式,将古老的黑陶制作技艺传承下来;另一方面,一些科研机构和院校参与到黑陶工艺的研究与创新中,引入现代科技手段,对传统工艺进行改良和优化。例如,在烧制工艺上,采用现代的气窑、电窑等设备,更好地控制温度和气氛,提高了黑陶的成品率和质量。在产品设计上,融合现代审美观念和文化元素,开发出了一系列既具有传统韵味又符合现代市场需求的黑陶产品,如黑陶工艺品、艺术品、生活用品等,使黑陶重新焕发出勃勃生机,产业规模也逐渐扩大。

二、黑陶产地分布

(一)山东龙山黑陶

作为山东黑陶的典型代表,龙山黑陶距今已有4 000多年历史。它以造型古朴典雅、工艺精湛绝伦著称。在制作工艺上,采用轮制技术,能打造出极为轻薄的胎体,部分器物厚度甚至不足1毫米,被誉为"蛋壳陶"(见图4-1)。其表面经过精细打磨,呈现出如漆般乌黑发亮的光泽,器形丰富多样,有鼎、鬶、豆、杯等。鼎庄重威严,常作为礼器使用;鬶造型独特,流口与把手设计精巧,兼具实用性与审美价值;豆则多为高柄,用于盛放食物;杯的造型多变,有单耳杯、双耳杯等,是龙山文化时期人们日常生活与祭祀活动的重要器具。

图 4—1　蛋壳黑陶高柄杯

拓展知识

　　龙山文化(Longshan Culture),泛指中国黄河中、下游地区约新石器时代晚期的一类文化遗存,属铜石并用时代文化。龙山文化首次发现于山东省济南市历城县龙山镇(今属济南市章丘区)而得名。1928年的春天,考古学家吴金鼎在山东省济南市历城县龙山镇(今山东省济南市章丘区龙山街道办事处)发现了举世闻名的城子崖遗址。他在城子崖台地的西面断层上,发掘出了与石器、骨器共存的薄胎而带黑色光泽的陶片。这引起了当时的中央研究院历史语言研究所考古组专家的高度重视。被人称为"中国考古学奠基人"的李济先生是中国第一位人类学及考古学博士,正是他在1930年主持了城子崖遗址的第一次大规模发掘(见图4—2),在此之后,考古学家们先后对城子崖遗址进行多次发掘。

图 4—2　龙山文化与城子崖遗址

大部分龙山文化遗址,分布在山东半岛,而河南、陕西、河北、辽东半岛、江苏等地区,也有类似遗址的发现。这种文化以许多薄、硬、光、黑的陶器,尤其是蛋壳黑陶(分布日照、济南)最具特色,所以也叫它"黑陶文化"。

（二）云南建水黑陶

建水黑陶以当地特有的红、黄、青、紫、白五色陶土为原料,经过选料、配料、拉坯、刻填、烧制、打磨等多道复杂工序制成。其最大的特色在于独特的"阴刻阳填"装饰工艺,即在陶坯表面刻出图案后,将白色或彩色泥料填入刻痕,经过烧制打磨后,形成黑白或彩色相间的独特装饰效果。建水黑陶的器形丰富,既有传统的花瓶、花盆、熏炉等工艺品,也有融入现代设计理念的灯具、文具、饰品等。例如其制作的黑陶灯具,造型简约时尚,灯光透过半透明的黑陶灯罩,营造出柔和温馨的氛围;黑陶文具则具有良好的书写与收藏价值,深受文人雅士喜爱。建水黑陶还融合了当地的民族文化元素,图案中常出现彝族、哈尼族等少数民族的图腾、服饰、生活场景等,展现出浓郁的地域文化特色。

（三）山西平定黑陶

平定黑陶历史悠久,具有深厚的文化底蕴。它以当地优质黏土为原料,采用传统手工制作工艺,结合现代创新设计,形成了独特的风格。平定黑陶的器形古朴厚重,线条简洁流畅,常见的有罐、壶、瓶等。其制作工艺注重细节,在烧制过程中,通过严格控制温度和气氛,使黑陶呈现出均匀的黑色光泽。在装饰方面,平定黑陶运用刻花、印花、堆塑等手法,在器物表面装饰有各种传统图案,如吉祥八宝、花鸟瑞兽、几何纹等,寓意美好,具有浓郁的民间艺术特色。平定黑陶不仅是实用的生活器具,更是具有收藏价值的艺术品,体现了山西地区独特的民俗文化与艺术风格。

（四）陕西渭南黑陶

陕西渭南地区的黑陶在制作工艺上传承了古老的技艺,同时融入了当地的文化特色。其黑陶产品多以传统的生活用品和工艺品为主,如碗、盘、缸等。在造型上,注重实用性与古朴风格的结合,器形简洁大方。装饰工艺方面,常采用刻画纹、绳纹等传统手法,图案具有浓郁的地域文化特征,反映了陕西地区悠久的历史和民俗风情。

（五）内蒙古蒙城黑陶

内蒙古的黑陶制作多分布在一些少数民族聚居地,其黑陶具有鲜明的民族特色。在原料选取上,会结合当地的黏土资源,并加入一些特殊的矿物质,使黑陶呈现出独特的质感。在造型和装饰上,融入了蒙古族等少数民族的文化元素,如蒙古族的传统图案、生活场景等,黑陶制品常带有浓郁的草原文化气息,体现了当地少数民族独特的审美观念和生活方式(见表4—1)。

表4-1　　　　　　　　　　　各产地黑陶对比

产地	原料	制作工艺	器形	装饰特色
山东龙山	当地优质黏土	轮制技术,封窑渗碳法烧制,表面精细打磨	鼎、鬶、豆、杯等,造型古朴典雅,部分器物胎体轻薄如"蛋壳陶"	以打磨出的自然光泽为主,少量刻画简单纹饰
云南建水	当地红、黄、青、紫、白五色陶土	选料、配料、拉坯、刻填、烧制、打磨等多道工序,独特"阴刻阳填"装饰工艺	花瓶、花盆、熏炉、灯具、文具、饰品等,传统与现代设计结合	阴刻图案后填白或彩色泥料,形成黑白或彩色相间效果,融入少数民族图腾、服饰、生活场景等元素
山西平定	当地优质黏土	传统手工制作,结合现代创新设计,烧制时严格控制温度和气氛	罐、壶、瓶等,器形古朴厚重,线条简洁流畅	刻花、印花、堆塑传统图案,如吉祥八宝、花鸟瑞兽、几何纹等
陕西渭南	当地黏土	传承古老技艺,采用传统烧制工艺	碗、盘、缸等传统生活用品和工艺品,造型简洁大方,注重实用性与古朴风格结合	刻画纹、绳纹等传统装饰手法,图案反映陕西地区历史民俗
内蒙古蒙城	当地黏土及特殊矿物质	结合当地传统工艺,融入少数民族特色制作方法	具有民族特色的器具,造型与少数民族生活相关	融入蒙古族等少数民族传统图案、生活场景等

三、黑陶的文化寓意

(一)祭祀与礼仪寓意

黑陶在众多地区的祭祀与礼仪活动中都占据重要地位。其庄重的外观和精良的制作,使其成为连接人与神灵的神圣器物。如鼎、罐、瓶这类黑陶制品,常被用于供奉祭品。人们期望借助它们,向天地、祖先表达敬意,祈求庇佑,象征着对神灵的敬畏以及对美好生活的向往。在传统祭祀仪式中,这些黑陶器具承载着特定的仪式流程和文化符号,是传承古老礼仪制度的关键物质载体,体现了人类对超自然力量的尊崇与依赖。

(二)日常生活寓意

黑陶制成的日常用品,如碗、盘、缸、灯具、文具等,融入了人们对生活的期望与情感。碗和盘作为饮食器具,象征着家庭团聚与共享美食,寓意家庭和睦幸福。缸用于储存粮食,代表着丰收与富足,体现人们对生活物质基础的重视。黑陶灯具散发的柔和光亮,寓意光明与温暖,为生活增添宁静祥和氛围。黑陶文具不仅实用,其制作工艺精细,还体现对文化传承和教育的关注,使用时上面的装饰元素提醒着文化的延续与发展,承载着人们对生活品质的追求和对文化传统的坚守。

(三)艺术审美寓意

从艺术审美角度看,黑陶展现出独特魅力。其"黑、薄、光、亮"的工艺特色,体现了对工艺精湛的极致追求,寓意着对完美和卓越的向往。无论是简洁流畅的线条,还是精致细腻的装饰,都反映出不同时期人们的审美观念。传统与现代结合的设计,既保留了传统文化韵味,又符合当下审美需求,体现文化传承与创新的融合之美,象征着艺术在传承中不断发展创新的活力,为艺术创作提供源源不断的灵感。

(四)地域文化寓意

黑陶是地域文化的鲜明象征。不同地区的黑陶融入了当地独特文化元素,例如少数民族图腾、传说故事、民俗活动等。这些元素是地域文化的生动写照,反映出当地的自然环境、生活方式和民族性格。黑陶通过这些元素,成为连接过去与现在的文化纽带,寓意着地域文化的传承与延续,让人们能够直观感受到不同地区独特的文化风貌,在文化多样性的传承中发挥着重要作用。

四、黑陶制作流程

(一)选料

优质的黏土是制作黑陶的基础。各地黑陶制作对黏土的选择各有侧重,总体要求黏土细腻、黏性适中且杂质少。例如,山东龙山黑陶选用当地细腻的黄河冲积土,这种土矿物质含量丰富,为黑陶独特质地与色泽奠定基础;云南建水黑陶则采用当地红、黄、青、紫、白五色陶土混合,经过筛选、淘洗等工序去除杂质,使黏土质地更加纯净细腻,以满足后续制作需求。

(二)制坯

1. 手工捏制

这是较为原始且基础的制坯方法,常用于制作简单或小型黑陶器物。手工艺人凭借双手的触感与经验,将黏土捏塑成所需形状,如小型的陶杯、摆件等。捏制过程中,通过对黏土的按压、揉搓、塑形,赋予器物独特的手工痕迹与质朴质感,充分展现手工艺术的魅力。

2. 泥条盘筑

该方法是将黏土搓成泥条,然后一圈圈盘绕叠加,逐渐构建出器物的雏形。在盘绕过程中,需不断用工具修整、按压,使泥条之间紧密结合,确保器形牢固。泥条盘筑可制作出各种复杂形状的器物,如大型陶罐、花瓶等,其盘绕的纹理还能为器物增添独特的装饰效果。

3. 轮制

借助陶轮的旋转,将黏土放置于轮盘上,通过双手控制力度与形状,快速制作出规整的器形。轮制技术大大提高了生产效率,能制作出胎体均匀、器形规整的黑陶制品,例如常见的碗、盘、杯等。熟练的制陶师傅可根据需要调整陶轮转速,精准塑造出不同造型与尺寸的器物,是现代黑陶制作中广泛应用的高效制坯方法。

(三)装饰

1. 刻画装饰

在半干的陶坯表面,使用尖锐工具刻画出各种线条、图案。常见的刻画纹有几何纹,例如菱形、三角形、圆形相互组合,形成富有韵律感的图案;还有动植物纹,通过细腻的刻画,使动物的灵动、植物的生机跃然于陶坯之上。刻画装饰不仅增添器物美观度,还能体现手工艺人的精湛技艺与独特创意。

2. 印纹装饰

利用刻有图案的模具,在陶坯表面按压印出纹饰。模具图案丰富多样,例如常见的绳纹、方格纹、云雷纹等。印纹装饰能使纹饰更加规整、统一,适合批量生产,同时为黑陶赋予古朴、厚重的风格。

3. 彩绘装饰

在烧制前或烧制后的黑陶表面,用天然矿物颜料绘制图案。颜料色彩丰富,例如红、黄、绿等,绘制内容涵盖神话传说、生活场景、花鸟鱼虫等。彩绘装饰使黑陶色彩更加绚丽多彩,极大提升艺术感染力,为黑陶注入丰富的文化内涵。

4. 特殊工艺装饰

部分地区黑陶有独特装饰工艺,例如云南建水黑陶的"阴刻阳填"。先在陶坯表面刻出图案,再将白色或彩色泥料填入刻痕,经过烧制打磨后,形成黑白或彩色相间的独特装饰效果,极具地域文化特色。

(四)烧制

烧制是黑陶制作的关键环节,决定黑陶的最终色泽与品质。

1. 传统柴窑烧制

以木材为燃料,将装有陶坯的窑炉加热至一定温度。在烧制过程中,需严格控制火候与窑内气氛。前期高温氧化阶段,使陶坯中的有机物充分燃烧,水分蒸发;后期采用封窑渗碳法,当温度达到800℃~1 000℃时,封闭窑门,减少氧气进入,促使窑内木材不完全燃烧产生浓烟,浓烟中的碳微粒渗入陶器胎体,使黑陶呈现出乌黑发亮的色泽。柴窑烧制过程复杂,对窑工技术要求极高,烧制出的黑陶具有独特的火痕与质感。

2. 现代气窑、电窑烧制

随着科技发展,气窑、电窑逐渐应用于黑陶烧制。通过精准控制温度、气氛和烧制时间,提高黑陶成品率与质量稳定性。气窑以天然气为燃料,升温速度快且温度均匀;电窑则通过电热元件发热,温度控制更加精确。在烧制后期同样采用渗碳工艺,模拟传统封窑效果,使黑陶达到理想色泽。

(五)后期处理

1. 打磨抛光

烧制后的黑陶表面可能存在粗糙感,通过打磨抛光使其更加光滑细腻,展现出黑陶"光、亮"的特点。使用砂纸、砂轮等工具进行粗磨,去除表面瑕疵;再用细腻的抛光材料,例如皮革、抛光膏等进行精细抛光,使黑陶表面呈现出如镜面般的光泽,增强其质感与艺术效果。

2. 修整完善

对烧制后的黑陶进行全面检查,修补可能出现的细微瑕疵,例如裂

视频

龙山黑陶制作过程

缝、气孔等。对于一些造型复杂的器物,还需进一步修整,确保器形完美,细节处精致到位,使黑陶成品达到更高品质标准。

本章小结

黑陶作为中国传统陶艺中的瑰宝,承载着深厚的历史文化底蕴,在当代也展现出蓬勃的发展活力。

从历史发展来看,黑陶起源于新石器时代,历经多个阶段的演变。早期以手工捏制为主,造型实用;龙山文化时期达到高峰,形成"黑、薄、光、亮"的工艺特点。商周、秦汉时期虽受其他工艺冲击,但仍在传承中发展变化。近现代,在对传统文化的重视下,黑陶工艺复兴并不断创新。

在产地分布上,各地黑陶各具特色。山东龙山黑陶以轮制技术和"蛋壳陶"闻名;云南建水黑陶凭借"阴刻阳填"工艺和民族文化元素独树一帜;山西平定黑陶古朴厚重,装饰富有民间艺术特色;陕西渭南黑陶传承古老技艺,体现地域民俗;内蒙古蒙城黑陶融入少数民族文化,草原气息浓郁。

其文化寓意丰富,在祭祀礼仪中是连接人与神灵的器物;日常生活用品蕴含着人们对生活的美好期望;艺术审美上体现了对完美的追求以及文化传承创新之美;同时也是地域文化的象征,反映当地的自然环境与民族性格。

黑陶制作流程严谨,从选料、制坯、装饰、烧制到后期处理,每一步都凝聚着匠人的智慧与心血。

实践任务

根据以上内容,结合对济南德功龙山黑陶艺术有限公司的实地调研,以小组为单位完成以下任务,并形成调研报告。

(一)龙山黑陶制品销售情况调研

1. 公司目前主要生产哪些类型的黑陶制品?是否有结合现代审美的创新产品?
2. 产品的目标市场是什么?在国内外市场的销售情况如何?
3. 消费者对黑陶制品的实用性和艺术性有何反馈?是否有针对不同客户群体的产品设计?
4. 黑陶制品的原材料来源是否稳定?是否采用了当地特有的红胶泥?
5. 生产过程中如何保证产品的质量和工艺标准?是否有独特的制作工艺或技术?
6. 公司在拓展销售渠道方面有哪些举措?是否利用了线上平台或文旅融合的方式?

(二)龙山黑陶制作技艺传承调研

1. 公司采取了哪些方式培养黑陶制作技艺的传承人?是否有与学校或机构合作的培训项目?
2. 传统制作工艺如何得到保护和传承?是否有建立详细的工艺档案或数字化记录?
3. 在技艺传承过程中,如何平衡传统工艺的保留与现代技术的创新应用?
4. 公司是否开展过面向公众的黑陶文化普及活动?例如,进校园、社区体验等,效果如何?
5. 当前黑陶制作技艺传承面临哪些主要挑战?例如,人才短缺、市场需求变化等,公司如何应对?
6. 未来在黑陶制作技艺的传承和发展方面有哪些规划?是否有计划开发新的技艺或产品?

思考题

一、单项选择题

1. 黑陶工艺正式形成于以下哪个时期？（   ）
   A. 大汶口文化时期　　　　　　B. 龙山文化时期
   C. 商周时期　　　　　　　　　D. 秦汉时期

2. 云南建水黑陶最大的特色装饰工艺是（   ）。
   A. 刻画装饰　　　　　　　　　B. 印纹装饰
   C. 阴刻阳填　　　　　　　　　D. 彩绘装饰

3. 以下哪种黑陶制坯方法能制作出极为轻薄胎体的器物，例如"蛋壳陶"？（   ）
   A. 手工捏制　　　　　　　　　B. 泥条盘筑
   C. 轮制　　　　　　　　　　　D. 以上都不是

4. 秦汉时期黑陶在装饰方面出现了新的方式，这种方式是（   ）。
   A. 刻画纹　　　　　　　　　　B. 弦纹
   C. 彩绘　　　　　　　　　　　D. 印花

5. 山东龙山黑陶制作过程中，能让陶器呈现乌黑发亮色泽的关键步骤是（   ）。
   A. 轮制技术形塑　　　　　　　B. 表面精细打磨
   C. 封窑渗碳法烧制　　　　　　D. 选用黄河冲积土

二、多项选择题

1. 以下属于黑陶产地分布特点的有（   ）。
   A. 各地黑陶原料选取因地制宜
   B. 制作工艺既有传统传承又有地域创新
   C. 器形都以实用的生活器具为主
   D. 装饰特色融合了当地文化元素

2. 近现代黑陶工艺复兴与发展的原因有（   ）。
   A. 考古发现引发研究兴趣
   B. 社会经济发展，人们对文化产品需求增加
   C. 传统手工艺人坚持口传心授
   D. 科研机构和院校引入现代科技改良工艺

3. 黑陶的文化寓意包括以下哪些方面？（   ）
   A. 祭祀与礼仪寓意　　　　　　B. 日常生活寓意
   C. 艺术审美寓意　　　　　　　D. 地域文化寓意

4. 现代黑陶制作在传承传统工艺基础上有哪些创新发展？（   ）
   A. 采用现代气窑、电窑烧制，提高成品率和质量稳定性
   B. 融合现代审美观念和文化元素进行产品设计
   C. 引入科研机构和院校对工艺进行研究改良
   D. 完全摒弃传统制作流程

5. 以下关于黑陶产地的说法正确的有(　　)。
A. 山东龙山黑陶距今4 000多年,造型古朴典雅,有鼎、鬶等多种器形
B. 山西平定黑陶历史悠久,装饰有吉祥八宝等传统图案,具有民间艺术特色
C. 陕西渭南黑陶以传统生活用品和工艺品为主,造型复杂华丽
D. 内蒙古蒙城黑陶融入少数民族文化,具有浓郁草原文化气息

三、简答题

1. 简述黑陶起源与早期发展阶段的特点。
2. 对比传统柴窑烧制和现代气窑、电窑烧制黑陶的优缺点。
3. 济南德功龙山黑陶艺术有限公司在乡村振兴中采取了哪些举措?
4. 举例说明黑陶在日常生活中的寓意。

第五章
章丘铁锅及其锻造技艺调研

开篇案例

济南三环厨具有限公司作为章丘铁锅锻打技艺的省级非遗保护单位，深耕传统手工厨具领域十余年，通过"非遗+"融合发展模式，将百年技艺转化为乡村振兴的核心动能。企业以"传承不守旧，创新不忘本"为理念，构建起涵盖技艺传承、产业升级、文化传播、民生改善的全链条生态，走出了一条传统手工艺助力乡村振兴的特色路径。

章丘铁锅锻打技艺源于清末，历经十二道工序、三万六千次锻打而成，其"勺底铮明颜色白"的独特工艺被列入省级非物质文化遗产名录。三环厨具通过"企业化运营+传承人培育"模式，组建专业化生产工厂，吸纳300余名匠人，建立师徒制与现代培训体系结合的传承机制。同时，企业联合50余家同业成立章丘铁匠手工艺行业协会，制定《章丘铁锅团体标准》，对锻打工具、器形、锤纹等进行规范，并通过集体商标授权与刻名溯源制度，确保技艺正宗性。

企业借力阿里巴巴、抖音等平台，打造"线上直播+线下体验"双渠道销售网络。2018年《舌尖上的中国3》播出后，章丘铁锅一夜爆红，企业迅速响应，通过多平台直播实现年销售额破亿，产品远销海内外。2020年更成为迪拜世博会指定供应商，让中国匠造走向世界。

企业以"臻三环"品牌为核心，整合章丘铁锅、铸铁锅、手工菜刀等产品线，通过故宫文化展、国际展会等渠道强化品牌文化属性。2019年"章丘铁锅"集体商标获国家知识产权局认证，协会每年组织公开考试，公平授予使用授权，保障品牌公信力。2024年，企业入选"山东省非遗转化示范企业"，品牌估值突破5亿元。

企业计划投资建设"章丘铁锅文化产业园",融合生产、研学、文旅功能,打造国家级非遗工坊。同时,探索"非遗＋智慧农业"模式,开发铁锅主题农产品,延伸产业链条。正如董事长刘紫木所言:"我们不仅要做技艺的守护者,更要成为乡村振兴的发动机。"通过持续创新,济南三环厨具正将一口铁锅的传奇,书写成传统产业赋能乡村振兴的时代答卷。

资料来源:济南市文化和旅游局。

案例启示

非遗保护需突破单纯技艺传承的局限,以"传承不守旧,创新不忘本"为核心理念,构建"非遗＋"全链条生态体系。企业通过"企业化运营＋传承人培育"模式,将分散的匠人资源整合为规模化生产体系,既保留了手工技艺的精髓,又通过现代管理与标准化建设提升产品品质与品牌公信力。同时,借力数字化营销与文化IP赋能,将非遗产品转化为具有高附加值的文化消费品,实现从技艺保护到产业振兴的跨越式升级。此外,企业通过延伸产业链,将非遗价值与乡村旅游、智慧农业深度融合,形成以工促农、以文兴旅的多元发展格局。这一案例证明,传统非遗只有扎根现代市场、融入创新机制、反哺民生发展,才能真正激活内生动力,成为乡村振兴的持续引擎。

教学目标

知识目标:了解章丘铁锅的历史演变脉络,理解其从汉代冶铁到现代非遗技艺的传承发展历程;熟悉章丘铁锅"十二道工序"的技术要点;理解非物质文化遗产的活态传承机制,认识传统工艺在乡村振兴中的产业价值。

能力目标:具备设计并实施传统工艺产业调研的能力,能运用市场分析工具完成消费行为研究;具备品牌文化策划能力,能设计非遗赋能的品牌传播策略。

素质目标:培养对传统手工艺的文化认同感和工匠精神,增强文化自信与传承使命感;树立可持续发展理念,理解传统产业绿色转型的生态价值;强化创新意识,养成"传承不守旧"的辩证思维能力;培养团队协作精神,提升在文化遗产保护与产业开发中的沟通协调能力。

相关知识

一、章丘铁锅历史

章丘铁锅指山东省济南市章丘区传统手工锻造的锅具,其制造需经12道工序,18遍火候,在1 000℃左右的高温下锤炼,经受万次锻打,直到锅如明镜。锻打好的章丘铁锅锅形更符合中国菜翻炒的需求,具有天然无涂层、火候易掌控、不沾不糊、省油、使用寿命长等特点。

章丘的冶铁传统开始于春秋时期,齐国"盐铁官营"政策奠定了其产业基础。至西汉汉武帝时,在全国设铁官48处、山东12处,其中,在章丘境内设"东平陵"1处。在章丘东平陵故城遗址的考古发掘中,汉代冶铁区出土的T形铁砧与双圈式熔铁炉,共同构成了中国古代钢铁冶炼技术的重要见证。这些遗存不仅印证了《汉书·地理志》中"东平陵置铁官"的记载,更通过实物揭示了汉代冶铁业的规模化生产能力。特别是T形铁砧的发现,其独特的几何造型与力学结构,直接关联到炒钢工艺中的关键环节——锻打脱碳。

至唐代,据《山东通志》卷四十一载:"唐时铁器章丘最盛",铁匠也成为章丘工匠最聚集的职业,过去是"一人生火,全家打铁;祖辈相传,子孙续接"。章丘铁匠不仅在本地从业,而且四处奔波,奔胶东、上河北、下鲁西、闯关东,外出人员约占铁匠人数的五分之三,故有"章丘铁匠遍天下"之说,现存沈阳故宫博物院的清代宫廷铁锅仍保留着"章丘制造"的铭文。

曹盛永作为清末民初京勺锻造的代表人物,其技艺传承可追溯至清代宫廷御用工坊。据《章丘文史集萃》记载,曹氏家族世代以锻造宫廷御用餐具为业,尤其擅长"冷锻精修"技法。1912年,曹盛永迁居济南,将京派锻打技艺与章丘本地冶铁传统相结合,创立"同盛永钢勺店",奠定了现代章丘铁锅工艺的基础。

曹盛永收徒传艺时,将核心技法提炼为"十二字诀":"火候准、锤路匀、冷锻透、镜面光"。其弟子吴运茂在继承基础上,进一步优化锻打节奏,独创"三叠锻压法",使锅体密度提升30%。至第四代传承人吴振坤,通过引入"数控锤印检测系统",将锤痕间距误差控制在0.1毫米以内,实现传统工艺的现代化升级。

2018年,章丘铁锅行业协会以曹氏工艺为蓝本,制定《手工锻打铁锅团体标准》,明确:

热锻温度需≥800℃,冷锻需在常温下完成;

每口锅锻打次数不少于32 000次,精品级需达60 000次以上;

锅体表面粗糙度Ra≤0.8μm,镜面反射率≥90%。

二、章丘铁锅制作技艺

(一)开铁

开铁(见图5-1)作为章丘铁锅制作的首道工序,本质是通过热锻实现金属材料的塑形与改性。这一工艺可追溯至汉代炼钢技术,东平陵遗址出土的T形铁砧(长1.2米、重300千克)即见证了古代工匠通过高温锻打去除杂质的智慧。至清代曹盛永京勺铺时期,开铁工艺已形成"三烧三锻"规范,《章丘县志》记载:"铁必三炼,锻必千锤,方得刚柔并济之妙。"

(二)裁料

裁料(见图5-2)作为章丘铁锅成型的关键工序,其技术发展折射出中国金属加工史的进步轨迹。汉代东平陵遗址出土的青铜裁刀(长32厘米,刃口含铬0.3%),印证了古代工匠已掌握金属切割技术。至明清时期,章丘铁匠发明"划规+铁截子"组合工具,《天

图 5-1 开铁

工开物》记载的"冷作下料法"与此工艺高度契合。2018年,济南三环厨具引入激光切割技术,将裁料精度从±2毫米提升至±0.05毫米,实现传统工艺的数字化转型。

图 5-2 裁料

(三)打锅把手

打锅把手(见图5-3)工艺是章丘铁锅"人机合一"设计理念的集中体现,其雏形可追溯至唐代"章丘铁器"的柄部处理技术。宋代《营造法式》记载的"铁环套接法"与此工艺原理相通。至清代曹盛永京勺铺时期,通过"三烧三锻"定型法解决了传统把手易脱落的难题。现代工艺在打锅把手时首先将把手末端烧至通红,借助小砧子侧面的平台翻起0.5厘米的边,好处是炒菜颠勺时防止手滑。再次烧红将修剪预留出来的把手卷成圆圈,利用砧子的侧面打成U形,再合上口,放在砧子的尖头修圆。现代力学测试显示,章丘铁锅把手可承受300牛垂直拉力,远超国标要求的150牛,这种可靠性源于独特的U形抗弯结构设计。

图 5-3　打锅把手

(四)打底子

打底子(见图 5-4)作为章丘铁锅热锻成型的核心工序,本质是通过定向锻打赋予锅体基础几何形态。这一工艺可追溯至唐代"章丘铁器"的坯体成型技术,宋代《武经总要》记载的"铁胚锻打"与此工艺原理相通。清代曹盛永京勺铺时期,通过"三点定位法"确立了打底子的标准流程,《章丘县乡土志》记载:"打锅必由双锤协奏,一锤定音,万锤成胚。"

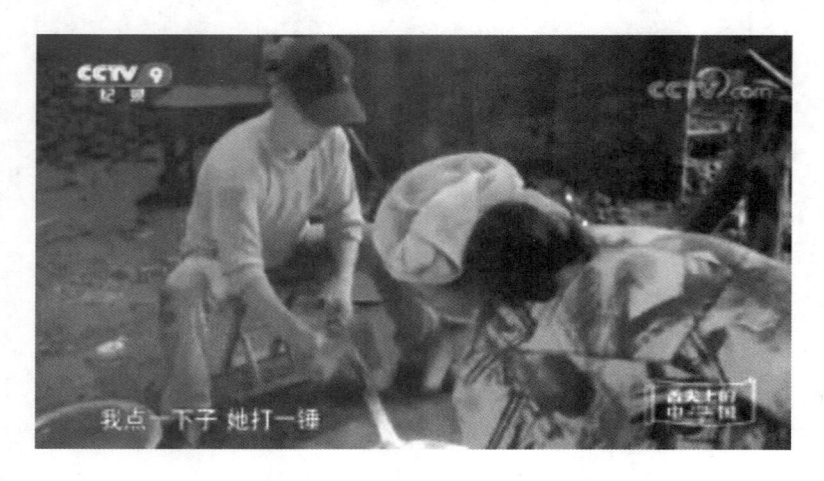

图 5-4　打底子

(五)槽勺

槽勺(见图 5-5)是章丘铁锅制作中承上启下的重要工序,它在打好底子的锅胚基础上进一步塑造锅的形状,为后续冷锻等工序奠定良好基础,极大影响着铁锅最终的品质和性能。

图 5—5　槽勺

1. 前期准备：锅胚回温与模具适配

在进行槽勺工序前,需把打好底子的锅胚再次放入红炉中加热。传统红炉以章丘当地优质无烟煤为燃料,能提供稳定且高温的环境。如今部分工艺也采用电加热炉,可精准控制温度。当锅胚加热至 1 000 ℃～1 105 ℃,呈现出橙红色且微微泛白的状态时,表明达到合适的锻造温度。与此同时,要根据锅的规格和设计要求选择适配的模子。模子一般由高强度铸铁制成,表面经过精细打磨和热处理,具有良好的耐磨性和耐高温性。其形状与铁锅锅底和锅身的形状相契合,能引导锤击力量,确保锅胚按照预定形状成型。

2. 槽勺操作：短把平头锤的精准施展

将烧红的锅胚迅速从红炉中取出,放置在模子上。工匠手持短把平头锤开始操作,短把平头锤重约 3～5 千克,便于掌控力度和方向。落锤时,工匠要精准控制力量和角度,使锤击点集中在需要加深的部位,让锅胚向下凹陷,逐渐加深锅的槽勺深度。每一次落锤都要沉稳有力,且落点要均匀分布,以保证锅胚整体受力均匀。同时,随着锅胚形状的逐渐变化,边缘会出现一些褶皱。此时,工匠需及时调整锤击方式,用短把平头锤轻轻修平这些褶皱。修平过程中,要注意力度适中,避免过度锤击导致锅胚变形。若褶皱处理不当,在后续冷锻时会使应力集中,影响铁锅的质量和使用寿命。

3. 反复修整：精益求精成就完美锅胚

槽勺工序并非一蹴而就,需要工匠反复对锅胚进行观察和修整。在锤击过程中,工匠会不断用眼睛观察锅胚的形状变化,凭借丰富的经验判断是否达到预期效果。若发现某个部位槽勺深度不够或边缘仍有较大褶皱,就会再次对该部位进行锤击和修整。经过多次反复操作,锅胚逐渐形成符合要求的形状,成为初步成型的锅胚。这个过程不仅考验工匠的体力和耐力,更考验他们的技艺和专注力。只有经过长时间的练习和实践,才能熟练掌握槽勺工序的技巧,打造出高质量的章丘铁锅。

(六)拿弯

槽勺后锅胚的把手一般朝上,需要将把手根部烧红,在尖顶砧子上面把把手折成平行适合手握的角度,并将把手两侧折出来的双层铁板部分锻打进行加固,更好增加锅把牢固度,用久不会变形,这就是拿弯(见图5-6)。

图5-6 拿弯

(七)粗锻

粗锻(见图5-7)作为章丘铁锅表面处理的关键工序,其技术可追溯至汉代炒钢工艺中的"脱碳层锻打"。东平陵遗址出土的汉代铁砧表面的密集锤痕,印证了古代工匠通过锻打去除氧化层的智慧。至清代曹盛永京勺铺时期,形成"三锻三烧"的规范流程,《章丘县乡土志》记载:"粗锻必使表里如一,虽经万锤而不失其刚。"

图5-7 粗锻

(八)打磨

打磨(见图5—8)技术可追溯至汉代炒钢工艺中的"抛光"环节。东平陵遗址出土的汉代铁剑表面的精细研磨痕迹,印证了古代工匠已掌握金属抛光技术。至清代曹盛永京勺铺时期,形成"三磨三亮"的规范流程,《章丘县乡土志》记载:"打磨必使表里通透,虽映月而不失其真。"现代手工打磨是用钢丝刷反复刷打平后的锅胚,将表面的氧化层刷掉打磨掉。打磨时要打磨仔细,把黑色的氧化层打磨掉,这样打出来的锅才更光亮。

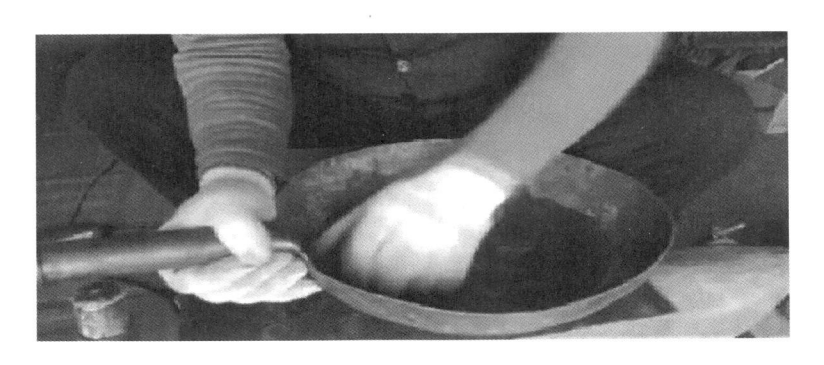

图5—8 打磨

(九)冷锻

冷锻(见图5—9)作为章丘铁锅制作的核心工序,通过四次递进式锻打实现从粗糙到镜面的蜕变,其工艺原理可追溯至汉代"百炼钢"技术。现代材料科学揭示:冷锻使金属晶粒细化至ASTM10级,硬度提升至HB180,形成独特的"鱼鳞纹"结构。该工艺需在常温下完成,避免高温对金属性能的影响。

初次冷锻称为"打荒",先用重锤粗锻,确保锤头在锅上的落点、锅的受力点、羊角砧的承力点三点垂直合一,形成大小不一的锤印。

二次冷锻把第一遍打出来的锤坑锻平,将锤之间没有砸到的地方砸实。

三次冷锻再用弧面锤锻打衔接处,使其平滑摸不到锤坑。

四次冷锻用锤一点一点锻打成镜面,能够在里面看到人脸的五官即为合格。

图5—9 冷锻

（十）修圆

经过多次锻打的锅会发生变形，需要借助锅模子锅盖将锅修圆。修圆（见图5—10）作为章丘铁锅几何校正的关键工序，其技术可追溯至唐代"章丘铁器"的成型工艺。宋代《营造法式》记载的"铁范铸造"与此工艺原理相通。至清代曹盛永京勺铺时期，通过"三校三圆"定型法确立了修圆标准，《章丘县乡土志》记载："修圆必求天圆地方，虽毫厘之差而不可忽。"

图5—10　修圆

（十一）剪边

剪边（见图5—11）作为章丘铁锅制作的收官工序，是从把手旁边开始逆时针将边缘多余部分剪掉，确认锅口平整度和圆弧度，其技术可追溯至唐代"章丘铁器"的边缘处理技术。宋代《营造法式》记载的"铁剪修边"与此工艺原理相通。至清代曹盛永京勺铺时期，通过"三剪三校"定型法确立了剪边标准，《章丘县乡土志》记载："剪边必求方圆相济，虽分寸之失而不可恕。"

图5—11　剪边

(十二)精磨

精磨(见图5-12)是用钢锉将剪过的边缘进行打磨,打磨掉边缘的多余部分,同时修整剪裁后锅口形成的锋利沿口。作为章丘铁锅表面处理的收官工序,精磨技术可追溯至唐代"章丘铁器"的边缘处理技术。宋代《营造法式》记载的"铁锉修边"与此工艺原理相通。至清代曹盛永京勺铺时期,通过"三磨三亮"定型法确立了精磨标准,《章丘县乡土志》记载:"精磨必求锋芒内敛,虽毫厘之差而不可忽。"

图 5-12 精磨

三、章丘铁锅的文化价值

(一)非物质文化遗产的活态传承样本

章丘铁锅锻造技艺作为省级非物质文化遗产,以"十二道工序、三万六千锤"的独特工艺体系,完整保留了古代金属加工智慧。其核心技艺包括热锻成型、冷锻精修等12道工序,形成的"鱼鳞纹"结构,被列入山东省非物质文化遗产保护名录。2023年章丘铁锅锻造技艺入选联合国教科文组织"人类非遗代表作"预备名单,在美国大都会博物馆的长期陈列吸引全球观众超50万人次。

(二)工匠精神的现代诠释与传播

章丘铁锅的制作过程是工匠精神的具象化表达。每口锅需经历4次冷锻达到镜面反射率≥90%,协会推行"匠人实名制"确保产品可追溯。企业开发"电磁炉专用铁锅"获国家实用新型专利,与故宫文创合作推出"十二时辰"系列溢价800%。作为国礼赠送给英国王室的"郑和宝船"纪念锅单口价值超10万元,在《我在故宫修文物》纪录片中播放量超8亿次,与中央美院合作的艺术装置展在798艺术区引发关注。

(三)乡村振兴的产业文化范式

章丘铁锅产业集群创造了"非遗+产业+文旅"模式:直接提供300个匠岗,带动物流、文旅等2 000个岗位,章丘区绣惠街道人均增收1.2万元/年。政府"金蓝领"工程培养127名持证匠人,35岁以下占28%。章丘铁锅现已建成完整产业链,2023年产值突破

8亿元。打造"铁锅小镇"年接待游客50万人次,开发铁锅造型文创农产品附加值提升500%,举办"铁匠文化节"年交易额达1.2亿元。

(四)品牌文化的全球传播体系

2019年章丘铁锅获国家地理标志认证,实行"双盲评审"机制授权56家企业。与故宫文创、敦煌研究院等开展IP联名,产品远销32国,海外市场年增40%。抖音"章丘铁锅挑战赛"播放量超30亿次,海外用户占18%。2023年章丘铁锅品牌估值达12.6亿元,通过欧盟CE、美国FDA认证,入选迪拜世博会指定供应商。

(五)传统工艺的生态文化启示

章丘铁锅制作蕴含低碳智慧。冷锻工艺较传统减少60%能耗,废锅回收率达95%形成闭环。天然无涂层设计符合健康需求,开发"智能感温铁锅"内置传感器。与宝钢合作研发环保钢材,投入1 200万元建设废气处理系统,SO_2排放低于国标50%。这些实践为传统产业绿色转型提供范例。

本章小结

章丘铁锅及其锻造技艺承载着深厚历史文化底蕴,在当代展现出多元价值与蓬勃发展活力。

章丘铁锅起源可追溯至春秋冶铁传统,历经各朝代发展。从汉代冶铁遗址印证规模化生产,到唐代章丘铁器盛行,再到清末民初曹盛永融合技艺创立现代工艺基础,传承脉络清晰。各代传承人不断优化技术,2018年行业协会制定团体标准,推动其规范化传承。

章丘铁锅制作工艺极为考究,十二道工序环环相扣。开铁通过热锻塑形改性,裁料精度从传统到现代大幅提升,打锅把手符合人机合一理念,打底子、槽勺等工序精准塑造锅体形态,冷锻使金属性能优化,修圆、剪边、精磨等工序确保锅具完美品质。

章丘铁锅文化价值多元。它是非遗活态传承样本,独特工艺体系保留古代金属加工智慧,入选联合国教科文组织预备名单;是工匠精神具象化表达,制作过程严苛,产品兼具实用与艺术价值;构建"非遗+产业+文旅"乡村振兴模式,带动就业增收;品牌全球传播,获多项认证,与知名IP联名;其低碳制作工艺为传统产业绿色转型提供范例。章丘铁锅正以独特魅力续写传奇,成为文化传承与产业发展的典范。

实践任务

根据以上内容,结合对济南三环厨具有限公司的实地调研,以小组为单位完成以下任务,并形成调研报告。

(一)铁锅市场调研任务

1. 济南及周边地区铁锅市场的年消费量如何?主要消费群体(家庭、餐饮企业、礼品市场等)的分布及需求差异是什么?

2. 消费者对传统铁锅的认知度和购买意愿如何?现代生活方式(如电磁炉普及、轻便厨具偏好)对铁锅市场的影响是什么?

3. 济南三环厨具在本地及全国市场的占有率如何?主要竞争对手(如章丘铁锅、苏泊尔等)的优势和差异化策略是什么?

4. 消费者对三环铁锅的品牌认知度、产品满意度及复购率如何?品牌推广(如线上营销、非遗文化赋能)的效果如何?

5. 三环铁锅的主要销售渠道(线下门店、电商平台、批发定制等)占比及优劣势是什么?

6. 企业是否通过直播带货、非遗体验活动等新兴方式拓展市场?效果如何?未来有何优化计划?

(二)铁锅锻造技艺传承调研任务

1. 济南三环厨具的铁锅锻造技艺起源于何时?其核心工艺(如选材、锻造、开锅等)有何独特之处?

2. 该技艺是否被列入非物质文化遗产名录?其文化价值在地方经济和乡村振兴中如何体现?

3. 目前企业内掌握核心技艺的传承人数量、年龄结构及传承方式(师徒制、培训机制等)是怎样的?

4. 传统手工技艺面临哪些现代化挑战(如年轻人从业意愿低、机械化替代压力等)?企业采取了哪些措施应对?

5. 企业如何在保留传统工艺的基础上进行技术创新(如材料改良、工艺优化)?

6. 是否尝试将铁锅锻造技艺与文旅产业结合(如研学体验、工艺展示)?效果如何?

思考题

一、单项选择题

1. 章丘铁锅的制造工序有( )。

  A. 8 道 B. 10 道 C. 12 道 D. 15 道

2. 章丘的冶铁传统开始于( )。

  A. 春秋时期 B. 西汉时期 C. 唐代 D. 清代

3. 清代曹盛永将京派锻打技艺与章丘本地冶铁传统结合,创立了( )。

  A. 同盛永钢勺店 B. 臻三环

  C. 章丘铁匠手工艺行业协会 D. 济南三环厨具有限公司

4. 现代工艺中,章丘铁锅把手可承受的垂直拉力远超国标要求,这得益于其独特的( )。

  A. 材质选择 B. U 形抗弯结构设计

  C. 锻造次数 D. 安装方式

5. 章丘铁锅行业协会制定的《手工锻打铁锅团体标准》中,精品级锅锻打次数需达到( )。

  A. 32 000 次以上 B. 40 000 次以上

  C. 50 000 次以上 D. 60 000 次以上

二、多项选择题

1. 以下关于章丘铁锅历史演变的说法正确的有( )。

  A. 西汉时在章丘境内设"东平陵"铁官

  B. 唐代章丘铁匠外出从业人数众多

  C. 清代宫廷铁锅有"章丘制造"铭文

  D. 现代章丘铁锅工艺由曹盛永奠定基础

2. 章丘铁锅制作工艺中,可追溯至汉代的有( )。

  A. 开铁 B. 裁料 C. 粗锻 D. 打磨

3. 章丘铁锅的文化价值体现在（　　）。
A. 非物质文化遗产的活态传承样本
B. 工匠精神的现代诠释与传播
C. 乡村振兴的产业文化范式
D. 品牌文化的全球传播体系

4. 济南三环厨具有限公司为传承和发展章丘铁锅采取了（　　）。
A. 组建专业化生产工厂，吸纳匠人
B. 建立师徒制与现代培训体系结合的传承机制
C. 联合同业成立行业协会，制定团体标准
D. 打造"线上直播＋线下体验"双渠道销售网络

5. 章丘铁锅制作工艺中，属于表面处理工序的有（　　）。
A. 粗锻　　　　　　B. 打磨　　　　　　C. 冷锻　　　　　　D. 精磨

三、简答题

1. 简述章丘铁锅从汉代到现代的传承发展历程。
2. 请详细说明章丘铁锅制作工艺中冷锻的步骤及作用。
3. 济南三环厨具有限公司在推动章丘铁锅产业发展方面取得了哪些成就？
4. 章丘铁锅的文化价值对当地和传统工艺发展有何重要意义？
5. 章丘铁锅制作工艺中的哪些方面体现了传统与现代的结合？

第六章
黄家烤肉及其制作技艺调研

开篇案例

  在济南章丘绣惠街道，一座传承近400年的土炉每天升腾起袅袅烟火气，第22代传承人黄宽正将秘制香料揉入整猪肌理。这道被慈禧太后誉为"肥而不腻"的非遗美食，如今已成为当地乡村振兴的"黄金产业"，年带动产值超亿元，走出了一条传统手工艺与现代产业融合发展的特色路径。

  黄家烤肉源自明末清初，以"整猪焖烤、30余味药材配方"的独特工艺入选省级非遗名录。面对现代市场冲击，黄宽团队在保留核心技艺的基础上，完成三大革新：开发真空包装延长保质期至7天，设计文创礼盒提升产品溢价，建立现代化生产线实现日烤30头猪的产能突破。2021年，其抖音账号粉丝突破30万人，单场直播销售额超5万元，传统技艺借助数字技术重获生命力。

  章丘区通过"政府搭台、协会唱戏"模式，整合黄家烤肉、龙山豆腐等20余家传统食品作坊，成立全省首个乡村振兴食品产业协会。政府投资建设电商直播基地，组织"非遗手造进高校"等活动，推动企业抱团参展国际食品博览会。在政策扶持下，黄家烤肉从家庭作坊转型为现代化企业，带动周边3个村庄发展生猪养殖、物流配送等配套产业，形成"养殖－加工－销售"全产业链，吸纳就业超200人。

  黄家烤肉的振兴不仅带来经济效益，更重塑了乡村价值体系。企业通过"公司＋农户"模式，带动周边农户发展生态养殖，户均年增收2.3万元；非遗工坊为留守妇女提供就业岗位，培育出12名乡村网红主播。当地政府将黄家烤肉纳入"一村一品"工程，带动形成特色美食街区，其所在地2024年获评"山东省乡村振兴示范镇"。

  资料来源：章丘区旅游发展中心。

案例启示

非遗传承需以市场为导向,在坚守核心技艺的基础上推进创造性转化。黄家烤肉团队通过技术革新突破传统工艺的发展"瓶颈",借助抖音直播等数字化手段拓展市场,实现了非遗产品从地域美食到全国品牌的跨越。地方政府通过"政府搭台、协会唱戏"模式,整合资源成立产业协会,建设电商基地,组织国际参展,为非遗产业集群化发展提供了有力支撑。同时,企业通过构建"养殖－加工－销售"全产业链,带动农户增收、促进就业,并将非遗文化与乡村旅游、网红经济深度融合,培育出乡村网红主播,形成"非遗＋产业＋文化"的良性生态。这一案例表明,传统非遗的生命力在于与现代需求接轨,通过政企协同、创新驱动、全链发展,既能激活文化价值,又能转化为乡村振兴的持续动能,实现社会效益与经济效益的双赢。

教学目标

知识目标:掌握中国烤肉行业的发展历程及市场现状,理解韩式、日式、中式烤肉的品类差异与竞争格局;熟悉黄家烤肉的历史渊源、非遗技艺特征及现代化转型路径,了解其核心制作工艺。

能力目标:通过门店数、企业存量等数据图表,解读烤肉行业竞争态势,预测未来发展趋势,结合黄家烤肉的电商直播、文创设计等实践,设计传统美食品牌的数字化转型方案。

素质目标:通过黄家烤肉的非遗技艺传承案例,增强对传统手工艺的保护与创新责任感;感悟黄家烤肉制作中对选料、工艺的极致追求,树立精益求精的职业态度。

相关知识

一、烤肉行业概述

（一）烤肉品类在我国的发展历程

追溯人类文明的起源不难发现,"烤"是一种古老的烹饪方式。而作为其产物之一的烤肉,同样经历了漫长的发展过程。时至今日,烤肉已经成为全球美食文化不可或缺的部分。纵观我国烤肉品类的发展历程,大致可以分为萌芽期、发展期、成型期和中兴期。烤肉品类发展至今,已经分化出了多个细分品类,还孕育出了一批发展成熟的品牌。

1. **萌芽期**(20世纪90年代)

韩式烤肉在国内兴起,成为彼时传统中餐以外的一种新餐饮消费形式。消费者对肉类需求增加,"韩流"流行对烤肉品类的发展起到推动作用。

2. **发展期**(21世纪初期)

日式烤肉逐渐流行,日韩烤肉在此时成为主流。烤肉品类多样化,融合烤肉和土耳其、巴西等异域烤肉涌现。市场竞争加剧,品牌差异化成为关键。

3. 成型期(2016—2020年)

韩式烤肉热度下滑,日式烤肉热度攀升,融合烤肉成市场主流。

多个日式烤肉品牌崛起,探索烤肉高端化之路。

4. 中兴期(2020年前后至今)

中式烤肉强势崛起,打破日韩烤肉垄断局面。细分与融合并存。不同流派均有其代表品牌涌现,同时烤肉各细分赛道之间相互借鉴和融合的趋势加强。创新和差异化成为烤肉品牌发展的关键。

(二)烤肉行业现状

近年,烤肉赛道依旧受餐饮创业者的欢迎,门店数和相关企业存量双双增长。具体来看,截至2023年12月,全国烤肉相关企业存量达到11.6万家,同比增长12.8%。2019—2023年烤肉相关企业存量持续攀升,近年增长速度较2019年略有下降,但整体也保持10%以上的同比增速;门店数方面,截至2024年1月,全国烤肉门店数达到16.4万家,同比增长2.4%(见图6-1和图6-2)。

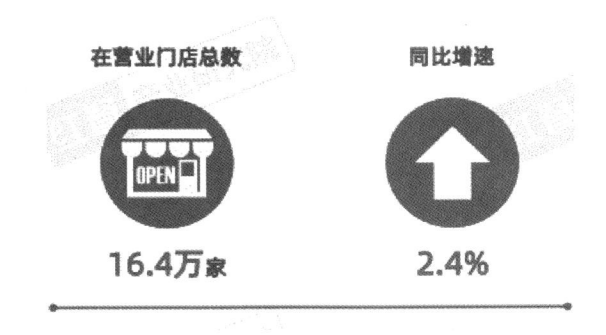

图6-1 2024年全国烤肉门店情况

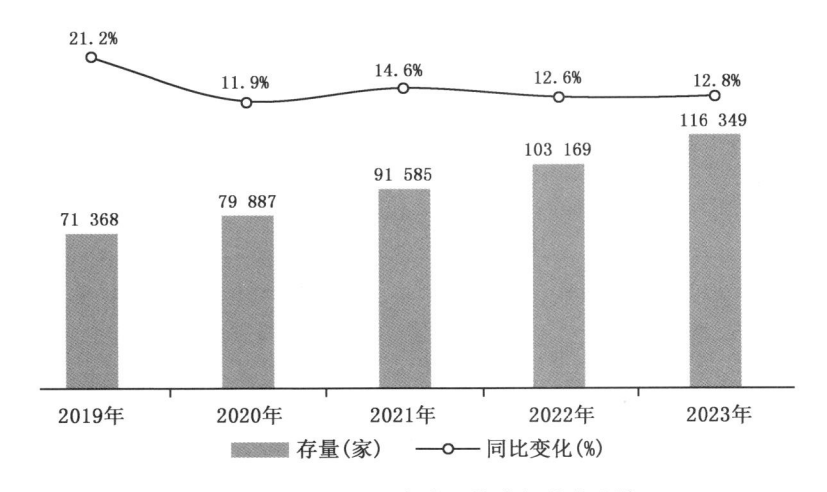

图6-2 2019—2023年全国烤肉相关企业情况

据红餐大数据,截至 2024 年 1 月,85.9%的烤肉品牌门店数在 30 家以下,门店数超过 100 家的品牌占比仅有 2.5%。

大部分烤肉品牌的门店数集中在 5 家及以下和 6～30 家这两个区间,可见中小型连锁的烤肉品牌是目前烤肉品类的主流。同时,大型连锁烤肉品牌的数量较少,这或意味着,烤肉品牌仍有扩张空间。

2024 年全国烤肉品牌门店数区间占比分布如图 6－3 所示。

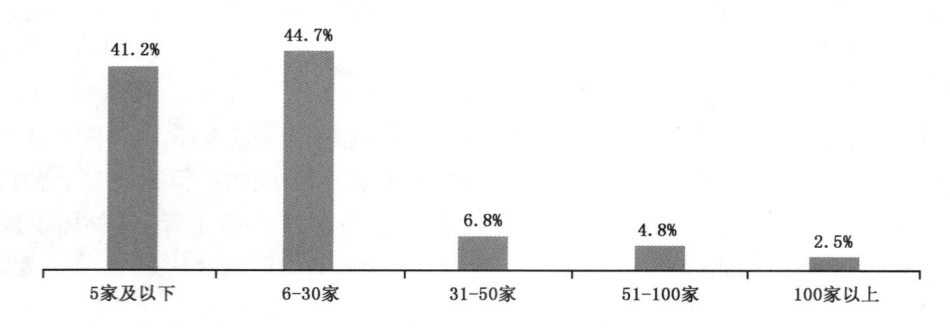

图 6－3　2024 年全国烤肉品牌门店数区间占比分布

经过多年的发展,烤肉品类已经细分出多个细分赛道。按照产品口味的风格来划分,烤肉品类大致可以分成韩式烤肉、日式烤肉、中式烤肉、巴西烤肉、土耳其烤肉和融合烤肉等。其中,韩式烤肉、日式烤肉、中式烤肉是目前烤肉品类的三大主要细分赛道。它们在产品特点、发展特点上表现各异,并均已诞生一批实力品牌(见表 6－1)。

表 6－1　各烤肉品类对比一览表

烤肉类型	产品特点	发展特点	代表品牌
韩式烤肉	口味以甜辣为主,通常使用各种酱料和调味料来增加口感和风味	品牌化发展历程较长,整体热度有所降温,但近年部分品牌发展势能较好	韩宫宴、新石器烤肉、安三胖等
日式烤肉	口感细腻,注重原汁原味,突出肉质的鲜美	人均消费相对高、扩张速度相对慢、品类的连锁化程度相对低	御牛道、赤坂亭、竹涟烧肉等
中式烤肉	包含川渝、东北、新疆、内蒙古等多个地域细分烤肉品类,口味、食材和吃法丰富多样	品牌化发展历程相对短,近年扩张速度较快,人均消费较为亲民	酒拾烤肉、柒酒烤肉、北木南烤肉和酒等

二、黄家烤肉发展历程

黄家烤肉是齐鲁大地上驰名的传统风味名吃,作为山东的代表性美食,黄家烤肉以其独特的制作工艺和绝佳的口感闻名于世。由章丘黄氏家族创制,起源于明末清初,距今已有近 400 年的历史了。黄家烤肉系整猪烤制,以其皮黄酥脆、外焦里嫩、肥而不腻,颇受人们称赞，是人们走亲访友馈赠之佳品。

(一)明末清初，黄氏创制

黄家烤肉源于何时，何人创制？传说早在元朝末年，章丘绣惠黄家湾有一个姓黄的人，在朝中做武官，因打了败仗被贬回原籍。其部下随从中有一蒙古人随他来章丘，此人经常点燃树枝烤羊肉吃，因为味道很鲜美，所以大家都爱吃。黄家由此而受到启发，也经常烤肉吃。因为此地世代养猪，主要是烤猪肉吃，而且是将猪肉割成块烤，自烤自吃，并不出售。至于用特制的炉子烤整猪和以烤肉谋生，那是明朝末年的事了。据清道光十三年《章丘县志》记载：明代邢侗撰《章丘茅令君去思碑记》，其中有："卖浆割炙，栉比鳞列，若五达之逵。"如图6-4可知，明代章丘烤肉就已十分兴盛。自明末迄今，黄家烤肉也有近400年的历史了。又据《黄氏家谱》记载：明洪武二年(1369年)，黄氏先祖兄弟三人，从冀州枣强黄家窑迁来，定居章丘绣惠。初来，生活窘困，食不果腹。为生计，在女郎山以打猎为生，后又烤熟食叫卖，烤肉越来越受欢迎。明末清初，黄氏先人逐渐掌握了用土坯围炉的"焖烤法"。清中期黄元法，对"焖烤法"进行了较大改良。清末黄锡宪，在章丘县衙门前买下店铺，由当时济南商会会长辛铸九，为其题"全盛号"匾额，经营一时。民国时期黄荫松、黄荫柏、黄荫清继承前辈，遵循古法，制作的烤肉"色、香、味、形"俱全，"全盛号"闻名遐迩。近代旧军孟家是名扬海右、声誉齐鲁的豪门望族，常以黄家烤肉馈赠亲友、宴请政要贵胄。每至年关，"全盛号"便早早的不对外销售，订单皆由信件预定，烤肉被分割成小块，用黄纸包裹打包、盖印、封存，再由马车专运至京津及上海等地。

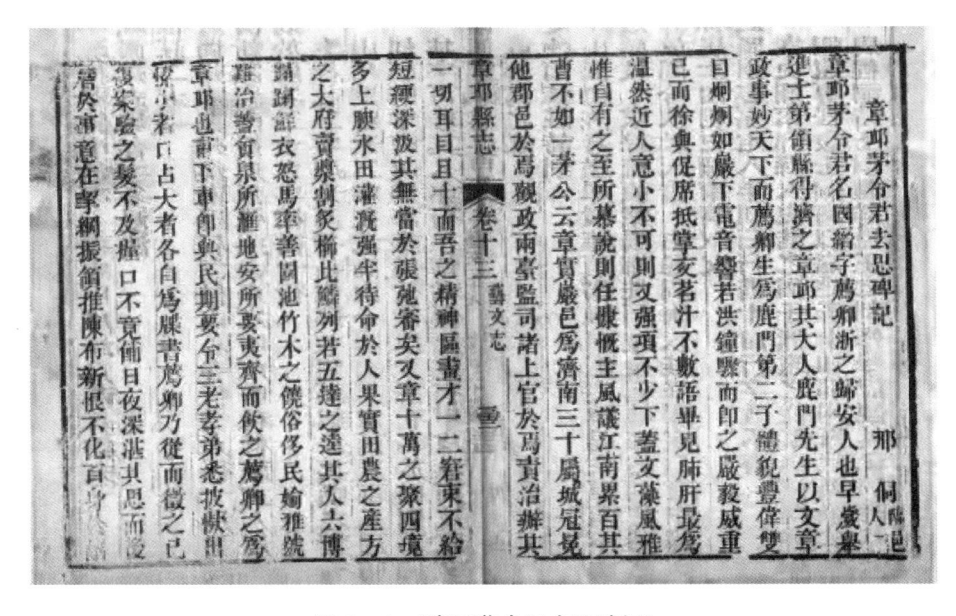

图6-4 《章丘茅令君去思碑记》

到了1955年，黄荫松、黄荫柏、黄荫清分家，并留有所立分单；明确标有绣惠东大街路南街宅(即老章丘县衙门前街宅)和所经营肉业店铺三人轮流经营(见图6-5)。

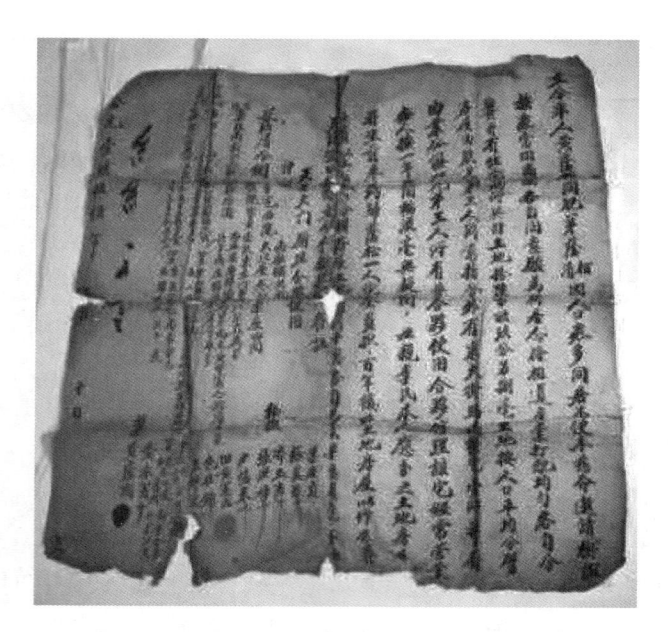

图6—5　黄氏《分家地契》记载着全盛号黄家烤肉

改革开放后,黄伍忠创办了伍忠号黄家烤肉正宗楼。师古而创新,在传统配方基础上进行改良。通过媒体,扩大营销渠道,使黄家烤肉品牌迅速传播开来。21世纪以来,黄宽、黄振兄弟二人继承祖业,精诚努力,创新发展,授徒传承,网络营销,使黄家烤肉制作技艺更加发扬光大。

(二)西哈努克亲王点名品尝黄家烤肉

黄家烤肉从简单制作到形成一整套独特的配料秘方和加工制作工艺,并不是一人一时之功,是黄氏几辈先人不断潜心琢磨、试验、改进、摸索的结果。起初自家烤制的猪肉因工艺单纯,又加外表不美,所以上集市叫卖时半天开不了张,虽然人来人往川流不息,但终究问的多,买的少。肉卖不出去只好自己吃或送给亲友。家人劝先祖不要再做这亏本无趣的生意了,可先祖并不甘心,他们从酒铺中抱来大坛美酒放在街心,把烧肉切成合口的脔块,放在大盘里,在车毂辐辏摩肩接踵的集市上,招呼行人:"诸位莫问价,先喝口酒尝口肉再说。"这一促销活动还真见效,人们始而好奇,品尝后不断点头,连称好吃。就这样,烧肉渐渐有了销路。以后,在民间倍受欢迎的黄家烤肉也悄悄被端上了县太爷的宴席。每有钦差、外地同僚来莅,酒宴上总少不了黄家烤肉。从此,黄家烤肉的美名不胫而走,声名远扬。

清朝中晚期,西方商品涌入中国,我国的民族工商业渐有发展。遐迩闻名的章丘孟氏"祥"字号商业开始迅速发展,并誉满京畿内外。孟氏商人与宫中宦官、朝中显赫,以及后来的军阀多有干系。在他们交往中,闻名四方的章丘名吃"黄家烤肉"也就随之传到京城。慈禧太后吃腻了御膳房制作的各种山珍海味,偶尔品尝一回"章丘黄家烤肉",但觉此肉肥而不腻,皮酥肉嫩,别具异香,回味悠长,不禁凤颜大悦,据说还御赐给黄家一面铜牌,以资褒奖。

另外,历来章丘铁匠遍天下,长城内外,大江南北,到处都有他们深深的足迹,他们云游万里,但情系故土,每到新春佳节过后启程远行,总忘不了给亲朋故旧或他乡家人捎上点黄家烤肉。全国各地除了知道章丘大葱外,还知道章丘的名吃黄家烤肉。1956 年,山东省举办手工业品展销会,黄家烤肉参加了展销,《济南日报》《大众日报》作了详细报道。同年,黄家烤肉还参加了在京举办的全国食品展览会,周总理、朱委员长等国家领导人也到会参观、品尝,并向同行的外宾作了介绍。1972 年 8 月 10 日,在中共中央军委副主席、人大常委会副委员长徐向前陪同下,西哈努克亲王来济南参观访问(见图 6—6),点名要山东名吃黄家烤肉,亲王品尝后赞不绝口。1975 年,朱委员长视察山东,再一次品尝了黄家烤肉。1984 年当代著名诗人臧克家在他撰写的《家乡菜味香》中回顾了他在济南上中学时,使他难忘的济南饮食,其中就有让他不能忘怀的黄家烤肉。

图 6—6　西哈努克亲王访问济南

(三)舌尖上的非遗,传承百年好滋味

改革开放以后,当地政府十分重视非遗保护,部署规划,要求尽快恢复本地传统名吃,诸多舌尖上的非遗得以有序传承。近年来,《大众日报》《山东经济报》《济南日报》及省市电台、电视台多次报道了黄家烤肉。1986 年,载入济南出版社出版的《济南食苑》一书;1987 年被评为"济南市风味小吃";1988 年 12 月被县、市、省推选,作为山东省传统风味名吃和济南市"八大风味"之一,参加了在北京举办的中国首届食品博览会,万里、李鹏等国家领导人到会参观,经全国著名食品专家品尝评定,黄家烤肉荣获中国首届食品博览会银质奖。2021 年 11 月 21 日,黄家烤肉制作技艺入选山东省省级非物质文化遗产代表性项目名录扩展项目名录。

三、黄家烤肉制作流程

黄家烤肉之所以独具异香与众不同,是与其独特的制作工艺分不开的。主要有以下几个步骤:

(一)选猪

烤肉要好吃,关键是要严格挑选质高肉优的好猪。黄家烤肉选用的猪多是来自南北临沂。南北临沂的养殖户们喂的猪一般不喂配合饲料,生长期长,虽外形不好看,但肉质很好,一般来说,吃豆渣的猪,其猪肉烤制出来最香。

(二)配料

黄家烤肉用的佐料叫五香料,即大茴香、小茴香、丁香、花椒、盐。在传统美食制作中,配料的精妙搭配往往是成就独特风味的关键密码。以五香料为例,这看似简约的组合,实则暗藏深厚的饮食智慧。五香料中的每一味都扮演着不可替代的角色。大茴香,又名八角,其浓郁的香气如同一把钥匙,能高效驱散食材的腥膻,为成品注入醇厚悠长的馥郁气息;小茴香以温和气质著称,恰似调和味道的"平衡大师",默默理顺各种滋味的层次,让整体口感更显和谐;丁香带着独特而浓烈的异香,如点睛之笔,只需少许便能激活味觉体验;花椒则凭借标志性的麻香,为美食增添灵动的刺激感,与其他香料碰撞出奇妙火花;盐作为基础调味,不仅勾勒出食材本味,更像催化剂,助力诸般香料的滋味充分交融释放。

黄家烤肉的购料是从本地著名的药铺三合堂采购。本地赫赫有名的药铺"三合堂",是历经岁月考验的品质标杆。这家药铺自创立起便恪守"药材地道,炮制精细"的原则,对每一味香料都执行严苛筛选标准:选大茴香,必挑颗粒饱满、色泽棕红者;挑小茴香,需香气纯正、无半分杂质;选丁香,定取花蕾完整、油性充足的精品;择花椒,必选麻味醇厚、色泽鲜亮的优种。从三合堂采购的五香料,不仅是味道的传递者,更承载着对传统工艺的敬畏。当这些精心挑选的香料融入食材,便如同奏响一曲味觉交响乐,释放出最本真的魅力。这般对配料的讲究,让每一次烹饪都成为传统与匠心的对话,也让这份味道在时光长河中始终保有打动人心的独特底蕴。

(三)炒料

炒料是有严格时间和温度限制的。大茴香约炒 20 分钟,温度以微烫手为宜,焙干焙透。小茴香也要炒 20 分钟左右,待看到噼啪噼啪乱爆,用手轻轻一碾能成粉末状即可,丁香、花椒各炒 5、6 分钟即可。

(四)剔骨

将新宰杀的整猪刮净皮毛,再剔骨。先去五脏;猪耳朵削去,下颌骨、牙骨剔去,口条、腮都要留着。头部炮制完,把两条前腿斩下,胸部一边去了根肋条。后腿则只去半截,斩下的半截要拿出腱子;留下的半截是为了勾住往铁梁上挂猪。

(五)花肉

先用刀挨着三叉骨把肉划开,使骨头和肉分开,然后一边用一根 7~8 厘米的高粱秸秆撑住骨和肉,目的是焖烤时熟得快,钻烟透气,然后用刀把肉一道道划开。

（六）腌猪和贴纸

腌猪就是往猪肉上加料。把炒好的佐料一层一层往肉缝里搓，搓时用力要柔和、均匀。一般要搓3遍，搓完后把肉合起，来回揉搓，使料在肉里渗透均匀。最后用草纸沾着水贴住猪肚皮等膘肥脂厚的地方，防止烤化、烤薄。

（七）烧炉

烧炉是在剔骨、花肉、腌猪的同时进行的。现在烧炉一般还是用高粱秸，将高粱秸从炉的上口点燃放入炉中，之后依次以5～6根高粱秸为单位放入炉中进行烧炉，稍开下部风门，以使炉火均匀烘烧炉壁，第一次烧炉约40分钟，第二次烧炉约20分钟，第三次烧炉约10分钟（见图6-7）。

图6-7 传统烤炉

（八）烤制

猪炮制完，炉也烧好了。打开风门，用铁钩钩去柴火，让余火燃尽，烟跑尽，然后挡住风门。在炉底放一铁锅，以备接油，防止油滴入火中起烟，使肉有烟熏味。这时，几个人把猪拴在炉口的铁梁上。用小滑轮把猪吊入炉中，封口。从炉口封闭时算起，过45分钟烤肉既熟，掀开大锅，抬出烤肉挂起，用刀刮去猪皮上焦糊的外层，而后取肉切成薄片即可食用。

视频

黄家烤肉烤制过程

本章小结

烤肉行业在我国历经萌芽、发展、成型与中兴阶段,从早期韩式、日式烤肉的主导,到近年中式烤肉的强势崛起,呈现出细分与融合并存的态势。

黄家烤肉作为齐鲁传统美食的代表,凭借近 400 年的历史积淀与独特工艺,成为行业中传统与现代融合的典范。其发展历程跨越明清至今,从黄氏家族创制的土炉焖烤,到现代企业化运营,始终坚守"整猪焖烤、秘制香料"的核心技艺,通过技术革新、数字化营销以及全产业链拓展,实现了从家庭作坊到现代化企业的转型。

黄家烤肉的制作流程烦琐而讲究,从选猪、配料到炒料、烤制,每一道工序都蕴含着对传统工艺的敬畏与传承,尤其是五香料的精妙搭配与土炉焖烤的独特技法,使其以"肥而不腻、皮酥肉嫩"的风味闻名遐迩,并入选省级非物质文化遗产名录。如今,黄家烤肉不仅成为地方美食名片,更通过"非遗＋产业"模式带动乡村振兴,形成"养殖-加工-销售"全链条,促进就业与农户增收,展现了传统手工艺在现代社会的强大生命力。其成功经验为非遗保护与产业融合提供了可借鉴的路径,证明了传统美食在坚守匠心的同时,通过创新与市场接轨,能够焕发出新的时代价值。

实践任务

根据以上内容,结合对伍忠号黄家烤肉的实地调研,以小组为单位完成以下任务,并形成调研报告。

(一)伍忠号黄家烤肉市场调研

1. 伍忠号黄家烤肉在章丘及周边地区的市场占有率如何?消费者复购率及主要消费场景(如家庭聚餐、礼品馈赠等)是什么?

2. 消费者选择伍忠号的核心驱动因素是什么?(如口感、品牌历史、价格、购买便利性等)

3. 线上渠道(如电商平台、直播带货)对伍忠号销量的贡献占比是多少?消费者对线上购买的满意度如何?

4. 伍忠号在章丘本地及山东省内面临哪些主要竞争对手?其差异化竞争优势(如工艺、包装、营销)体现在哪些方面?

5. 与其他烤肉品牌相比,伍忠号的客单价、产品定位和目标消费群体有何不同?

(二)黄家烤肉制作技艺传承调研

1. 黄家烤肉制作技艺的核心工艺是否完整保留?现代技术对传统工艺的替代程度如何?

2. 目前伍忠号的传承人结构如何?(年龄分布、师徒比例、是否有年轻传承人加入)

3. 企业是否开展过技艺培训或公益活动?效果如何?

4. 传统制作技艺在标准化生产中遇到哪些困难?企业如何平衡传统工艺与规模化需求?

5. 伍忠号是否尝试过对配方或工艺进行创新?消费者接受度如何?

6. 数字化技术是否应用于技艺传承?效果如何?

思考题

一、单项选择题

1. 黄家烤肉起源于哪个时期？（　　）
   A. 元朝末年　　　　　　　　　B. 明末清初
   C. 清朝中期　　　　　　　　　D. 民国时期

2. 黄家烤肉制作工艺中使用的五香料不包括以下哪种？（　　）
   A. 大茴香　　　　　　　　　　B. 小茴香
   C. 桂皮　　　　　　　　　　　D. 花椒

3. 截至 2023 年 12 月，全国烤肉相关企业存量约为多少万家？（　　）
   A. 11.6 万家　　　　　　　　B. 16.4 万家
   C. 10.2 万家　　　　　　　　D. 8.5 万家

4. 黄家烤肉在哪一年入选山东省省级非物质文化遗产代表性项目名录扩展项目名录？（　　）
   A. 2018 年　　　　　　　　　B. 2020 年
   C. 2021 年　　　　　　　　　D. 2024 年

5. 烤肉行业中兴期的主要特点是？（　　）
   A. 韩式烤肉兴起　　　　　　　B. 日式烤肉成为主流
   C. 中式烤肉强势崛起　　　　　D. 融合烤肉占主导

二、多项选择题

1. 黄家烤肉在现代的革新措施包括哪些？（　　）
   A. 开发真空包装延长保质期　　B. 设计文创礼盒提升产品溢价
   C. 建立现代化生产线扩大产能　D. 恢复传统土炉焖烤工艺

2. 烤肉行业的发展阶段包括以下哪些？（　　）
   A. 萌芽期（20 世纪 90 年代，韩式烤肉兴起）
   B. 发展期（21 世纪初，日式烤肉流行）
   C. 成型期（2016—2020 年，融合烤肉成主流）
   D. 中兴期（2020 年至今，中式烤肉崛起）

3. 黄家烤肉的制作流程包括以下哪些步骤？（　　）
   A. 选猪与配料　　　　　　　　B. 炒料与剔骨
   C. 花肉与腌猪　　　　　　　　D. 烧炉与烤制

4. 黄家烤肉推动乡村振兴的举措有哪些？（　　）
   A. 带动周边农户发展生猪养殖
   B. 建设电商直播基地
   C. 培育乡村网红主播
   D. 成立食品产业协会

5. 烤肉品类的三大主要细分赛道包括？（　　）
   A. 韩式烤肉　　　　　　　　　B. 日式烤肉

C. 中式烤肉　　　　　　　　　　　D. 巴西烤肉

三、简答题

1. 简述黄家烤肉如何通过"非遗＋产业"模式推动乡村振兴。
2. 分析烤肉行业从日韩烤肉主导到中式烤肉崛起的发展趋势及其原因。
3. 黄家烤肉的制作工艺有哪些独特之处？请结合材料具体说明。

第七章
石磨衍生品及石磨制作技艺调研

开篇案例

  山东现林石磨有限公司成立于2014年12月8日。公司自成立以来,一直坚持"传承古法,打磨精品,打造绿色健康食品机械"为产品生产宗旨,以"做市场先锋,走品牌之路,创建一流企业"为目标,以"质量就是生命,信誉促进发展,顾客尊为上帝"为准则,严格按照传统石磨磨齿角度、尺寸纯手工制作,使石磨和粮食作物自然摩擦,让石磨含有的独特矿物质与粮食作物营养元素天然混合,融为一体,纯正原味,绿色天然,延年益寿,营养健康。

  公司选址于刁镇时东村工业园区,通过租赁形式将过去淘汰不用的老科技队建成一座新型的原生态面粉生产企业,有效提高了时东村村集体收入,同时带动周边20多个村庄打造小麦大片连产区,鼓励农户成立合作社,并以保护价进行统一收购,大大提高了种植户的种粮积极性。

  随着黄河流域生态保护和高质量发展重大国家战略的推进,保护传承弘扬黄河文化,深入挖掘黄河文化蕴含的时代价值成为题中之意,这也给石磨制作技艺和非遗文化插上了翅膀。2023年,现林石磨制作技艺入选"市级非物质文化遗产"。近些年,现林石磨从文化遗产保护、品牌打造、产业发展等多方面入手,在推动中华优秀传统文化创造性转化、创新性发展上迈出坚实步伐。

  2020年,公司投资360万元创建2 000平方米的石磨文化馆,馆内主要有石磨的起源、石磨的文化底蕴、石磨的发展与演变、章丘铁匠文化、章丘石匠文化、公司发展历程、石磨香油的制作过程场景还原、现代科技的生产应用、党建文化等板块,另有体验区、游玩区、休息区、产品展厅,日接待200人次参观,成为弘扬中国传统文化,倡导健康生活方式,促进传统文化与现代生活水乳交融,展示儒商文化、石匠文化的重要窗口。

资料来源：山东砚林石磨有限公司官网。

案例启示

传统技艺的生命力在于将传承与创新深度融合：一方面，坚守古法工艺，以纯手工制作保留石磨的天然特性，确保产品绿色健康，赋予传统石磨现代市场价值；另一方面，通过"产业＋文化"双轮驱动，将石磨制作技艺与乡村经济、黄河流域文化战略相结合。企业通过盘活闲置资源，带动周边村庄形成小麦规模化种植，以合作社模式和保护价收购激发农户积极性，构建"种植-加工-销售"产业链，实现经济效益与社会效益的双赢。同时，投资建设石磨文化馆，将石匠文化、章丘铁匠文化与现代体验式旅游深度融合，打造集文化展示、科普教育、产品体验于一体的综合性平台，既弘扬了黄河文化，又提升了品牌影响力。这一案例表明，传统非遗技艺只有扎根现代产业、融入区域发展战略、创新传播方式，才能真正激活内生动力，成为乡村振兴的文化引擎与经济增长点，实现文化价值与产业价值的双重升华。

教学目标

知识目标：了解石磨的起源与变迁，深刻领会石磨承载的文化寓意，熟知石磨的应用。

能力目标：能够有效运用市场调研方法，完成石磨制作技艺和石磨衍生产品的调研工作；学会分析调研数据，提炼出有价值的市场信息，为企业决策提供支持；熟练运用各种推广渠道和工具，提高石磨制作技艺的知名度和石磨产品的市场占有率。

素质目标：通过体验石磨的制作过程，感受工匠们精湛的技艺、严谨的态度和不懈的追求，深植"劳动光荣、技能宝贵、创造伟大"的观念。

相关知识

一、石磨的起源

磨，最初叫作硙，汉代开始叫作磨。早期的磨制工具包括手磨、臼磨和磨盘等，它们的出现时间可以追溯到人类的早期文明时期。手磨是最早出现的磨制工具之一，它是用石头或其他硬质材料制成的，人们用手握住磨盘或磨棒，在磨盘或磨槽上摩擦食物或物品，从而达到磨制的目的（见图7－1）。臼磨是一种比手磨更大的磨制工具，它由一个臼和一个棒组成，人们将物品放入臼中，然后用棒来磨制（见图7－2）。随着时间的推移，人们不断改进磨制工具的设计和材料，出现了更加高效和精确的磨制工具——石磨（见图7－3）。

石磨是一种用石头制成的磨粉器具，主要用于研磨谷物、豆类、

图 7-1 裴李岗遗址出土的石磨石棒

图 7-2 远古简单的杵臼

图 7-3 古代原型石磨

香料等食品原料,也可以用于研磨药材、化妆品原料等。它的制作材料通常为砂岩等天然石材,磨盘和磨棒呈圆形,磨盘中间凹陷,称为磨眼,磨棒在磨眼中旋转,使原料被磨成细粉状。石磨是我国传统的磨粉器具之一,具有历史悠久的生产和文化传承价值。

相传,石磨是由鲁班发明的,《世本·作篇》等文献中记载"公输班作硙"。传说鲁班用两块比较坚硬的圆石,各凿成密布的浅槽,合在一起,用人力或畜力使它转动,就把米面磨成粉了。在此之前,人们加工粮食是把谷物放在石臼里用杵来舂捣。

拓展知识

石磨产生的原因

1. 社会需求

中国自古是一个以农业立国的大国,在新石器时代早期,就有"粟、菽",中晚期,有了小麦的推广种植。当时的粮食加工工具有石磨盘、石磨棒、臼、杵等,而菽类的豆子只能用杵臼把它捣扁,很难捣碎;小麦粒食口感不佳,人们就想办法把它研成粉状。但是这些粮食加工工具只能少量加工,工艺粗糙,效率很低,不能满足人们的生活需求,只有大量加工才能满足食用的目的。尽快发明适用于加工这些粮食的工具,成为当时社会的重要需求。

2. 技术启迪

农具和农业是胞兄胞弟,粮食加工工具,是农具的一个分支。当时石磨盘和石磨棒已经广泛使用,人们利用石磨棒在石磨盘上的搓磨把粮食磨碎。石磨盘并不一定是圆形,有长方形、椭圆形、多边形等。石磨棒也不一定是长柱形,也有多棱形、圆饼状、鹅卵石形等。石磨盘、石磨棒加工谷物时,是利用石与石相互搓磨而对谷物实行加工的,棒在盘面上搓磨时可进行圆周运动,从而使搓磨成为两个近似圆形平盘之间的相互搓磨,为石转磨的诞生奠定了实物基础。新石器时代晚期,陶器轮制技术的出现,为石磨的转动原理奠定了技术基础。

二、石磨的变迁

（一）石磨磨齿的演变

据1973年发现于辽宁沈阳北郊区新乐遗址的新乐文化显示,石磨在距今7200年前的新石器时代已经出现。随着时代的发展,石磨也在不断演变。石磨齿形在人们日常生产生活的使用中,根据使用效果在不断发展。

从战国到西汉为早期,这一时期的磨齿以洼坑为主流,坑的形状有长方形、圆形、三角形等形状多样,极不规则;东汉到三国为中期,这个时期是磨齿多样化发展时期,磨齿的形状为辐射形,分区斜线型,并有四区、六区、八区型,也有十区斜线型。晚期是从西晋至隋唐(至今),这一时期是石磨发展成熟阶段,磨齿主流为八区斜线型,也有十区斜线型。

（二）石磨结构的变化

石转磨一直是加工面粉及浆类食品的主要工具,自汉以后,古籍中有关用面粉做面食的史料亦越来越多,它反映了我国传统饮食习俗由粒食文化向粉食文化的转变,这也是新的粮食加工工具——石磨得以迅速发展和普遍使用的必然结果。

秦汉时期的石转磨,加工流食的石磨,是放在一个较大的漏斗内,以方便漏斗接收磨出的浆状食品。但是这种结构毕竟又大又笨。根据江西赣州博物馆保存的,1977年在赣州市七里镇古瓷窑遗址出土的小型石转磨可知,宋元时期已经将接流汁的大型漏斗和下扇磨设计在了一起,下扇磨与磨盘连体,磨盘上开出一周沟槽,并有一外伸的流口。磨扇直径19厘米,磨盘直径36厘米,通高7.1厘米,体积较小,造型美观。

明清时期,在农业上所形成的小农经济体制,成为生产力发展的严重桎梏。中国传统农具已能完全满足当时的农艺要求,作为生产力因素之一的工具,因生产关系并没有出现新的飞跃,所以没有出现发展创造的新机遇。在明清时期农具变革基本上一直处于停滞状态。

新中国成立前后,随着人们加工的粮食品种的增加,加工的粮食品种不同,分区斜线型的磨齿,效果得到实用的证实,先民不但用石磨加工流质食物,还用来加工粉质食物。后来人们锻造的石磨齿形从八区增加到十区或者十二区;分区少的,沟槽较宽,一般用来加工颗粒较大的粮食;分区较多的用来加工颗粒较小的粮食。为了使粮食研磨得更加精细,在磨的上下扇结合的边沿处,留有磨唇。

石磨结构在变化,用石磨进行粮食加工的工艺在不断提高,使粮食加工由少量到大量、由粗糙到精细,加工的质量和效率都得到了很大提高,先民们的饮食方式也有了革命性的改变。

(三)石磨动力的变迁

石磨的动力经历了由人力、畜力到水力、电力的变迁。手推磨的原理就是把杵臼的上下运动变成了旋转运动使杵臼的间接性工作变成了连续性工作,大大降低了劳动强度,提高了生产效率。随着人口增长,手推磨不能满足粮食加工的需要和社会经济的发展,畜力磨相应而生,大大提高了粮食的加工效率。

大约在晋代人们发明了用水力作为动力的磨。水磨的动力部分是一个卧式水轮,在轮的立轴上安装磨的上扇,流水冲动水轮带动磨转动,这种磨适合于安装在水的冲动力比较大的地方。假如水的冲动力比较小,但是水量比较大,可以安装另外一种形式的水磨:动力机械是一个立轮,在轮轴上安装一个齿轮,和磨轴下部平装的一个齿轮相衔接。水轮的转动是通过齿轮使磨转动的。这两种形式的水磨,构造比较简单,应用很广。

当历史发展到20世纪70年代,人们巧妙地将古老技术和现代化元素结合起来,创造出了用电动机驱动的石磨,包括两种样式的石磨及片式石磨和辊式石磨。片式石磨的研磨部分分固定和转动两部分,成卧式结构,固定部分是在一长方形石头的一个长侧面上开出一个与转动部分相吻合的二分之一圆柱槽,转动部分制成圆柱体,中间凿孔穿入传动轴,半圆石槽和转动圆柱相互接触区表面刻有类似古老石磨的花纹,加上相应的遮挡传动部分形成了新旧结合的产物;辊式石磨的研磨部分是辊式的圆柱体岩石,形状如同钢磨的磨辊,表面刻有类似古老石磨的花纹。

三、石磨承载的文化寓意

石磨是一种以石材制成的器具,历史悠久,用途广泛。它通过研磨谷物和食品物,将它们转化为更加细腻的形态,提供我们日常所需的食物。然而,石磨不仅是一种实用工具,更象征着一种坚韧不拔的精神和传统文化的传承。

首先，石磨象征着坚韧和持久。石材作为石磨的主要材料，具有极高的硬度和强度。它能够经受岁月的洗礼和使用的摩擦，依然保持着其原有的形态和功能。这种坚韧不拔的特性，寄托了人们追求事业成功和生命坚韧的精神。石磨告诉我们，只有通过坚持不懈地努力，才能战胜困难，追求成功。

其次，石磨也体现了传统的价值观和朴实的生活方式。石磨作为一种古老的磨盘工具，几乎在人类文明的起源阶段就存在了。它见证了农耕文明的演进和人类社会的进步发展。尽管现代的科技和工业生产已经取代了石磨的角色，但石磨仍然承载着传统文化的回忆和传承。它告诉我们要尊重传统，珍惜文化遗产，并将这种朴实、质朴的生活方式传承下去。

此外，石磨还象征着持久和不变的品质。石制品往往被认为是质量优良的象征，具有更长久的使用寿命。无论是在产品制造过程中还是在对待事物的态度上，石磨都代表着对高品质和高标准的追求。它提醒我们始终保持品质和诚信，无论是在生活中还是在工作中。

石磨作为一种古老而重要的器具，具有丰富的寓意和象征意义。从坚韧不拔的精神、传统文化的传承到质量和品质的追求，石磨向我们传递了许多宝贵的价值观念。让我们尊重石磨的存在，珍惜人类文明的宝藏，同时通过石磨的寓意和象征，激发我们坚韧、朴实和持续努力的力量。

四、石磨的应用

石磨结构自汉代定型成熟后，直到改革开放之前，老百姓的一日三餐，几乎离不开石磨。

改革开放之后，人们的生活节奏随着社会经济的飞跃发展而加快；农业科技的飞速发展，推动着农具的快速改革，粮食加工工具的新器械不断涌出。现代粮食加工器械是大批量、大规模粮食加工的主要设备，加工速度快、精细度高、糠麸少、产量高、省时省力、效益好。与传统石磨相比，效率大幅度提高，加工工艺更精化。另外，现代粮食加工器械的寿命比较长，即使维修，拆卸也很方便。而石磨的齿纹，寿命短，进行再加工，不仅费时，关键是很费力气。鉴于现代粮食加工器械以上优点，传统粮食加工工具石磨逐渐被漠视。传统石磨的慢速旋转，石磨工艺的落后，已经跟不上社会快速前进的步伐，石磨在逐渐退出粮食加工的历史舞台。只有经济条件落后，农业现代化程度不高的偏远山区，还用石磨做粮食加工工具。

但是，随着社会文明的进步，人们对饮食的质量，提出了更高的要求，传统的石磨面以及石磨油再次广受青睐。

石磨在食品加工中有广泛的应用，特别是在面食、豆制品、调味品等领域中。

（一）面食加工中的应用

在中国传统面食制作中，石磨是不可或缺的工具。传统石磨磨出的面粉颗粒度大，富含胚芽，有嚼劲和香味。而且石磨磨面时速度较慢，热度低，不会破坏面粉的营养成分，能够保持面粉的纯正和自然香味。因此,用石磨磨出的面粉制作的面食更受消费者喜爱,口感更好,更具营养价值。

(二)豆制品加工中的应用

豆浆、豆腐等豆制品的制作也需要用到石磨。传统豆腐制作中,用石磨磨制黄豆,磨出的豆浆更加细腻,能够使豆腐口感更好、更加细腻。豆腐皮的制作也需要将黄豆浆磨细,经过沉淀、蒸煮、挑拣等过程制成。豆腐和豆腐皮是中国传统食品,经过石磨的制作,更能够体现其传统特色和美味。

(三)调味品加工中的应用

调味品加工中,石磨主要用于磨制芝麻油、芝麻酱、花生酱、辣椒等材料。磨制出的芝麻酱和辣椒酱更加细腻,口感更好,也更容易吸收,为美食加分。

总之,石磨在食品加工中的应用不仅能够保持传统风味,更能够提高食品的口感和营养价值,具有重要的意义。

除了食品加工领域,石磨还应用于其他领域。例如,在建筑行业中,石磨可以用于磨制石材和混凝土表面;在化妆品行业中,石磨可以用于研磨粉末,以制作各种化妆品。

本章小结

石磨作为我国传统农业文明的重要标志,其发展历程贯穿了人类从原始手工磨制到现代科技融合的漫长岁月。从起源来看,石磨的诞生源于社会对粮食加工效率的需求及技术进步的推动,传说由鲁班发明的石转磨,不仅实现了粮食加工从粒食到粉食的革命性转变,更奠定了其在农耕文明中的核心地位。历经数千年变迁,石磨在磨齿形态、结构设计及动力系统上不断演进:磨齿从早期不规则洼坑发展为成熟的分区斜线型,结构从笨重的漏斗连体设计优化为更便捷的磨盘集成,动力则由人力、畜力逐步升级为水力、电力,展现了先民在生产实践中的智慧与创新。

石磨不仅是实用工具,更承载着深厚的文化寓意:其石材的坚韧象征着持之以恒的精神,传统工艺的传承体现了对朴实生活方式的坚守,而石磨对品质的苛求则成为工匠精神的缩影。在应用层面,尽管现代机械化加工曾使石磨逐渐淡出主流,但随着人们对传统风味与健康食品的追求,石磨在面食、豆制品、调味品等领域重新焕发活力。其低速研磨保留营养成分的特性,使其成为现代食品工业中回归自然、追求本真的代表。

如今,石磨已超越工具范畴,成为连接传统与现代的文化纽带。它既是农业文明的活化石,见证了人类饮食文化的变迁,也是传统文化创造性转化的典范,在当代社会中继续诠释着"传承不守旧,创新不忘本"的发展理念,为非物质文化遗产的保护与利用提供了生动范例。

实践任务

根据以上内容,结合对山东现林石磨有限公司的实地调研,以小组为单位完成以下任务,并形成调研报告。

(一)石磨衍生产品销售情况调研

1. 山东现林石磨有限公司目前生产的石磨衍生产品有哪些种类？这些产品在山东省内以及全国的市场分布情况如何？哪些地区的销量较高，原因是什么？

2. 目标消费者群体对石磨衍生产品的需求和偏好是什么？消费者购买石磨衍生产品的频率和用途是什么？

3. 山东现林石磨有限公司现有的市场竞争对手有哪些？他们的产品优势和劣势是什么？现林石磨的衍生产品在市场竞争中处于什么地位？有哪些差异化竞争策略？

4. 山东现林石磨衍生产品的主要销售渠道有哪些？线上和线下渠道的销售占比分别是多少？公司采用了哪些营销策略来推广产品？这些策略的效果如何？

（二）石磨制作技艺传承调研

1. 石磨制作技艺目前的传承情况如何？有多少传承人？他们的年龄分布和技艺水平如何？传承过程中面临哪些困难和挑战？

2. 公司采用了哪些方式来传承石磨制作技艺？是否有建立专门的培训体系？培训的内容、方式和时长是怎样的？培训效果如何评估？

3. 石磨制作技艺具有哪些文化价值？在当地社会和文化发展中起到了什么作用？社会各界对石磨制作技艺传承的关注度和支持度如何？

4. 在现代科技和市场需求的影响下，石磨制作技艺有哪些创新和发展？未来的发展方向和前景如何？公司在技艺创新和传承方面有哪些规划和措施？

思考题

一、单项选择题

1. 石磨相传由哪位历史人物发明？（　　）
   A. 孔子　　　　B. 鲁班　　　　C. 诸葛亮　　　　D. 李时珍

2. 石磨磨齿发展的成熟阶段是以下哪个时期？（　　）
   A. 战国至西汉　B. 东汉至三国　C. 西晋至隋唐　D. 明清时期

3. 石磨动力从人力、畜力发展到水力始于哪个朝代？（　　）
   A. 汉代　　　　B. 晋代　　　　C. 唐代　　　　D. 宋代

4. 现代社会中石磨重新受到青睐的主要原因是？（　　）
   A. 加工速度快　　　　　　　　B. 保留营养成分且风味传统
   C. 操作简便　　　　　　　　　D. 成本低廉

5. 石磨在食品加工中的应用不包括以下哪个领域？（　　）
   A. 面食加工　　　　　　　　　B. 豆制品加工
   C. 调味品加工　　　　　　　　D. 建筑材料加工

二、多项选择题

1. 石磨承载的文化寓意包括哪些？（　　）
   A. 坚韧不拔的精神　　　　　　B. 传统文化的传承
   C. 对高品质的追求　　　　　　D. 现代科技的创新

2. 石磨结构变化的体现有哪些？（　　）

A. 秦汉时期石磨与漏斗分离
B. 宋元时期磨盘与流口一体化设计
C. 明清时期磨齿分区增加至十二区
D. 新中国成立后出现片式和辊式电动石磨

3. 石磨在食品加工中的应用领域包括？（　　）

A. 面食加工 B. 豆制品加工
C. 调味品加工 D. 化妆品原料研磨

4. 石磨产生的主要原因有哪些？（　　）

A. 社会对粮食加工效率的需求 B. 陶器轮制技术的启迪
C. 铁器的广泛使用 D. 游牧民族的饮食影响

5. 石磨动力变迁的阶段包括？（　　）

A. 人力 B. 畜力 C. 水力 D. 电力

三、简答题

1. 简述石磨从起源到现代的发展历程。
2. 石磨承载了哪些文化寓意？请结合材料具体说明。
3. 为什么现代社会中石磨再次受到青睐？请分析其背后的原因。

第八章 章丘大葱产销情况及栽培技艺调研

开篇案例

  济南市章丘区徐家兴盛大葱专业合作社成立于2008年,位于章丘大葱核心产区宁家埠街道。作为一家集大葱种植、收购、初加工及技术服务于一体的农民专业合作组织,合作社通过"党支部＋合作社＋农户"模式,整合分散种植户资源,带动周边5个村300余户农民参与规模化经营。面对章丘大葱传统种植周期长、机械化水平低、产业链短等痛点,合作社以"科技赋能、三产融合"为突破口,探索出一条特色产业振兴路径。

  徐家兴盛大葱专业合作社以"党支部＋合作社＋农户"模式为基础,通过三大创新路径实现产业振兴:一是技术革新,研发大葱专用移栽机降低成本30%,建设冷库实现四季供应,推广富硒种植打造高端产品;二是三产融合,发展初加工延伸产业链,搭建电商平台实现年销1 500万元,建设文化体验园带动文旅增收;三是联农带农,建立"保底收购＋分红"机制保障农户收益,开展技术培训培育新型职业农民,提供季节性岗位促进就近就业,形成"技术共享、风险共担、利益共赢"的发展格局。

  合作社通过技术革新与模式创新,实现大葱种植面积达5 000亩、年产值8 000万元,带动村集体年增收30万元以上,社员户均增收1.2万元,培育新型职业农民80余人,为传统农业转型升级提供可复制样本。

  资料来源:章丘区农业农村局。

案例启示

徐家兴盛大葱专业合作社通过"党支部＋合作社＋农户"模式，将分散的农户资源整合为规模化、现代化的产业集群，破解了传统种植周期长、机械化水平低、产业链短等难题。合作社以科技赋能为突破口，研发大葱专用移栽机降低成本，建设冷库实现四季供应，推广富硒种植提升产品附加值，从根本上提升了农业生产效率与产品竞争力。同时，通过三产融合延伸产业链，发展初加工、搭建电商平台、建设文化体验园，将单一的种植产业拓展为"种植＋加工＋销售＋文旅"的复合型经济，有效提升了产业附加值与抗风险能力。在联农带农机制上，合作社通过"保底收购＋分红"保障农户收益，开展技术培训培育新型职业农民，提供季节性就业岗位，构建了技术共享、风险共担、利益共赢的发展格局，实现了村集体增收、农户致富与产业升级的多赢目标。这一案例表明，传统农业的振兴需以机制创新为引领，以科技和三产融合为双轮驱动，通过构建利益共享的产业生态，激发内生动力，为乡村振兴注入持续动能。

教学目标

知识目标：熟知章丘大葱的悠久历史，清晰把握其引种过程、技术发展以及所获荣誉，透彻理解其作为地理标志产品所蕴含的文化价值；深入了解大葱销售的相关情况，涵盖销量的波动状况、价格的形成机制、线上线下融合的渠道策略以及品牌价值的提升路径。

能力目标：能够获取章丘大葱相关数据，如产量、价格、渠道占比等，对章丘大葱产业链的优势与不足进行分析，并提出切实可行的优化方案。

素养目标：通过了解章丘大葱的非遗技艺和历史典故，增强对传统农耕文化的保护与创新责任感；深刻理解特色农产品在促进农民增收、推动农村产业融合中的重要作用，培养服务"三农"的社会担当。

相关知识

一、章丘大葱种植历史

大葱，这一日常蔬菜，竟与古老的齐桓公有着不解之缘，起源于我国西部高原及亚洲西部某些区域，早在《礼记·曲礼》与《礼记·内则》等古籍中便有记载，那时的人们已开始将大葱作为重要的食用蔬菜进行栽培。大约在公元前1 000年，大葱便已成为我国不可或缺的蔬菜之一。这种历史悠久的蔬菜，如今依然深受人们的喜爱，甚至演变成了山东章丘的一种文化符号。

公元前681年，大葱被引入齐鲁大地，这一历史事件在《管子·戒》一书中得到了明确记载。书中写道："(齐桓公)北伐山戎，出冬葱与戎菽，布之天下。"山戎，这个春秋战国时期的族名，其居住地位于今河北省北部，以擅长种植冬葱而闻名。在齐桓公对山戎的征伐中,他获得了这些珍贵的冬葱,并将其移植到山东地区。这些冬葱,作为大葱的始祖,自此在齐国落地生根,茁壮成长,陪伴着齐鲁的百姓,历经 2000 多年的风风雨雨,至今依然繁茂不衰。章丘大葱,这一深受人们喜爱的蔬菜,其种植历史至少可以追溯到 2700 年前。

到了汉朝,《汉书·龚遂传》中又有记载:"遂为渤海太守,劝民务农桑,令口种五十本葱。"这进一步证明了汉朝时期大葱在山东的广泛种植。而东汉崔寔的《四民月令》则详细描述了葱的种植方法:"二月别小葱,六月别大葱,七月可种大、小葱。"这为我们提供了关于葱种植的宝贵信息,与现代葱的种植方法基本一致。此外,两汉乐府的《孔雀东南飞》中也有关于葱的生动描绘:"足下蹑丝履,头上玳瑁光。腰若流纨素,耳著明月珰。指如削葱根……"这里将手指比喻为葱根,既形象又生动,充分展现了古代人们对葱的喜爱和对其形态的细腻观察。

魏晋时期,晋朝的郭义恭在《广志》中描述,休循国位于葱岭以东,那里盛产大葱。葱岭在古代多指西南地区,说明当时大葱主要种植在半寒冷地带,这与其生长习性相契合。到了北魏,贾思勰的《齐民要术》中专门有一篇《种葱篇》,详细论述了种葱的留种、栽培、管理以及越冬措施。

元代的王祯在《农书》中也对葱的种植方法进行了详细讲解,包括种法的选择、移栽的方法以及如何确保葱的高产与品质。这表明,到元代时,大葱的种植方法已经基本定型。

到了明代,章丘大葱已声名远扬,成为朝廷贡品,并被明世宗赐封为"葱中之王"。这一时期,还流传着四句赞誉章丘大葱的诗歌:"大明嘉靖九年庆,女郎仙葱登龙庭,万岁食之赞甜脆,葱中之王御旨封。"这进一步证明了明代章丘大葱的种植已经相当普遍且品质上乘。

此外,明朝嘉靖九年(1530 年)和乾隆二十年(1755 年)的《章丘县志》均记载,女郎山出产的葱品质最佳。而章丘大葱最著名的产地则集中在女郎山西麓的乔家、马家、石家、高家、王金等村一带,被誉为"章丘大葱,绣惠正宗"。

民国时期,《济南快览》记载章丘大葱的枝条重达一斤以上,成为山东人的特别嗜好品。同时,大明湖的蒲菜也因其形似菱、味似笋而成为北数省的植物菜类珍品。在民国 21 年(1932 年)山东乡村建设研究院举办的第二届农展会上,章丘县三区回北村的刘玉西参展的大葱还荣获了优二等奖。

1956 年,章丘绣惠回北村的葱农刘廷茂因所产大葱品质卓越,荣获了国务院总理周恩来签署的奖状,并受到了毛泽东主席的亲切接见。这一殊荣进一步彰显了章丘大葱的卓越品质。1996 年,章丘被农业部正式命名为"大葱之乡",并相继荣获了"中国名牌农产品""中国驰名商标"以及"第十二届中国绿色食品博览会金奖"等多项荣誉。到了 2014 年,章丘大葱更是登上了 APEC 晚宴的餐桌,让世界各地的宾客都领略到了这份地道的"章丘味道"。

此外,章丘大葱还创造了一项吉尼斯世界纪录。老舍先生曾这样描述章丘大葱:"不要花,不看叶,单看葱白儿,你便觉得葱的伟丽了……这个白色叫你舍不得吃它,而拿在手中颠着,赞叹着,好像对于宇宙的伟大有所领悟。"这恰恰证明了章丘大葱不仅口感鲜美,更以其高大的"身姿"吸引了无数人的目光。在2020年,章丘大葱更是以2.532米的惊人长度荣获了"世界最长的葱"的吉尼斯世界纪录,为章丘大葱的国际化之路增添了浓墨重彩的一笔。2023年11月10日,"2023中国·章丘大葱文化旅游节"开幕。章丘大葱种植户宋光宝的大葱以2.586米的高度荣获2023年章丘"葱王",打破了2020年2.532米章丘大葱"世界最长的葱"的吉尼斯世界纪录(见图8－1和图8－2)。

图8－1 2023年"葱王"评比现场

图8－2 章丘大葱种植户宋光宝与2023年"葱王"

二、章丘大葱生产情况

章丘大葱每年的种植面积比较大,大葱的种植环节主要包括播种、覆土、定植、移栽、翻耕、收获等环节。在城镇化不断发展的背景下,生产力向二、三产业转移,导致种植劳动力大幅减少。考虑农业生产与收获的季节性差异,大葱移栽期农忙,劳动力不足的矛盾尤为突出。因此,实现大葱机械化生产、规模化、标准化种植对促进产业化发展尤为重要,是提高农民收入和生产水平的要求和趋势。章丘区政府将在统一大葱种植实际的基础上,结合大葱种植特点,积极协调农机生产企业,加快农业机械的研发和更新换代。应继续完善财政支持和补贴政策,推广农业机械,加大公共设施投入,为农民提供现代化机械设备。同时,制定相应的农业政策,向农业机械化倾斜,降低农作物种植户的购机成本,减少机械化推广的阻力。为了更好地实现葱农的专业化,章丘区政府将逐步提高农民素质,对葱农进行统一管理和培训,提高新型机械设备的使用效率。在不断提高科技应用水平的基础上,加快推行四季生产,减少大葱种植的季节性制约,在全区由小规模试验走向大规模应用,不断扩大大葱生产规模,提高效益。

(一)大葱产量趋势

近年来,随着农业技术的不断进步和种植管理水平的提升,章丘大葱的产量呈现出稳步增长的态势。具体而言,章丘大葱的亩产量一般在4 000斤以上,高产的甚至可以达到6 000斤左右,由于气候适宜和种植技术的提升,章丘大葱的亩产量达到了历史新高,甚至突破了6 000斤的大关。近年来,章丘大葱的总种植面积也在不断扩大,目前已达到7 666.7公顷。在这样的种植规模下,章丘大葱的年产量也相当可观,持续保持在60万吨以上,2022年更是达到了63万吨。这一数据不仅展示了章丘大葱产业的规模,也反映了其产量的稳定增长趋势。此外,章丘大葱的品牌价值也在不断提升,这进一步推动了其产量的增长。随着消费者对章丘大葱品质和口感的认可,市场需求也在不断增加,从而促进了农民扩大种植面积和提高产量的积极性。需要注意的是,章丘大葱的产量并非一成不变。受到天气、市场需求、种植面积等多种因素的影响,每年的产量都会有所波动。例如,2023年章丘大葱因雨水减产50%,一亩地产量只有大约5 000斤。

(二)大葱种子及化肥农业使用情况

章丘大葱种植主要品种包括青葱、红葱、圆葱等。在考虑栽培季节和预期收获时间,并确保满足市场需求,大葱的种子需要在室内苗床上提前播种,也可以在户外直接播种。在播种前,确保土壤温度在10℃以上,这有助于种子的发芽。将种子均匀地撒在土壤表面,然后轻轻压实。在播种后,及时浇水并覆盖一层薄薄的覆土。保持土壤湿润,有助于种子的发芽和幼苗的生长。选择适合气候和土壤的品种至关重要,章丘大葱种植区土壤以褐土中壤为主,经研究检测其有机质含量1.2%以上,含氮量0.12%,含磷量0.3%,速效磷含量大于80毫克/千克,速效钾含量大于120毫克/千克。土壤应疏松排水良好。播种前需确保土壤温度不低于10℃,同时保持湿润环境。管理包括松土、施肥、除草和灌溉。大葱需要适量的施肥,章丘大葱在生长初期,可以施用富含氮的肥料,促进叶子的生长。当大葱开始变粗时,可以转而使用磷、钾肥料,有助于块茎的发育。并需要注意不要过度施肥,以免过多的氮促使大葱生长叶子而不是块茎。大葱容易受到病虫害的侵袭,如蚜虫、白粉病和根结线虫,及早发现并采取适当的控制措施是关键,可以使用有机农药,如植物性杀虫剂来对抗害虫。适量施用氮肥促进叶子生长,然后切换到磷、钾肥料以促进块茎发育,此外,合理的轮作也可以减少病虫害的发生。

(三)大葱种植生产主体情况

从生产经营主体的数量来看,章丘大葱的生产规模正在不断扩大。目前,全区各类大葱规模生产经营主体已达到 340 余家,种子生产经营主体也有 20 余家。这些主体包括大葱种植户、农民专业合作社、农业企业等,它们共同构成了章丘大葱产业的生产体系。生产主体的技术水平也在不断提高。随着科技的不断进步和农业现代化的推进,越来越多的生产主体开始采用先进的种植技术和管理方法,例如工厂化育苗、机械化生产、精细化加工等。这些技术的应用不仅提高了大葱的产量和质量,也增强了生产主体的市场竞争力。目前,章丘大葱的品牌价值已达到 52.91 亿元,被列入农业农村部 2022—2025 年"农业品牌精品培育计划"和首批"好品山东"品牌目录。这一成绩的取得离不开生产主体们的共同努力和政府的支持。章丘大葱的生产主体已经形成了较为完整的产业链。从种植、加工到销售,各个环节都有专业的主体进行运作。这种产业链的完善不仅提高了生产效率,也增加了产品的附加值,为章丘大葱产业的可持续发展奠定了坚实基础。章丘目前生产主体主要为农户为主,集中于绣惠街道、宁家埠街道、枣园街道、龙山街道部分村庄,形成了以章丘绣惠女郎山为核心的主要种植区域(见图 8—3)。大葱种植户多以农户、村集体、合作社、产业园(龙头企业)为主体,其中涉及主要种植农户大约为 3 万户,村集体80 个、合作社 25 家,产业园 5 家。

图 8—3 章丘区女郎山大葱种植基地

(四)大葱种植的作业模式

章丘区充分遵循大葱生长发育规律,根据不同的栽培方式化预定收获时期,最大限度地发挥阳畦、拱棚、大拱棚、遮阳网、草苫等实施的效能,结合不同生长特性的大葱品种,并与不同栽培季节相匹配,研究开发了大葱越冬、秋延迟、越夏设施栽培技术,形成了一整套栽培技术体系，实现了大葱周年生产、周年加工供应国内外市场的目标。章丘大葱的栽培茬口安排紧密而有序，根据季节的不同，选择合适的播种、定植和收获时间，并利用不同的栽培方式确保大葱在不同季节都能正常生长和收获。这种科学的茬口安排不仅提高了土地利用率，也确保了大葱的全年供应。

三、章丘大葱销售情况

章丘大葱，作为山东章丘地区的特产，历来以其独特的品质与风味在市场上独树一帜。近年来，随着农业现代化的推进和电商平台的崛起，章丘大葱的销售情况呈现出蓬勃发展的态势。在传统销售渠道上，章丘大葱以其鲜嫩多汁、辛辣适中的特点，一直深受消费者喜爱。无论是作为日常烹饪的佐料，还是作为节日餐桌上的佳肴，章丘大葱都能凭借其独特的口感和营养价值赢得市场的青睐。尤其在秋冬季节，当大葱进入收获期时，各地经销商纷纷前来采购，使得章丘大葱的销量不断攀升。然而，传统销售模式往往受到地域和时间的限制，难以将章丘大葱的优质品质传递给更广泛的消费者群体。这时，电商平台的兴起为章丘大葱的销售注入了新的活力。借助美团、京东、抖音等线上平台，章丘大葱得以突破地域限制，将优质的农产品直接送达全国各地的消费者手中。在电商平台上，章丘大葱的销售模式也变得多样化。农户和合作社可以通过平台开设店铺，直接面向消费者销售大葱；同时，一些电商平台还推出了农产品直播带货等活动，让消费者能够更直观地了解章丘大葱的生长环境、种植过程和产品特点，进一步激发了消费者的购买欲望。不仅如此，章丘大葱还通过深加工等方式，提高了产品的附加值和市场竞争力。一些农业专业合作社利用大葱为原料，研发出大葱油、大葱酱等深加工产品，不仅丰富了产品线，还为消费者提供了更多选择。这些深加工产品不仅具有浓郁的葱香味道，还具有独特的营养价值，深受消费者喜爱。

（一）大葱销量情况

从种植规模和产量来看，章丘大葱的种植面积和年产量均呈现出稳步增长的趋势，2023年种植面积11.5万亩。这种增长不仅反映了农民对种植章丘大葱的热情，也说明了市场对这种特色农产品的持续需求。从市场需求的角度来看，章丘大葱的需求量持续增长。这主要得益于其独特的口感和营养价值，以及消费者对健康饮食的追求。在节假日和传统节日期间，例如春节、中秋节等，大葱的需求量会明显增加，这也为章丘大葱的销量增长提供了有力支撑。随着种植技术的不断进步和品种的不断优化，章丘大葱的产量和质量都得到了提升，进一步推动了销量的增长。美团优选数据显示，目前章丘大葱主要受到山东本地消费者如济南、济宁、青岛等地城乡居民喜爱，进入11月，章丘大葱在青岛销量月环比增长161%，济南销量月环比增长445%，当月翻4倍，不少消费者认为章丘大葱"好吃、新鲜、口感好"，通常用来蘸酱、卷煎饼和包饺子吃。章丘大葱在市场上非常受欢迎，并且随着电商平台的兴起，其销售渠道得到了极大的拓宽。许多农户和合作社利用电商平台将章丘大葱销售到全国各地，甚至出口到海外市场。因此，章丘大葱的销量在近年来呈现出稳步增长的态势。

（二）大葱销售价格

章丘大葱销售价格相对稳定，但存在一定波动。一般来说，春季和秋季是大葱的主要种植季节，这两个时期的大葱供应量相对充足，价格相对较低。而夏季和冬季由于种植难度较大，供应量相对较少，价格可能相对较高。章丘大葱以其独特的品质特点受到消费者的青睐，因此价格通常高于普通大葱。在市场上，一些特别优质的大葱，例如，极品章丘大葱和章丘大葱王，价格更是高于普通大葱。根据中商情报网对 2024 年 3 月 8 日山东省大葱批发市场价格最新行情的监测，章丘大葱的平均批发价格为 3.19 元/千克。而在其他时间节点，如山东章丘刁镇蔬菜批发市场在 2024 年 1 月 24 日的大白菜报价为 0.8 元/千克，小白菜为 1.8 元/千克。这些数据表明，章丘大葱的价格与其他蔬菜相比处于中等偏高水平。章丘大葱价格相对稳定，但由于前几年连续干旱，加上 2022 年出现了严重的春旱，造成 2022 年的大葱前期苗情不好，进入 2022 年 7 月以后降雨明显较以往偏多，出现了较大范围的内涝，秋茬大葱软腐病等发病严重，从而造成 2022 年我市秋冬茬大葱较大幅度减产，大葱秋冬茬较去年平均亩减产 50% 左右，从而造成大葱全年平均较去年亩减产 25% 左右，从而造成 2022 年春葱价格增长的趋势。

（三）大葱销售渠道和市场范围

大葱销售采用多种模式，例如，自产自销、合同订购、批量销售以及代理销售等。其中，约 4% 的大葱通过农户直接在本地集市销售，这种方式较为零散，常见于小型种植户自行售卖，虽然操作灵活，但成本较高，利润相对较低。另一种主流销售方式占 77.4%，即通过外贸收购联合批发商的方式，这一模式被大部分大规模种植户采纳，与固定的贸易伙伴合作，进行大批量的收购并将产品投放到更大的市场，相比前者成本更低，利润空间较大，由于需经中间商转手，农户实际到手的利润仍然有限，主要是面向外地市场。第三种新兴模式则是通过农业合作社或协会等组织进行统一收购与销售，占比约为 18.6%，这种模式简化了流通环节，直接从种植端通往市场，提高了收益并减少了损耗，更适合长远发展。但此类组织占比偏低，当地农户普遍对此类新型组织方式持有疑虑，接纳度不高。简言之，章丘大葱产品的流通渠道中，批发销售仍是主导方式，这也在某种程度上制约了农民的收益水平。可以看出，传统的农贸市场和超市仍然是章丘大葱销售的重要渠道，但近年来，随着电商平台的兴起和直播带货的流行，越来越多的章丘大葱通过这些新型销售渠道进入消费者家庭。这种线上线下的销售模式不仅扩大了章丘大葱的销售范围，也提高了其销量。

四、章丘大葱栽培技艺

章丘大葱栽培技艺是一种传统手工技艺。在 2006 年已申报为市级的文化遗产。本栽培技艺包括选种、育苗、移栽、田间管理等环节。

（一）选种

章丘大葱目前主要种植品种有大梧桐、气煞风和新一代高白大葱种三种。

1. 大梧桐

该品系纯度高,商品性好,一般株高 130～150 厘米,白长 50～70 厘米,葱白茎粗 3～4 厘米、单株重 0.5～0.75 千克,最重可达 1.5 千克,亩产 4 000～5 000 千克。

2. 气煞风

该品种为章丘地方品种,植株粗壮,不分蘖,葱白长 40～50 厘米,径粗 5 厘米左右,基部略有膨大,株高 100～120 厘米,单株重 0.4～0.5 千克,个别株达 1 千克,亩产略低于大梧桐品系。

3. 新一代高白大葱种

该品种抗紫斑病、黑斑病、霜霉病、灰霉病,一般亩产 5 000 千克,高产田达 10 000 千克,耐贮运,净菜率高。

(二)育苗

1. 播种期

以"秋分"至"秋分"后 5 天为宜,过早播种易抽薹,过晚播易冻害。春播时间为 4 月。

2. 播种

先整地施肥作畦,畦宽 1 米,长 10 米,每亩 60 畦,每亩播种量 1.5～2 千克。播前用清水漂除瘪粒和杂物,再用清水浸种 24 小时,畦面浇水后将种子混合细土 20 倍进行撒播。覆土 0.8～1 厘米厚,4～5 天后轻搂畦面,避免畦面裂缝,促进出芽。

3. 冬苗管理

播后 10～12 天出齐苗,幼苗有 80% 以上直鼻后开始浇水,越冬前可浇 3～4 水,封冻前覆盖一层细碎骡马粪,以便安全越冬。

4. 春苗管理

4 月下旬至 5 月上旬间苗 1～2 次,苗距 10 厘米左右,间苗后追速效肥,浇 2 次水,以后视土壤干湿情况酌情浇水施肥。

(三)移栽

1. 整地施肥

每亩施杂肥 2 000～2 500 千克,磷肥 50 千克,有条件再增施磷酸二铵等含磷钾的复合肥 15～25 千克。

2. 栽植

麦收后即可栽植,至 6 月下旬栽完。每亩葱苗可栽 4 亩大田,株距 6.5～7 厘米,亩保苗 1.3～1.5 万株。栽前顺沟浇透水,水渗后插葱,深度以不埋心叶为宜。

(四)田间管理

1. 追肥

生育期共追肥 4 次,第一次在"立秋"前至"立秋",追施腐熟圈肥或饼肥或粪干;第二次在"处暑"前后追速效氮肥,并配合磷钾肥;第三次在"白露"前后追速效氮肥;第四次在"秋分"前后追施化肥。

2. 培土

以前期浅培,后期高培,不埋心叶,少伤边叶为原则,第一次追肥后用小锄浅围,浇水后勾松;第二次追肥后培土6.7厘米;第三次追肥前培土7～10厘米;第四次追肥前培土10～13厘米。

3. 浇水

每次追肥后均应进行浇水,"秋分"后葱白迅速生长,可每隔4～5天浇1次水,并浇匀浇透。

4. 防治病虫

(1)葱蓟马、潜叶蝇用40%乐果乳剂或80%敌敌畏乳剂1 000～1 500倍液喷雾。

(2)葱蝇用90%敌百虫加水1 000倍灌根。

(3)霜霉病可用75%百菌清600～1 000倍液喷雾。

(4)紫斑病可喷1∶1∶200波尔多液,或65%代森锌600～700倍液,或65%福美锌600～700倍液防治。

本章小结

章丘大葱作为齐鲁大地的标志性农产品,其发展历程跨越2 700余年,从春秋战国时期齐桓公引入山戎冬葱,到汉代广泛种植、明清成为贡品,直至今日荣膺"葱中之王"美誉并创吉尼斯世界纪录,始终承载着深厚的历史文化底蕴。

章丘大葱通过科技赋能与规模化发展,逐步破解传统种植难题:研发大葱专用移栽机提升机械化水平,推广富硒种植和四季生产技术,形成"党支部＋合作社＋农户"模式,整合340余家生产主体,构建"种植-加工-销售"全产业链,2022年总产量达63万吨,品牌价值突破52.91亿元,成为乡村振兴的支柱产业。

章丘大葱依托传统批发渠道与电商平台融合,借助直播带货、深加工产品(如大葱油、大葱酱)拓展市场,不仅畅销山东及全国,更通过APEC晚宴等国际舞台提升影响力。其栽培技艺被列为市级非遗,从选种(大梧桐、气煞风等优质品种)到育苗、移栽、田间管理,每一道工序均蕴含传统智慧与科学管理,如精细化的追肥培土、病虫害防治技术,确保了大葱"高、大、脆、甜"的独特品质。如今,章丘大葱已成为地域文化的象征,通过"历史传承＋科技创新＋三产融合"的发展路径,实现了从传统农业到现代化产业的华丽转身,为中国特色农产品的可持续发展提供了典范。

实践任务

根据以上内容,结合对章丘大葱产销专业合作社和大葱种植户的实地调研,以小组为单位完成以下任务,并形成调研报告。

1. 抖音直播带货中,"葱王"等高端产品的溢价策略是什么?消费者复购率与普通大葱相比如何?

2. 大葱油、大葱酱等深加工产品的研发投入与利润率如何?是否建立独立品牌?与鲜葱销售的渠道是否冲突?

3. 章丘大葱出口的主要障碍是什么？是否尝试过跨境电商出口？

4. "大梧桐"品种选育等传统技艺是否通过师徒制传承？年轻传承人占比多少？面临的主要困难是什么？

思考题

一、单项选择题

1. 章丘大葱被明世宗赐封的称号是？（　　）

　A. 葱中之王　　　　　　　　　B. 天下第一葱

　C. 御品大葱　　　　　　　　　D. 齐鲁葱冠

2. 章丘大葱的吉尼斯世界纪录是在哪个年份创下的？（　　）

　A. 2020 年　　B. 2023 年　　C. 2014 年　　D. 2016 年

3. 章丘大葱的核心种植区域位于以下哪个街道？（　　）

　A. 宁家埠街道　　　　　　　　B. 刁镇街道

　C. 龙山街道　　　　　　　　　D. 枣园街道

4. 章丘大葱栽培技艺在哪一年被列为市级非物质文化遗产？（　　）

　A. 2006 年　　B. 2014 年　　C. 2020 年　　D. 2023 年

5. 2023 年章丘"葱王"的高度是多少？（　　）

　A. 2.532 米　　B. 2.586 米　　C. 2.60 米　　D. 2.45 米

二、多项选择题

1. 章丘大葱的主要销售渠道包括哪些？（　　）

　A. 农户自产自销　　　　　　　B. 合同订购与批量销售

　C. 农业合作社统一销售　　　　D. 电商平台与直播带货

2. 章丘大葱的栽培技艺环节包括以下哪些？（　　）

　A. 选种　　B. 育苗　　C. 移栽　　D. 田间管理

3. 章丘大葱产业的科技赋能措施有哪些？（　　）

　A. 研发大葱专用移栽机

　B. 建设冷库实现四季供应

　C. 推广富硒种植技术

　D. 发展大葱深加工产品

4. 章丘大葱的主要品种包括？（　　）

　A. 大梧桐　　　　　　　　　　B. 气煞风

　C. 新一代高白大葱　　　　　　D. 红葱

5. 章丘大葱品牌价值的体现包括哪些？（　　）

　A. 入选"农业品牌精品培育计划"

　B. 荣获"中国驰名商标"

　C. 成为 APEC 晚宴指定食材

　D. 创吉尼斯世界纪录

三、简答题

1. 简述章丘大葱从春秋战国到明清时期的种植历史演变。
2. 章丘大葱如何通过"党支部＋合作社＋农户"模式实现产业振兴？请结合材料说明。
3. 分析章丘大葱在现代社会中销量增长的主要原因。
4. 章丘大葱的栽培技艺作为非物质文化遗产，有哪些独特之处？请结合选种、育苗等环节具体说明。

第九章 儒商文化调研

开篇案例

位于山东济南章丘区刁镇旧军村的孟洛川纪念馆,依托"亚圣苗裔"的文化底蕴与"祥"字号商业传奇,通过文化遗产活化利用与现代产业融合,探索出一条独具特色的乡村振兴路径。这座以"儒商文化、历史文化、民俗文化"为主题的乡村博物馆,不仅成为传统文化传承的重要载体,更通过文旅融合激活乡村发展动能,为齐鲁大地的乡村振兴提供了创新范式。

纪念馆以明清古建筑群为依托,通过"古镇春秋""大道儒商"等七大主题展区,系统呈现旧军孟氏家族"以义取利"的经商智慧与"乐善好施"的济世情怀。馆内陈列的300余件历史文物、200余幅老照片及高科技复原的"祥"字号商业街区,生动再现了"金旧军"鼎盛时期的商贸图景。尤为特别的是,馆内设立的"孟洛川慈善事迹展",集中展示其捐建学堂、赈济灾民等善举,为当代乡村治理提供道德镜鉴。

依托纪念馆的文化吸引力,旧军村创新打造"儒商文化研学基地",年均接待研学团队5万余人次。通过"行走的思政课"模式,将《论语》商道智慧与现代企业管理案例相结合,开发出"义利之辨""诚信经营"等特色课程,吸引省内外企业高管、高校师生前来学习。

纪念馆通过"乡贤文化长廊"集中展示孟氏家族"耕读传家"的祖训与"实业报国"的事迹,成功感召20余名在外乡贤返乡创业。青年企业家孟宪斌投资500万元建设"瑞蚨祥非遗工坊",将传统鲁绣技艺与现代文创产品结合,带动30余名村民就业;退休教师孙丽华创办"儒商文化讲堂",累计开展公益讲座80余场,培养本土讲

视频

一代儒商孟洛川与瑞蚨祥的传奇故事

解员50余人。这种"文化认同-情感联结-资源反哺"的良性循环,重塑了乡村发展的主体意识。

这座占地仅3 000平方米的乡村博物馆,正以文化振兴为支点,撬动着旧军村的全面振兴。通过"文化遗产保护-文旅产业发展-乡风文明建设"的良性互动,旧军村不仅实现了从"空心村"到"活力村"的转变,更探索出一条传统文化资源富集地区乡村振兴的新路径。正如村民所言:"孟洛川留下的不仅是老宅和故事,更是让我们挺直腰杆的文化底气。"这种文化自信与发展动能的深度融合,为新时代乡村振兴提供了可复制、可推广的"旧军经验"。

资料来源:济南市文化和旅游局。

案例启示

孟洛川纪念馆通过活化利用文化遗产,将历史文脉转化为发展动能,实现文化传承与经济振兴的深度融合。纪念馆以明清古建筑群为载体,通过主题展区、文物陈列与科技复原,生动展现儒商文化精髓,打造行走的思政课研学基地,将传统文化智慧与现代企业管理、乡村治理相结合,既传承了"以义取利"的商业精神,又吸引了省内外研学资源,年均接待5万余人次,形成文化传播新场景。同时,通过乡贤文化长廊激发情感认同,感召20余名乡贤返乡创业,带动非遗工坊、文化讲堂等项目落地,将鲁绣技艺与文创产业结合,创造就业岗位并培养本土人才,构建"文化认同-资源反哺-产业振兴"的良性循环。这种"文化遗产保护-文旅产业发展-乡风文明建设"的互动模式,不仅让"空心村"重焕活力,更以文化自信重塑乡村发展主体意识,为乡村振兴提供了可复制的经验,即立足本土文化资源,以文旅融合为纽带,通过政企协同、乡贤带动、产业创新,将文化软实力转化为经济硬支撑,实现文化传承、经济发展与社会治理的多赢。

教学目标

知识目标:理解"儒商"的含义,掌握儒商文化的核心概念与历史演进,熟知儒商精神的九大价值取向及四阶段发展历程;理解儒商文化"义利合一"的本质特征,掌握其"仁者爱人""以义取利"等核心内容;知晓儒商文化在现代经济中的实践价值。

能力目标:能够运用儒商文化理论分析具体商业案例,具备从文化传承视角解读企业管理实践的能力。

素质目标:树立"以义制利"的商业伦理观,强化社会责任感;增强文化自信,理解中华优秀传统文化的现代转化价值;培养"家国情怀",认同企业家精神中的济世担当。

相关知识

一、儒商与儒商精神

(一)儒商的含义

儒商,是指具有儒家思想并将其运用到商品经营活动中去的商人,即所谓"以儒术饰贾事"者。用最简明的语言来说,儒商与一般商人最大的区别是儒商非常重视商业道德,不取不义之财。《大学》中说:"生财有大道,……仁者以财发身,不仁者以身发财。"生财要取之有道,仁者"生财"是用来发展"仁"的事业。"仁"是儒家思想的核心,"生财"是实现"仁"的事业的手段,通过他们以财行仁的活动而得民心。不仁者见利忘义、损人利己,为富不仁,他们把"生财"作为最终目的,为赚钱而赚钱,甚至不惜作奸犯科,以身试法,乃至亡身以获利。儒商则是"以财发身",是仁者。他们有超功利的最终目标,有对社会发展的崇高责任感,有救世济民的抱负和忧患意识,他们以"天下为己任",忧国忧民,能以国家、民族以至全人类的整体利益为重。

深受儒家思想影响的儒商,在长期的发展过程中,逐渐形成了诸如注重仁爱、讲求诚信、自强不息、勇于创新、严于律己、克勤克俭,以及主张以义制利、贵和、重亲情等内在的价值取向。只有先把握了他们怎样做人,才能更好地理解他们怎样经商。

1. 注重仁爱

"仁"是儒家学说的核心概念。《论语·颜渊》对"仁"解释道:"樊迟问仁,子曰:爱人。"孟子据孔子之意,引申出"仁者爱人"(《孟子·离娄下》)。仁爱集中体现了儒家的人文精神。孔子的"泛爱众而亲仁"(《论语·学而》)、孟子的"老吾老以及人之老,幼吾幼以及人之幼"(《孟子·梁惠王上》)等,都表达了儒家的人文关怀。仁爱精神是儒家的基本思想,它要求人们在实践中,要奉行"一以贯之"的"忠恕之道"(《论语·里仁》),要"己欲立而立人,己欲达而达人"(《论语·雍也》)、"己所不欲,勿施于人"(《论语·颜渊》),要把"人"与"己"视如一体,要懂得尊重人、关心人、爱护人。仁爱精神是儒商最主要、最典型的内质,并贯穿于他们的商事活动中。

2. 讲求诚信

融入儒商本质里的诚信观,是对"诚"的实践。"诚"是儒商对从"人道"到"商道"的实践,而诚信则是儒商对"商道"这一层次的重要实践,它本身就是儒家贤哲提倡的重要美德,无论是商人,还是其他任何人,都应该把诚信作为自己的行为准则。孔子曾说,"言忠信,行笃敬,虽蛮貊之邦行矣;言不忠信行不笃敬,虽州里行乎哉?"(《论语·卫灵公》)孟子也说过,"万物皆备于我矣,反身而诚"(《孟子·尽心上》)、"朋友有信"(《孟子·滕文公上》)。可以看到,这里的"诚",是真诚、诚实、虔诚之意;而"信"则是信用、信誉、守信之意。"诚"为体,"信"为用,"诚"偏向于内在的道德自律,"信"偏向于外在的行为表现。诚信是立身之本,儒商将诚信视为为人、从商的一项基本要求。儒商要求自己做生意必须守诚讲信、以诚待人、童叟无欺、货真价实、买卖公平,坚决反对通过买假售假、坑蒙拐骗、敲诈勒索等不道德手段获取个人不正当利益,他们认为这是图一时之利而损害长远利益的行为。儒商在商界和顾客中有着良好的信誉,很少陷于顾客投诉和商业纠纷的旋涡中。

3. 自强不息

《周易》乾卦中有这样的卦辞:"天行健,君子以自强不息。"意即天体的运行表现出刚健有为的特性,君子学习这一特性,就要使自己做到奋发向上、永不停息。孔子的"发奋忘食,乐以忘忧,不知老之将至也"(《论语·述而》)、孟子的"苦其心志,劳其筋骨,饿其体肤"(《孟子·告子下》)等,都是"自强不息"精神的生动写照。很多儒商正是靠着这种"自强不息"的精神白手起家,成就大业。晋商王相卿,幼年家贫,为生活所迫,曾做过佣工,当过伙夫,服过杂役,也曾肩挑负贩,拉着骆驼千里走沙漠,几经磨难,终于成就了著名的大盛魁商号;徽商则以"顶风傲雪的自强精神,坚韧不拔的拼搏精神,百折不挠的进取精神"等为核心的"黄山松"精神作为自己经商文化的核心。

4. 勇于创新

"革故鼎新"的创新精神历来为儒家学者所崇尚。例如《周易·杂卦传》说:"革,去故也,取新也。"强调坚持变革,去旧布新,表达了儒家先哲重视变革的思想要求。《周易·系辞传》也说:"穷则变,变则通,通则久。"即事物发展到"穷"即极点的程度时,只有变革,才能打开前进的通道,也才能实现长治久安。变革是事物发展的动力。《周易》中的"日新之谓盛德""生生之谓易""通变之谓事"等,也是崇尚变革创新的重要命题。它们从不同侧面,反映了儒家重视变革、与时俱进的思想追求。儒商大多勇于创新,每到危急关头,儒商一般既不消极忍耐,也不激烈对抗,而是靠着自身的机敏创新,摆脱困境,走向成功。徽商中流传"前世不修,生在徽州,十二三岁,往外一丢"的说法,说明当时的徽州人到十二三岁就背井离乡,既是为生计所迫,也是为了开阔眼界、锻炼求变创新能力。

5. 严于律己

儒家学者认为,道德品质的塑造固然离不开外界的引导,但更依赖于自身的严格要求,所以他们大力提倡严于律己的精神。曾子说过"吾日三省吾身"(《论语·学而》),孔子要求人们应该"见贤思齐焉,见不贤而内自省"(《论语·里仁》)、"躬自厚而薄责于人"(《论语·卫灵公》),孟子也主张"爱人不亲,反其仁;治人不治,反其智;礼人不答,反其敬。行有不得者,皆反求诸己"(《孟子·离娄上》),《中庸》提出了"慎独"的修养方法。这些,都反映了儒家贤哲非常重视以高尚的道德品质为参照,不断反省自己的严于律己的精神。儒商群体的相对高素质是与他们的严于律己分不开的。所以儒商在事业低潮和困难时期,总是能够以身作则、吃苦在前,从不言难和累,带领族人和工人共渡难关;在事业顺利和高峰时期,总是能够要求自己"富贵不能淫",保持清醒头脑、居安思危。

6. 克勤克俭

"克勤克俭"的勤劳俭朴精神由儒家提出后,逐步发展演变成为中华民族的一大传统美德。《尚书·大禹谟》中的"克勤于邦,克俭于家",意即勤劳于国,节俭于家。《左传》提出"民生在勤,勤则不匮",孔子主张"举善而教不能,则勤"(《论语·为政》)。"成由勤俭败由奢"是中华民族一直遵从的古训。儒商继承了这一传统美德,不仅在创业时期能够克勤克俭,即使在事业有成、完全有条件享受生活时也一直保持着克勤克俭的习惯。俗话说,"创业容易守业难",而儒商不仅能成功创业,也能守住业,这与他们的克勤克俭是分不开的。

7. 主张以义制利

儒家认为,人们应该奉行"见利思义"的以义制利精神。孔子曾说,"见利思义,见危授命,久要不忘平生之言,亦可以为成人矣"(《论语·宪问》)、"富与贵,是人之所欲也,不以其道得之,不处也;贫与贱,是人之所恶也,不以其道得之,则不去也"(《论语·里仁》)、"不必而富且贵,于我如浮云"(《论语·述而》)、"君子喻于义,小人喻于利"(《论语·八佾》)。孟子也说,"非其道,则一箪食不可受于人"(《孟子·滕文公下》)。孔孟之意,是说见到财利,要以"义"作为衡量取舍的标准,合乎义则取,不合乎义则舍"利"取"义"。其本质在于强调以义制利,要求人们正确处理道德与金钱的关系。儒商以儒家的以义制利精神为指导,强调社会正义感和社会责任感,主张要以"义"为准绳,对"利"有所取、有所不取,坚决反对"见利忘义""唯财是取"的自私自利行为,提倡"得之于社会,用之于社会",热心社会公益事业。

8. 贵和

儒家力倡贵和的价值观。"和"即和谐,《易传》中的"保合太和,乃利贞"、孔子所谓"君子和而不同,小人同而不和"(《论语·子路》)等,都表明了儒家贵"和"的基本观点。儒商非常重视"和"的思想,并将之作为安身立命和生意兴隆的基本理念,例如他们所提倡的"和为贵""和气生财""家和万事兴",等等。

9. 重亲情

"重亲情"是儒家伦理的重要特征。《论语·学而》说,"孝弟也者,其为仁之本与";《论语·泰伯》说,"君子笃于亲,而民兴于仁";孟子也说,"亲亲,仁也"(《孟子·尽心上》)、"仁之实,事亲是也"(《孟子·离娄上》)。可见,在孔孟看来,血亲之爱是仁爱的基本道德规定。孔子还认为,"父为子隐,子为父隐,直在其中矣"(《论语·子路》),意即"父子相隐"是可以理解的,其中包含着率真自然而珍贵的亲情。汉代大儒董仲舒更将孔子的"父子相隐"发展为"亲亲得相首匿"的法律原则,此时"父子相隐"不仅无可指责,而且上升为一项必须履行的法定义务。儒家的道德建构是以"父慈,子孝,兄友,弟恭"的血缘亲情为基点的,然后通过"善推其所为""由己及人",进而"举斯心加诸彼",扩大到整个社会,一步步由内至外加以扩展的。中华民族受此影响极深,"虎毒不食子""可怜天下父母心""打仗亲兄弟,上阵父子兵"等,几乎被认为是不证自明的公理。儒商的重亲情突出表现为他们的家族式企业和家族式管理上。

以上归纳的儒商的价值取向,无不凝聚着中国传统的儒家文化的精髓,也可以说都是他们取得商业上巨大成功的重要原因。这些既是儒商"商道"形成的重要因素,也是其商道的重要体现。

(二)什么是儒商精神

儒商精神是一种援儒入商所形成的独特商业人格和行为规范。作为儒商的商人要有儒的精神、儒的气度、儒的道德规范,以儒家的道德理想和道德追求为准则去从商、经商,在商业行为中渗透儒家所倡导和躬行的"仁、义、礼、智、信"。

儒商精神是随着时代的发展而发展的,大体经历了四个发展阶段。

1. "取之有道"阶段

在中国明末清初之际,随着商品经济的发展,有一些儒士逐渐认识到,要想实现儒家伦理及其价值观,即学而优则仕,必须以经济实力为基础,通过经商获利,以商养文,于是弃儒从商。这些儒士从商,提高了商人的整体素质,将儒家伦理运用到商业活动中,促进了商品经济的发展。他们奉行"君子爱财,取之有道",标榜经商以诚为本,认为赚钱顾及他人,才能商运亨通,如果一味奸诈、行骗,在商场终究要失败,害人必害自己。

2. 崇儒好儒阶段

贾而好儒是儒商的重要特色。具有较高文化素养的徽商,意识到富不敌权,权可致富。他们为在政治上保持崇高地位,强化族众的凝聚力,只得依靠其文化的优势,大兴族学、书院,以猎取科举制下的功名。要博取功名,光宗耀祖,必须由儒而步入仕途。

3. 贾儒结合振兴中华民族经济阶段

贾与儒结合,优势互补,产生一种儒商精神,它与西方的商业经营意识结合,形成了一种新的儒商精神,从而产生一种强大的竞争力量。商品竞争主要是商品内在文化含量的竞争,是知识和科技的竞争。20世纪70年代末,我国实行改革开放,在由计划经济转入市场经济之初,儒商精神遭到破坏。一些投机经营的商人搞假冒伪劣、坑蒙拐骗,使消费者利益受到极大损害。然而,国外的华商运用炎黄文化推动经济发展,却取得了成功,获得了辉煌成就。当前,中国儒商再次出现,这是社会的一大进步,是社会新价值取向的胜利,是历史和市场的选择。

4. 世界儒商精神形成和发展阶段

这是儒商的概念和范围扩大后,新形成的一种世界性儒商精神。1994年国际儒商学会的成立和首届世界儒商大会的召开,标志着这一阶段开始。

由此看出,儒商精神是对儒商在形成发展和生产经营中体现出来的一种人文思想、精神的概括,是世界儒商共性的进步商德,和对从事商品生产经营及交换的共性认识与经验相互交融发展形成的一种特有的人文思想、精神。其主要特点是整体主义精神、艰苦创业精神。21世纪的儒商精神,是世界性的,它既包括人道与商道结合和富商强国的爱国精神,也包括为世界和平与发展奋斗的奉献精神。

(三)儒商精神的现代价值

儒商精神是海内外儒商经过多年努力而共同创造的一种宝贵的精神财富。儒商商业精神的现代价值,是指它对振兴民族经济、弘扬中华文化所起的积极作用;是指对当今世界商业活动和经济运行以及对整个世界和平与发展、对人类文明和进步所起的积极作用,它是世界和人类发展的一种精神和文化的推动力。具体来讲,儒商精神的现代价值,表现在以下几个方面:

1. 引导和规范商业行为,促进商业和整个经济运行健康发展

中国市场经济中存在许多不规范、不文明的现象,在竞争中出现一些商人的败德行为。弘扬儒商精神,提高道德水准,可对症下药,将引导市场经济向着健康方向发展。儒商精神的一些原则,将成为更多商人共同遵守的准则,使市场竞争公平化、有序化。同时随着竞争机制的完善和竞争规则的强化,人们的道德水准也会不断提升,儒商精神也会不断丰富和发展。

2. 协调经济效益和社会效益,物质文明和精神文明共同发展

在中国,贾儒相通,"士商异术而同志"。儒商精神是儒与商结合的精神,儒商以自己的行动实现了经济效益和社会效益双丰收,为物质文明和精神文明建设做出了贡献。当今,市场伦理化已成为全球范围内市场经济发展的大趋势,西方市场经济国家经过300年之久的前市场经济阶段之后,正在苦苦寻求经济发展的道德支撑,他们已把目光投向博大精深的中国文化,投向了儒商精神。随着儒商精神的发展,人类命运共同体将逐渐形成,呈现良性循环,将更符合人类文明共同发展的要求,符合人类的共同利益。

3. 增强民族的文化科技意识,促进文化科技、教育发展和人才成长

历史上的儒商,不仅自身具有悠久的文化传统,而且十分重视对教育和文化的投资。明清时徽商积极参与并支持"振兴文教",曾一度创造了徽商文化的辉煌。弘扬传播儒商精神,将有利于整个社会崇文好儒风气的形成,许多儒商自身刻苦努力,著书立说,成为精通商务和经济工作的专家学者,成为商儒。儒商投资助学,兴办文教,有利于全民文化素质的提高,有利于人才的成长,也使科教兴国战略真正得到落实。

4. 缩小贫富差别,缓和社会矛盾

中国儒商一方面从维护自己经济利益和个人名声出发,另一方面受儒家思想熏陶,有一种仁义博爱的胸怀,往往对一些社会公益事业和贫困地区较为关心,他们常捐赠扶贫资金和赈灾救济,这在客观上缓和了一些社会矛盾,有利于社会秩序安定,也有利于实现人类共同富裕和社会长治久安目标的实现。

5. 有利于反腐倡廉和干部队伍建设,有利于净化社会风气

弘扬儒商精神,能够推动企业家和商人克己自律,在决策举措上,既要合"礼",亦要合"理",要尽量不犯错误,如果有了错误,要勇于改正。弘扬儒商精神,就要将儒家以信与义处世做人的准则运用于商事,并作为理想人格和完善处世接物的准则,这对净化社会风气、推动廉政建设极为有益。

6. 推动世界和平与发展

21世纪将是物质极大丰富、科技高度发达、人们的生活更加安乐的时代。但是,把物质作为衡量价值唯一标准的价值观会带来不幸的结局。人类在第一次、第二次世界大战时,居然用自己所发明的最厉害的武器,去残杀同类。为避免这种结局再次发生,必须恢复以"仁"为中心的价值观,建立和平共生共存的世界。孔子提出"君子和而不同"的主张,孔子学说中,"仁"是人与人之间的一种和谐关系。"和"的境界使人活得舒畅,"和"的世界更臻完善,"和"的机制更富有生机活力。"礼之用,和为贵""和气生财""天时不如地利,地利不如人和",可以看出,"和"在人们心目中的重要地位。如果人、民族和国家都能和谐相处,人类生活的这个世界就会变得幸福、美满、繁荣了。

儒商有着中国文化的人文思想,既尊重人的地位、肯定人生的价值,也重视人伦常道、崇尚德化政治,主张"以德服人"和爱物、惜物,维护生态平衡,希望实现"天下为公,世界大同"的理想。当今世界,文化的发展正向着人文的道路前进,向着统一性和多样性并存的道路前进。世界各个国家、各个民族,一方面要有独立的民族文化,因为独立的民族文化

是振兴国家和民族的根本;另一方面又要互利、互惠、互补、互助,从而推动世界和平与发展,达到共同繁荣和共同富裕的目的。

二、儒商文化的内涵及基本内容

(一)儒商文化的内涵

儒商文化是中国传统文化与商业实践深度融合的独特文化形态,其核心是将儒家思想中的伦理道德准则(如仁、义、礼、智、信)与商业经营哲学相结合,形成既追求经济价值又注重社会价值的经商理念体系。

这一文化起源于春秋战国时期,以孔子弟子子贡、陶朱公范蠡等为早期代表,强调"义利合一"的商业伦理,主张通过正当手段获取财富,同时承担社会责任。在当代社会,儒商文化已超越传统商帮范畴,演变为具有中国特色的现代商业文明范式。其价值体现在推动企业可持续发展、促进社会和谐、塑造新型商业伦理等方面,尤其在齐鲁大地(如山东)的现代企业实践中,仍能看到"以德经商""以义制利"等文化基因的传承与创新。

> **拓展知识**

儒商之神范蠡

先秦时期"百家争鸣"中的商家,其出现的年代大致与农家一样久远,甚至早于儒、道、法、墨、兵诸家。最著名的商家人物是春秋末期的范蠡(公元前536年—公元前448年),他被认为是中国的"商神""商圣""商祖"。由于他的思想和行为与儒家的思想倾向有一致的地方且小孔子15岁,我们也可以认定范蠡为最早的儒商(见图9—1)。

图9—1 范 蠡

拓展知识

儒商鼻祖子贡

子贡(公元前520年—公元前456年),春秋末期卫国黎地(今河南省鹤壁市浚县)人,复姓端木,名赐,字子贡(见图9—2)。他小孔子31岁,是孔子的得意门生"七十二贤"和"孔门十哲之一"。孔子赞许他是"瑚琏之器"(瑚琏指古代宗庙中盛黍的祭器,常用来比喻有立朝执政才能的人),有举一反三的聪明智慧,办事通达。子贡有杰出的从政和外交才华,曾仕于卫、鲁,游说齐、吴等国,闻名于诸侯。司马迁甚至称,子贡在十年间左右五国命运:存鲁、乱齐、灭吴、强晋、霸越。而子贡在历史上最被称道的,却是经商之才。他原为商人,拜师孔子门下后仍然继续经商。他经商的技巧炉火纯青、出神入化,因而财源滚滚,富可敌国。司马迁在《史记·货殖列传》中记载:孔子的门徒中"七十子之徒,赐最为饶益"。

子贡晚年居齐,直至终老。唐玄宗时被追封为"黎侯",北宋真宗时加封为"黎阳公",明嘉靖时改称"先贤端木子"。由于子贡是孔子的得意门生,得儒家真传;又有丰富的经商实践,他经商致富,是其运用儒家理念、结合经济规律和经商技巧的结果,且与范蠡相比,子贡虽比范蠡年少,经商却更早,因此,子贡不仅与范蠡一样也是中国的商业鼻祖,而且是先秦最具完全意义的儒商,是历史上儒商群体最终形成的标志。

图9—2 子 贡

(二)儒商文化的基本内容

1. 仁者爱人的人本经商思想

"人本"与"仁爱"是儒家思想的核心理念,也是诸多儒家著述中反复提到的精神与思想。如"樊迟问仁,子曰:爱人。"(《论语·颜渊》)"泛爱众而亲仁。"(《论语·学而》)"老吾老以及人之老,幼吾幼以及人之幼。"(《孟子·梁惠王上》)"仁爱"来源于"人本",儒家思想将"人"放在宇宙和人类世界的中心,进而衍生出"由此及彼"的"仁爱"思想,这也是中国儒商所秉承的核心经营理念。只有处处以人为本,多为顾客与生意伙伴着想,才能更好地发展自己的事业。

2. **以义取利的商业道德**

儒商文化倡导经商应以"义"字为先。孔子认为,"富与贵,是人之所欲也;不以其道得之,不处也。贫与贱,是人之所恶也;不以其道得之,不去也"。荀子也认为,"先义而后利者荣,先利而后义者辱"。由此可见,儒家思想肯定人的趋利性,但更强调的是"义"对"利"的决定作用,正所谓"君子爱财,取之有道"。

3. **诚信的经商行为准则**

"诚信"是儒家思想中重要的价值标准,诚实守信是儒商在经营过程中遵守的基本准则。《论语·学而》曰:"与朋友交,言而有信。"《中庸》曰:"诚者,天之道也;诚之者,人之道也。"《荀子·不苟》曰:"诚信生神,夸诞生惑。"中国儒商讲究的是为人处事的"诚信",这是他们做人做事的根本守则。

4. **互惠互利的商业智慧**

《孟子·公孙丑下》曰:"天时不如地利,地利不如人和。"中国儒商文化一直崇尚和气生财、互利共赢的经营理念,可以说,这是一种极具长远眼光和可持续发展的商业智慧。

5. **慎言笃行的实干敬业作风**

儒家思想中有一种强烈的实干敬业的精神,如孔子为了传业布道奔走于各诸侯国而不辞辛苦;《易传·乾·大象》曰:"天行健,君子以自强不息。"这种坚韧不拔的精神体现在儒商文化中,就是一种高度敬业、踏实肯干的优良品质和作风。

三、儒商文化的现代意义

当我们进入中国特色社会主义新时代,市场经济体制已经确立的今天,弘扬儒商文化具有十分重要的意义。

(一)儒商文化是公民道德建设的有机组成部分

中共中央印发的《公民道德建设实施纲要》确立了"爱国守法、明礼诚信、团结友善、勤俭自强、敬业奉献"二十字基本道德规范,与儒家思想一脉相承,是对几千年中华民族传统美德的继承和发扬。植根于儒家思想沃土,又融合当代经济发展经验形成的"儒商"文化,与《公民道德建设实施纲要》互相印证,可以说是《公民道德建设实施纲要》的商业版本。我们要把两者有机结合起来,重铸道德长城,推动经济和社会全面发展,推动民族素质的全面提高。

(二)儒商文化是社会主义市场经济体制的必要补充

一般来说,市场经济体制是由市场对资源配置发挥基础性作用。但是,市场这只"看不见的手"也有失灵的时候,它不能彻底解决市场中的垄断、收入分配不公及盲目性、滞后性等问题。当前,我们的市场经济仍处在起步阶段,再加上以往的"斗争哲学"对传统道德的冲击,市场经济秩序混乱:从假冒伪劣商品的泛滥成灾,到上市公司的财务造假等,无不昭示着重振道德"纲常"的必要性。可以说,市场经济的道德伦理是市场经济列车的铁轨。

脱离了道德之轨,市场之车就会寸步难行。党和政府始终强调,必须大力整顿和规范市场经济秩序,逐步在全社会形成以诚信为本、操守为重的良好风尚。由此可见,提倡"儒商"文化可谓切中时弊、恰逢其时。

（三）儒商文化是加强企业管理和企业文化建设的重要手段

"儒商"文化是经过历代"儒商"的成功实践不断总结出来的,它本身就是一种企业经营管理之道。儒商文化的诸多内容在今天的企业发展中仍有十分积极的作用,诸如"诚信",就是重视产品质量,信守合同,不逃废债务;"重义",就是守法经营,在创造经济效益的同时,创造社会效益;"仁爱",就是关心职工的切身利益,实行人本管理;"人和",就是对内铸造团队精神,对外树立"顾客至上"的观念,建立良好的客户关系。事实上,西方的诸多管理法则也往往体现了这种管理中的道德诉求和人文关怀。例如,美国企业的创新精神、德国企业的质量标准、日本企业的团队意识等,与中国"儒商"的管理理念可谓异曲同工、殊途同归。在孔孟之乡,企业经营者充分汲取传统文化的丰厚营养,并根据企业实际不断进行创新,涌现出一大批在国际国内市场上崭露头角的企业,如太阳纸业集团的"太阳每天都是新的"的创新思想,山东矿山机械集团的"两本（即人本、成本）管理"法则,鲁抗集团的"如临深渊、如履薄冰"的忧患意识,心声集团的"奉忠孝诚爱心,走人间真情路"的亲情管理理念,等等,都深得儒家文化的精髓而又独具特色,成为企业管理的核心要素和企业文化的重要内容,极大地促进了企业的发展,也为经济社会发展做出了卓越贡献。

（四）弘扬儒商文化是实现中华民族复兴中国梦的必由之路

中华民族是一个拥有灿烂文明的伟大民族。五千年绵延不断的文化传承是中华民族最宝贵的财富,也是我们最深厚的文化根基与复兴源泉。中华民族的哲学是以儒学为主体的传统文化,中国人的价值观和方法论是以"仁"为核心的忠恕之道和中庸之道。从康有为借孔改制、实行维新变法开始,到20世纪新儒家学说的兴起,历代儒家学者始终秉持"为往圣继绝学,为万世开太平"的理想,孜孜不倦地探索儒家文化的复兴之路。

作为新儒家理论的代表,贺麟认为,中国社会的现代化首先是道德观念的现代化,而道德观念的现代化就是对儒学、礼教进行现代化改造,由此培养造就更多的有学问、有修养的"儒工""儒商",使他们真正成为社会的栋梁和柱石。

杨子彬教授则在《儒学与中国文化的复兴》中明确提出:"复兴儒学、振兴中华,要走子贡'亦商亦政、既富且仁'的道路。具体而言,就是要联合学者、政治家和儒商群体,共同成为现代社会的'集体子贡'。"中国社会科学院章建刚在《儒家伦理、市场伦理和普遍伦理》中提出了儒学发展的"三条道路"说:

"第一条是政治化的儒学即礼教,儒学只是一种过分夸张的家族伦理,否认平等的权利、个体的自由和社会的公正,五四新文化运动所'打倒'的正是这样一种礼教。

第二条是道德化的儒学,强调加强个人修养、回到道德之心的自觉行为,有其积极的意义,但它否认市场经济的制度建设,无法满足今日中国市场化改革的基本需要,使儒学在社会生活中处于一个边缘化的位置,难以真正促成儒学的复兴。

第三条道路,即经济伦理化的儒学,是使个人道德修养与经济秩序、法治建设结合在一起的儒学。"

章建刚极力呼吁:不要以为道德是在市场之外的,要看到市场内在的伦理学。如果有了这样的儒学,传统的儒学就可能对今日中国的社会转型发挥更大的积极作用,才有可能在普遍接受、普遍共识的意义上达到复兴。

儒学的第三条道路(即"经济伦理化的儒学""市场内在的伦理")就是"儒"与"商"的有机结合,就是我们所倡导的"儒商"文化。"儒商"文化将担纲在市场经济体制下重振儒家文化、复兴中华传统文化的重任。

(五)儒商文化是凝聚海内外华商、儒商的"磁石"

据资料显示,居住在海外的华人华侨达 5500 多万人,包括中国香港、中国台湾在内的华人资产高达 2 万亿美元。可以说,绝大多数海外华商、儒商都有一颗"中国心"。从康梁的改良运动到孙中山的资产阶级革命,从抗日战争、解放战争,再到改革开放,都得到了海外华人华侨的鼎力支持。儒商文化以孔孟儒家思想为核心,也是海内外华商、儒商恪守的经商做人之本。他们或心系桑梓、赤心报国,或认祖归宗、心有所依,或扬名立万、光耀门楣,无论出于何种目的,儒商文化都会在海内外华商、儒商中产生强烈的共鸣,激发他们的故国情怀和道德归属感,从而产生在祖国大陆特别是孔孟之乡投资发展的愿望和信心。

(六)儒商文化是推动亚洲经济一体化的"孵化器"

东亚现代化成为西方文明最强有力的挑战者。但是,亚洲在贸易自由化方面最为落后,大大制约了本地区经济一体化的发展。要实现亚洲经济一体化,就需要拥有正式规则的自由贸易区。自由贸易区被视为一个超国家层次的制度建设,它有助于节约各国之间的交易成本,降低各国之间的市场风险,减少各国之间的贸易摩擦,以制度化方式建立公平、公正、公开的市场竞争规则,处理贸易冲突和争端解决机制。从亚太经合组织、亚洲开发银行到 APEC 会议再到博鳌亚洲论坛,从政府到民间,都在探讨亚洲经济一体化的道路。然而,国际上贸易保护主义抬头,亚洲国家政治制度不同,经济发展水平悬殊,民族矛盾根深蒂固,使得亚洲国家走欧盟、北美自由贸易区的一体化之路困难重重。以儒家思想为内核的儒商文化可以在亚洲经济贸易一体化的进程中发挥积极的推动作用。一是儒商文化是亚洲国家特别是东亚、东南亚国家都能接受的文化,是亚洲少有的"共同点"。以此为纽带,可以通过思想文化领域的交流来推动经贸领域的合作和经济体制的融合。二是儒商文化是一种讲究"诚信""中庸""仁爱""立人""达人"的"双赢""多赢"哲学,能够照顾各方面的利益,获得各方面的支持,从而真正担当起促进亚洲共同繁荣的发展重任。三是中国可以在亚洲经济一体化的进程中发挥更加积极的作用。目前,日本、中国、印度都在积极角逐亚洲主导地位,美国也想在亚洲谋求更大的利益。如果能以儒商文化来促进亚洲经济一体化,那么,中国的作用和地位将无可替代。

(七)儒商文化是地方经济与世界接轨的桥梁

山东厚道鲁商促进会的会长,如意集团董事局主席邱亚夫说,山东是孔孟之乡,山东企业家们承载着善良的文化,厚重的文化,德行的文化,但是缺乏国际视野,缺乏竞争文化。以国际眼光、国际视野参与竞争,抢抓机遇,整合全球时尚品牌的资源,才形成了今天的时尚如意,使如意集团脱颖而出,成为中国纺织界的后起之秀。邱亚夫还说,作为山东企业家,坚守厚道鲁商的文化追求理念显得尤为重要,儒家文化深深的积淀是企业长治久安的思想基础,发展和兴旺的理论保障,只有真正理解儒家文化的精髓,以德行为载体的精髓,企业才能更好地发展。

儒商的诚信让产品值得信赖,儒商的厚道让生意做得长久,儒商的开放让企业走向世界,儒商的家国情怀让企业更具使命担当。2018年9月,首届山东儒商大会在济南举办。大会汇聚了来自国内外工商界、教科文卫界、金融界、海外社团及侨界、新生代和青年创业者等众多嘉宾,他们交流着增进友谊、加深情感的共同话题,共商发展经济大计,通过儒商文化架起地方经济与世界接轨的桥梁。

本章小结

儒商文化作为中国传统文化与商业实践深度融合的产物,其核心在于将儒家伦理与商业经营哲学相结合,形成义利合一的独特商业文明范式。儒商以仁者爱人的人本思想为根基,强调以义取利的道德准则,将诚信、自强、克勤克俭等儒家价值取向贯穿于商事活动中,既追求经济利益,又承担社会责任。从历史渊源看,儒商文化起源于春秋战国时期,以子贡、范蠡等为代表,历经取之有道、贾而好儒等阶段,逐步发展为具有世界影响力的商业精神。其现代意义尤为深远:在市场经济环境下,儒商文化不仅为企业提供了诚信为本、以义制利的经营智慧,促进商业行为的规范化和可持续发展,还通过协调经济效益与社会效益,推动物质文明与精神文明的共同进步。同时,儒商文化在凝聚海内外华商、弘扬中华文化、助力中华民族伟大复兴以及促进亚洲经济一体化等方面发挥着重要作用。在当代社会,儒商文化的价值不仅在于商业领域,更成为提升公民道德、推动社会和谐发展的重要文化力量,为现代商业文明注入了深厚的中国智慧。

实践任务

根据以上内容,结合对孟洛川纪念馆的实地调研,以小组为单位完成以下任务,并形成调研报告。
1. 孟洛川纪念馆的展陈内容如何体现儒商文化的核心精神?试结合具体展品或案例说明。
2. 孟洛川作为近代儒商代表人物,其经营理念与传统儒家思想有何直接关联?请举例分析。
3. 纪念馆通过哪些形式实现儒商文化的现代传播?效果如何?
4. 当地是否有企业或商户主动借鉴孟洛川的经商理念?请选取1~2个案例,分析其"儒商文化"实践模式。
5. 孟洛川纪念馆在乡村振兴战略中承担了哪些角色?
6. 儒商文化中的"以民为本""回馈乡里"思想,对当代乡村产业振兴有何借鉴意义?

思考题

一、单项选择题
1. 儒商与一般商人的核心区别在于(　　)。

A. 追求利润最大化　　　　　　　　　　B. 重视商业道德,不取不义之财
C. 拥有更高的文化素养　　　　　　　　D. 从事国际贸易活动
2. 被称为"商圣"的早期儒商代表人物是(　　)。
A. 子贡　　　　　B. 范蠡　　　　　C. 孟洛川　　　　　D. 孔子
3. 儒商精神发展的第二阶段是(　　)。
A. 取之有道阶段　　　　　　　　　　B. 崇儒好儒阶段
C. 贾儒结合振兴经济阶段　　　　　　D. 世界儒商精神形成阶段
4. 儒商文化中"仁者爱人"体现的是哪种经商思想?(　　)
A. 人本经商思想　　　　　　　　　　B. 以义取利的道德
C. 诚信的行为准则　　　　　　　　　D. 互惠互利的智慧
5. 首届世界儒商大会召开的时间是(　　)。
A. 1994 年　　　　B. 2000 年　　　　C. 2018 年　　　　D. 2023 年

二、多项选择题

1. 儒商的内在价值取向包括以下哪些?(　　)
A. 注重仁爱　　　B. 讲求诚信　　　C. 自强不息　　　D. 以义制利
2. 儒商文化的基本内容包括(　　)。
A. 仁者爱人的人本经商思想　　　　　B. 以义取利的商业道德
C. 诚信的经商行为准则　　　　　　　D. 互惠互利的商业智慧
3. 儒商精神的现代价值体现在哪些方面?(　　)
A. 引导商业行为规范化　　　　　　　B. 协调经济效益与社会效益
C. 推动反腐倡廉和净化社会风气　　　D. 促进世界和平与发展
4. 儒商文化的现代意义包括?(　　)
A. 公民道德建设的有机组成部分　　　B. 社会主义市场经济体制的必要补充
C. 加强企业管理和企业文化建设的手段　D. 凝聚海内外华商的精神纽带
5. 儒商文化推动亚洲经济一体化的原因包括(　　)。
A. 儒商文化是亚洲国家共同接受的文化
B. 儒商文化倡导"双赢""多赢"哲学
C. 中国可借助儒商文化在亚洲发挥更大作用
D. 儒商文化能够消除亚洲国家间的政治分歧

三、简答题

1. 儒商与一般商人的主要区别是什么?请结合儒家思想分析。
2. 儒商精神的核心内涵是什么?列举其主要价值取向。
3. 儒商文化的现代意义体现在哪些方面?请结合市场经济发展说明。
4. 儒商文化如何促进企业管理和企业文化建设?试举例说明。
5. 儒商文化对推动亚洲经济一体化有何作用?请从文化和经济角度分析。

第十章
明水古城文化创意产品开发调研

开篇案例

明水古城景区位于山东省济南市章丘区明水街道车站街,地处中国环渤海经济圈核心区域、齐鲁咽喉交界处。西邻济南市历城区,距济南市50千米,是济南市章丘区著名景点。2023年9月21日,《山东省医养健康产业发展规划(2023—2027年)》新闻发布会召开,明确明水古城国际泉水旅游度假区成功入选山东省"文旅深度融合促进旅游产业高质量发展"重点项目清单,该项目由山东省发展和改革委员会牵头推进。

景区依托百脉泉域之地的自然基底和千年明水古城的文化积淀,以"泉＋城＋文化"为特色,以"理水•盈城•传文•生活•产业"为理念,融泉水生态、历史人文、现代产业于一城,集文化传承、观光旅游、休闲度假、国际会务、文化创意、生态宜居于一体,打造具有独特性、高品质的国际旅游休闲度假综合目的地,是明水古城打造的旅游休闲度假胜地。

景区规划总占地约2 406亩,建筑面积约80万平方米,以"济南元素"与"章丘符号"为基底,规划酒店会议度假区、自然生态度假区、南西式风情休闲区、青年文化创意区、古城文化风情区五大功能分区,将历史上名人故居、大户望族,城内泉水人家安居乐业,城外莲藕池碧争相斗艳的景象复刻。

在这里,游客将会沉浸式体验到千古才女李清照故居,一代儒商大亨孟洛川为主题的孟家大院、商号,章丘非物质文化遗产技艺作坊,复原纪念花匠、神医的明朝庙宇花神庙、古城遗存城隍庙等宗祠建筑,形成具有地域属性、城市性格与人文精神综合的旅游产品,为古城赋予新的"生命力"。

资料来源:清照泉城明水古城度假区公众号。

第十章 明水古城文化创意产品开发调研

案例启示

明水古城景区通过"文化＋生态＋产业"的多维融合,将地域文化遗产与现代旅游需求深度对接。景区依托百脉泉域的自然禀赋与千年古城的文化积淀,以"泉＋城＋文化"为特色,构建"理水·盈城·传文·生活·产业"的发展理念,将泉水生态、历史人文与现代产业有机融合,形成集文化传承、休闲度假、国际会务等功能于一体的综合性旅游目的地。通过复刻李清照故居、孟家大院等历史建筑,活化章丘非遗技艺作坊,打造沉浸式文化体验场景,既保护了历史文脉,又赋予古城新的生命力。同时,政府高位推动将其纳入省级重点项目,统筹资源规划五大功能分区,实现了文化保护与产业开发的良性互动。这种"以文化为魂、以生态为基、以创新为驱动"的发展模式,不仅为传统古城的保护与活化提供了可借鉴的路径,更通过文旅深度融合激发了区域经济活力,为城市更新与乡村振兴注入了文化动能,彰显了传统文化在现代社会中的经济价值与社会效益。

教学目标

知识目标:掌握文化创意产品的核心概念及其四大特性;理解文化创意产品的三类划分标准;熟悉文化创意产品开发的三大原理;掌握文化创意产品价值实现的三条路径。

能力目标:能够运用文化符号提取方法,从历史建筑、非遗技艺等资源中提炼核心文化元素;具备市场调研能力,完成游客画像分析、现有产品满意度评估及需求缺口识别;掌握文创产品开发策略;学会借鉴成功案例经验,制定差异化竞争策略与全产业链运营模式;能够制定文化传承与生态保护协同发展的产品开发方案。

素质目标:培养文化敏感性与创新思维,提升传统文化现代表达的转化能力;增强社会责任感,树立文化遗产保护与可持续发展理念;强化市场意识,建立以消费者需求为导向的产品开发思维。

相关知识

一、文化创意产品的概念

对文化创意产品的认识,有广义和狭义之分。广义的文化创意产品是指文化产品,具有特定历史文化内涵或艺术想象力(如艺术品、收藏品、电影、音像、出版物等),是人类在历史各个时期的发展过程中,通过其智慧利用自然资源、社会资源和文化资源所生产的全部产品。狭义的文化创意产品,是指在知识经济时代一种源自个人创意、技能和才干,根据社会实践要求,以脑力劳动为主,通过知识产权的开发和运用,自觉创造出的具有象征价值、社会意义和特定文化内涵的产品或服务。文化创意产业学科所研究的文化创意产品指的是狭义的文化创意产品。因此,文化创意产品是指以文化资源为核心,通过创意设计与现代商业手段相结合,转化为具有文化内涵、实用价值和市场竞争力的商品或服务。其核心在于将文化符号、历史故事、传统技艺等非物质文化遗产转化为可交易的经济产品,实现文化价值与商业价值的双重赋能。

二、文化创意产品的特点

由于文化、创意和高科技元素的植入,决定了文化创意的价值和使用价值的不确定性、流通过程的共享性和重复利用性、生产过程成本的复杂性、应用过程的增值性等特点。对文化创意产品特点的深入研究,有助于探索其价值的实现路径。

由于创意的特殊性,决定了文化创意产品具有以下几个方面的特殊性。

(一)价值的不确定性

文化创意产品的特点和其生产制作不同于一般传统产品,这使文化创意产品的价值和使用价值具有不确定性。文化创意产品为消费者创造的产品价值,包含着功能价值和表意价值。功能价值主要是指物理功能,是商品的物质基础,主要指向市场价值,表意价值是商品中包含的能够符合一部分社会群体精神追求和文化崇尚需求并产生共鸣的无形附加物,是文化的附加观念。这更多依赖于消费者个人的精神和文化偏好,不同的需求偏好者对同一个文化创意产品的需求不同,对文创产品的文化价值、艺术价值、娱乐价值、商业开发价值有不同的价值评价,有一定的主观性,因此文创产品的价值具有不确定性。

文化创意产品的使用价值具有潜在性和不确定性。消费者购买文化创意产品是因为其满足的是自己精神文化的需求,例如审美、思想、愉悦等。如电影的使用价值只有通过版权交易、电影的发行才能体现,因此说文化创意产品的使用价值是潜在的、不确定的。

(二)非消耗性

传统有形产品交换中,生产者让渡使用价值,丧失所有权和使用权,与之不同,文化创意商品却可以在同一时间内分别由若干人使用,与他人共享文化创意产品与创意服务。传统有形产品的使用过程就是价值消耗过程,而文创产品的知识共享和重复利用的特殊性,以及其产业链各环节的相互联系,使文化创意产品的使用过程不但不会像传统物质形态产品那样消耗其价值,而且在一定条件下可转换为其他的使用价值并带来大量的增值价值。例如,一张音像产品、一项设计技术的专利,版权人和专利权人既可以自己使用,也可以转让给他人使用或者由若干使用者共享这项专利。文化创意产品应用于具体的工艺生产过程中,通过合理、有效地运用,其使用价值不仅可以等量地转移到新产品中去,而且可能会创新出其他产品,或改革原有产品,在同样条件下创造出更多更好的物质财富,开发出更多的能量。

这种知识的独享和共享行为并不会降低文化创意产品的价值,不会影响版权和专利技术的质量,这就是文化创意产品与文化创意服务的非排他性特征。这些特征使文化创意产品可以重复使用,并带来这类产品的重复生产,因而易于形成规模经济效应,能有效降低社会交易成本。

(三)创新性

与一般的物质产品不同,创意作为人类社会一种特殊的知识产品,其生产过程是复杂的脑力劳动过程,精神生产劳动决定了文创产品的价值量,而精神生产劳动具有独创性、不可比性。一个创意的生成包括五个阶段:提出问题阶段、创意酝酿阶段、创意孵化阶段、创意生成阶段和创意成熟完善阶段,在这个过程中,创意始终贯穿其中。文化创意产品价值链增值能力呈现先期研究与开发附加值高、中期生产制造利润低、后期营销利润高的"微笑曲线"(smiling curve)特点,同时,显示了文化创意产品高成本研发、低成本制造复制产品的特点。施振荣提出的"微笑曲线"理论,指的是像微笑嘴型的一条曲线,两端朝上。在产业链中,附加值更多体现在两端——设计和销售;处于中间环节的制造附加值最低。

这种成本的复杂性给产品定价带来了困难。文化创意产品在未被生产出来之前,市场对它的需求是难以判断的,具有高风险性和不确定性。这就决定了文化创意产品难以采用以生产者为导向、以费用为依据的成本定价模式,而适宜采用以消费者为导向、以价值为依据的差别定价模式。

(四)知识产权的保护性

文化创意产品和其他传统产品一样,在没有被交易以前,商品的价值和使用价值不可能体现,只有在交易发生后,商品的使用价值和价值才会体现出来。但是文化创意产品交易的内容与一般传统商品交易的内容有着明显的不同,这就是蕴含在文化创意产品背后的知识产权交易内容。文化创意产品无论价值有多高,因其复制成本低的特性,一旦得不到知识产权保护,产业将面临任意仿制和抄袭的局面,产品的价值就不能体现。

文化创意产品的知识产权交易涉及文化创意产业不同领域,包括创意符号、创意要素、创意所有权、创意使用权等交易内容,以及特定文化创意产品的著作权、专利权、商标权等交易内容。文化创意产品的核心问题就是知识产权保护。

三、文化创意产品的分类

文化创意产业的内容和形式丰富多彩,从不同的角度,可以将文化创意产品划分为不同的类型。

(一)从创意与融合的领域来划分

文化创意产业通过分散的个体劳动、简单协作的集体劳动和社会结合劳动来组织生产,由此产生文创产品。在从分散劳动到社会结合劳动的过程中,创意与不同领域进行了融合,根据创意与不同领域的融合,文创产品可以划分为艺术型文化创意产品和经济型文化创意产品两大类。

艺术型文化创意产品,是指存在于文化产业领域中的文化作品。艺术型文化创意产品是文化产业化的核心,其创作者往往是来自文化领域的艺术家们,例如文学艺术、视觉艺术、传媒艺术、表演艺术等领域。这些作品包括文字书写、声图像录制、现场表演、视觉印象等,例如一部小说、一幅画或是一场话剧表演等。

经济型文化创意产品,是指创意元素融入传统产业生产过程中而出现的产品。创意元素的植入,极大地提高了产品的附加值,增加了产品的市场竞争能力,从而扩大了市场的销售。这类产品包括因工业设计、建筑设计、广告和会展策划等创意元素的融入而产生的产品或过程。这类产品具有新颖性、奇特性、高附加值性等特点。在这类产品中,产品的物理价值无法避免地构成价格的一部分,但是其所占的比例随着创意元素的植入比例而变得越来越少。

（二）从文化创意产品的形态来划分

从文化创意产品的形态划分,一般可以分为有形和无形文化创意产品两大类。有形文化创意产品是指借助于物质载体形成的既有物质形态又有文化符号的创意商品,例如设计图纸、书刊、报纸、图画、雕塑、唱片、音像磁带、照片、电影拷贝、手稿、讲稿和电脑软件等。

无形文化创意产品是指为社会提供服务的创意服务等,例如咨询服务、演出服务、教学服务等。创意服务通过把各种各样的事物作为符号加以利用,使其具有某种象征意义,受到消费者的认同,从而具备商品的属性,可以作为商品进入市场流通,并转化为生产力,使用户获得经济效益。

（三）从文化创意产业群层面来划分

从文化创意产业群层面划分,文化创意产品可以分为原创类文化创意产品、运作类文化创意产品和延伸类文化创意产品三大类。

原创类文化创意产品是指处于文化创意产业核心地位,与出版业、报业、电影业、广电产业、文艺演出业、动漫产业等相结合的文创产品。这一类文创产品的主要特点有内容性、新颖性、文化性和奇特性。

运作类文化创意产品是指创意融入已有产业中,并处于文化创意产业群运作层面的文创产品。运作类文化创意产品融入的产业有音像业、计算机和软件业、互联网业、工业设计业、建筑设计业、服装设计业、旅游业和广告业等。这一类文创产品的主要特点有创意的转移性和创意的生命周期性。创意的转移性是指创意一旦嫁接产业,即不再对创意进行深化,而是注重与产业融合的形式。

延伸类文化创意产品是指处于文化创意产业群边缘,与服装业、体育娱乐业、会展业、工艺品、商业服务业等相结合的创意产品。这类产品往往处于产业链的末端,其创意含量相对于原创类和运作类文化创意产品来说要少,但其生命周期比较长,而且门类多。

四、文化创意产品的开发原理

文化创意产品是在知识经济时代背景下的一种源自个人创意、技能和才干,根据社会实践要求,以脑力劳动为主,通过知识产权的开发和运用,自觉创造出的具有象征价值、社会意义和特定文化内涵的产品或服务。所以说,文化创意产品的生成本质上是创意的生成,并进行相应的开发。

(一)文化是创意产品生成的基础

文化创意产品是对文化资源的开发和利用,而且对文创产品有消费需求的消费群体通常是具备一定文化品位的。文化资源越是被人们深入了解,其市场就会越大,它的重复利用的可能性也就会越大。

文化创意产品的隐性价值是文化内容,是产品的核心竞争力,是文创产品的核心部分,也是文创产品高价值部分和文化创意产业链的高利润区域。丰富的文化资源和深厚的人文底蕴是文创产业发展的宝藏。

文化氛围可以分为文化设施及活动和文化教育水平等几个方面。文化活动参与度,可以根据一个国家或地区的人均借阅图书馆图书的数目、人均参观博物馆的次数、群众文化活动机构活动次数和艺术表演场次及观众等指标来分析;文化教育水平可以根据受过高等教育人口比例、高等教育机构数量等指标来衡量。文化氛围构成了一个国家或地区的文化创意产生的土壤。

(二)灵感是文化创意产品产生的源泉

灵感,又称灵感思维,指文艺、科技活动中瞬间产生的富有创造性的突发思维状态。"灵感"一词在我国古代是没有的,于五四运动时期引入中国,是英语 inspiration 的音译,inspiration 指的是一种灵气,在希腊语中指的是"神的灵气"。

灵感并不是无中生有的,它必须在人类实践的基础上产生。人类灵感往往产生于全部精神力量贯穿于创造性活动的客体上、情绪异常充沛、对自己的创造性劳动对象充满激情的状态中,并且具有思想的极度明确性和智慧的高度敏感性。灵感是以长期的、辛勤的巨大劳动为基础的,是在创造性劳动中出现的心理、意识的运动和发展的飞跃现象。灵感是由疑难而转化为顿悟的一种特殊的心理状态,有时候是无意识的突然兴起的神妙能力。

文化创意工作者的创作离不开灵感,有时候灵感一至,文思泉涌,一挥而就;而没有灵感,殚精竭虑,毫无收获。所以,很多文化创意工作者特别强调和钟情于灵感,或蜗居斗室、冥思苦想,或游走八方、探幽访胜,无非也是为了寻找灵感的源泉。

(三)需求是文化创意产品产生的动力

随着经济的发展,消费在不断升级。根据马斯洛需要层次论,人的生理需求、安全需求、社交需求、尊重需求以及自我实现的需求是逐级递增的,当低层次的需求满足以后,需求就会要求更高层级的满足。现在,随着经济发展和时代进步,彰显个性、自我实现和审美需求逐渐成为这个时代的消费者新的需求。人们的生活方式发生了改变,欣赏音乐、参观展览和收藏艺术品等成为越来越多的人选择的生活方式,而文化创意产品中所蕴含的文化要素、科技要素也是满足消费者精神需求的主要吸引力。创意产品和服务带给人们的效用,比较偏重精神层面,通常比普通产品与服务效用层次高。人们对创意消费的效用追求建立在基本消费效用满足的基础上,因此,社会经济基础对创意消费有较大的影响。

消费者效用的偏好是受多种因素影响的,例如消费者的教育程度、个人价值取向及个人审美水平等内部因素影响,再加上广告刺激、他人意见和消费情境等外部因素影响。这些因素因个体差异、时代背景等发生变化,而且创意产品这种本身就以主观观念价值为基础的特殊商品,消费者效用偏好变化更具有易变性和不确定性。

有效需求指的是拥有购买意愿和购买能力,因此,创意消费者的收入和创意产品的价格也是决定消费行为的最主要因素。不过,也有其他因素影响需求。创意产品消费有时候容易出现炫耀性消费或符号性消费现象,那么这个时候,由于创意产品的稀缺性或独特性,导致其价格越高,需求反而越大。另外,除了收入和价格因素外,创意消费还受到文化氛围的影响和自由活动时间的影响。

人们在创意消费中完成某种个性化的认同和自我身份的塑造,这就要求创意生产更重视消费者个性化的需求。与传统产业中消费者一般是产品的被动接受者不同的是,创意产品的消费者对产品具有更强势的话语权,甚至是设计权,如消费者需要创意产品进行个性化定制。

五、文化创意产品的价值实现路径

从产业角度分析,以创意核心产业为主线,创意支持产业、配套产业和衍生产业为辅线而形成的产业系统,是文化创意产业价值实现的产业系统内容。文化创意产业需要产业集群所形成的产业链或相关产业的支持、配套和衍生,才能创造出经济价值和社会价值。这一产业集群价值效应,在很大程度上依赖于区域经济发展条件和区域政府的产业规划与产业政策。

从产品角度分析,在文化创意产品价值的形成过程中,一般产品生产过程中的供求机制、价格机制、竞争机制等价值规律都会作用于文化创意产品的生产和交易,文化创意产品价值生产和实现过程服从于一般价值规律。但由于文创产品的生成机理和特点,价值系统的隐性及显性部分会随着其附加的创意个性的不同而不断增值,因而企业要有效利用创意产品的特点,建立文化创意产品价值系统的持续生命力,使文化创意产品的价值实现最大化。

(一)挖掘产品的隐性价值,以创造文化消费

利用人类的创造力,将文化资源转化为文化内容,充分挖掘产品的隐性价值。文化创意产品的价值是其产品所具有的精神内涵内容,形式各异、内涵多样的文化创意产品因其内容而具有价值。内容创意是文化创意产品价值实现的核心和基础,并且在文化创意产业价值链中占据着顶端的地位,在任何情况下,都能够控制产业链的关键部位。因此,文化创意产品的内容创意也成为能够吸引消费者的关键点。与传统产品的内容有着本质的差异,文化创意产品的内容创意可以是抽象的文化概念、文化服务等,以创意为动力,将各种文化资源与信息数字技术相结合,创造出惊人的经济社会价值。

文化创意产品是利用文化的内容进行创意,首先,内容决定产品,由于其相关的文化内容,必须关注其产品的文化品位和社会效应等。其次,作为核心基础的内容创意,要转化为文化创意产品,生产成本高,并且不易计量,需要高技术强力支持。因此,必须依赖高技术的紧密联盟、与产业链中各个相关部门和行业的良性互动、风险投资的支持和国家优惠政策的大力推动。最后,与消费社会时尚浪潮化运作相呼应,依托深厚文化底蕴,立足

创新性,是实现价值的良策之一。

(二)增值产品的显性价值,以引导文化消费

由于文化创意产品是一种观念产品,能够吸引消费者进行消费的,除了其内容的创意外,其载体形式,即显性价值部分,既要符合消费者需求,也必须通过一定的形式实现。文化创意产品的实现需要对内容创意进行产业化开发和生产制造等产业价值链的环节落地,以及运用各种媒体进行传播,帮助其市场流通,进而获取价值。

消费者对文化创意产品的消费需求来自对其所含文化内容的认可或欣赏,因此,消费者首先必须知晓产品及其内涵,对文化创意产品表现形式进行接受。同时,由于文化创意产品的价值有些是无形、隐蔽而且深刻的,需要通过营销推广加以诠释、渲染,以增加文化创意产品的故事力、感受力和娱乐力,使消费者感知、感受、感动,进而产生消费。有时候,文化创意产品需要经过多次反复地展示、推介、宣传,其价值才被逐步挖掘出来。这就要求生产商通过媒体推介,实现文化创意产品价值的增值。因此,媒介推介成为实现文化创意产品价值挖掘的重要环节。

(三)知识产权维护,以保障价值实现

知识产权是智力成果权,赋予创造者对其智力成果的各项权利,知识产权对权利人提供了对创新成果的专有、垄断的合法保障,为创造性劳动所创造的价值提供了合理的利益分配机制。若缺少了知识产权的保护,那么文化创意产品的发展就很难顺利进行下去。

创作者在分工与合作中,要注意约定好知识产权的分配事项;文化创意产品企业要制定企业内部商业秘密保护制度、与相关人员签订文化创意成果的归属合同等。有一些文化创意人员在进行发明创造实物的展示前就开始进行专利申请,即"预期性专利申请"。在文化创意产品的传播与销售阶段,也要通过知识产权执法部门打击侵权者。文化创意产品的消费阶段,消费者的知识产权保护意识也很重要。

本章小结

文化创意产品是知识经济时代的重要产物,其核心在于将文化资源通过创意设计与现代商业手段转化为兼具文化内涵与市场价值的商品或服务。它具有价值不确定性、非消耗性、创新性及知识产权保护性等显著特征:价值的不确定性源于消费者主观偏好对文化内涵的差异化认知;非消耗性使其可重复利用并衍生增值;创新性体现为脑力劳动的独创性与"微笑曲线"式的价值链分布;知识产权保护性则是其市场生命力的制度保障。

从分类来看,文化创意产品可依据融合领域分为艺术型与经济型,按形态分为有形与无形,从产业群层面分为原创类、运作类与延伸类。其开发原理以文化为基础,依赖灵感的创造性迸发,并以市场需求为动力,将文化符号、历史故事等转化为满足消费者精神需求的产品。在价值实现路径上,需通过挖掘隐性文化价值吸引消费,借助媒介推广增值显性价值,并依托知识产权保护保障可持续发展。这一过程既推动了文化资源的活化利用,又实现了文化价值与商业价值的双重赋能,为文化创意产业的发展提供了理论支撑与实践指导。

实践任务

根据以上内容,结合对济南章丘区明水古城的实地调研,以小组为单位完成以下任务,并形成调研报告。

1. 明水古城有哪些可提炼的核心文化符号?如何将这些文化符号转化为符合现代审美的文创产品形态?
2. 明水古城游客的年龄结构、职业分布、消费能力呈现何种特征?
3. 现有文化创意产品在哪些方面未能满足游客需求?存在哪些改进空间?
4. 明水古城的文化创意产品开发应侧重实用性、纪念性还是体验性?如何平衡不同功能定位?
5. 国内成功景区文化创意有哪些可借鉴的开发模式?
6. 文化创意产品开发中如何兼顾文化传承与生态保护?

思考题

一、单项选择题

1. 根据狭义定义,文化创意产品的核心(   )。
   A. 自然资源的利用　　　　　　B. 个人创意与知识产权开发
   C. 传统产业的升级　　　　　　D. 大规模工业化生产
2. 文化创意产品的非消耗性指的是(   )。
   A. 产品价值随使用而消耗　　　B. 可同时被多人使用且价值不降低
   C. 生产过程无须消耗资源　　　D. 产品形态无形
3. 按创意与融合的领域划分,文化创意产品可分为哪两类?(   )
   A. 有形与无形　　　　　　　　B. 艺术型与经济型
   C. 原创类与延伸类　　　　　　D. 传统型与现代型
4. 文化创意产品开发的动力是(   )。
   A. 文化资源的丰富性　　　　　B. 消费者的需求升级
   C. 创作者的灵感迸发　　　　　D. 政府的政策支持
5. 文化创意产品价值实现的保障是(   )。
   A. 知识产权保护　　　　　　　B. 市场推广
   C. 产品创新　　　　　　　　　D. 降低成本

二、多项选择题

1. 文化创意产品的特点包括(   )。
   A. 价值的不确定性　　　　　　B. 非消耗性
   C. 创新性　　　　　　　　　　D. 知识产权保护性
2. 文化创意产品的分类方式有(   )。
   A. 按创意与融合的领域　　　　B. 按产品形态
   C. 按产业群层面　　　　　　　D. 按市场需求

3. 文化创意产品的开发原理包括( )。
A. 文化是基础　　　　　　　　　B. 灵感是源泉
C. 需求是动力　　　　　　　　　D. 技术是核心
4. 文化创意产品的价值实现路径包括( )。
A. 挖掘隐性文化价值　　　　　　B. 增值显性价值
C. 知识产权维护　　　　　　　　D. 降低生产成本
5. 从形态划分,文化创意产品可分为( )。
A. 有形文化创意产品　　　　　　B. 无形文化创意产品
C. 艺术型文化创意产品　　　　　D. 经济型文化创意产品

三、简答题
1. 简述文化创意产品的狭义定义。
2. 文化创意产品有哪些主要特点？请逐一说明。
3. 文化创意产品的分类方式有哪些？请分别列举并简要解释。
4. 文化创意产品的开发原理是什么？请分析各要素的作用。
5. 结合实例,分析文化创意产品的创新性特点如何体现。

References 参考文献

[1]姚大川,王小兰.乡村振兴社会服务人才:概念内涵与培养路径[J/OL].中国农业资源与区划,1-10[2025-03-24].

[2]黄祖辉,傅琳琳."千万工程"推进乡村全面振兴的实践逻辑与经验启示[J].改革,2025(2):1-20.

[3]王艳琼,张亚文,谭燕玲,等.乡村振兴背景下民族地区文体旅产业融合发展:价值、模式与路径[J].体育文化导刊,2025(2):79-85.

[4]郭健明.共同富裕视域下乡村振兴助力中国式现代化的内涵与机理[J].农业经济,2025(2):48-50.

[5]彭玮,罗颖.农业农村现代化的生成逻辑、科学内涵、问题挑战及实现路径[J].江汉论坛,2024(12):37-43.

[6]张涵,钟彬.基于农村集体经济优化视域的乡村治理创新[J].农业经济,2024(12):29-31.

[7]游朋轩.推动农民农村共同富裕:科学内涵、现实短板及优化向度[J].农业经济,2024(10):67-70.

[8]孟萍.乡村振兴背景下红色文化资源开发利用探究[J].图书馆工作与研究,2024(S1):24-29.

[9]彭璐璐.乡村振兴背景下乡村文化和旅游深度融合发展路径研究[J].农业经济,2024(8):76-78.

[10]段婧婧.乡村振兴之乡风文明建设:时代意蕴、科学内涵与实现路向[J].农业经济,2024(8):46-49.

[11]刘丽伟.中国式乡村文化振兴:理论内涵、价值耦合及未来进路[J].东北师大学报(哲学社会科学版),2024(4):49-58.

[12]张圆刚,田文娟,郭英之.乡村旅游赋能和美丽乡村建设——内涵、逻辑与研究框架[J].经济地理,2024,44(6):224-231.

[13]陈祥,王云庆.乡村振兴视域下农业文化遗产档案的内涵、搜集与利用[J].广西民族大学学报(哲学社会科学版),2024,46(03):102-110.

[14]朱红艳,孔少华,南楠.文化产业赋能乡村振兴探究[J].学术交流,2024(4):119-135.

[15]廖祖君,卢晨瑜.农民农村共同富裕:内涵特征、生成逻辑与实践路径[J].重庆社会科学,2024(2):6-16.

[16]于文领.城乡融合视域下乡村振兴战略的内涵、现实困境和路径选择[J].贵州社会科学,2024(2):162-168.

[17]陈健,王丹.新质生产力赋能乡村全面振兴的内涵特征与实践路径[J].西南民族大学学报(人文社会科学版),2024,45(2):99-107.

[18]谢治菊.乡村振兴示范创建的内涵、逻辑与路径——以乡村振兴示范带建设为例[J].农村经

济,2023(11):45—53.

[19]巩前文.中国式农业农村现代化:内涵、特征与路径[J].北京行政学院学报,2023(6):29—37.

[20]丁海涛.中国式现代化指引全面推进乡村振兴的内在逻辑、时代意蕴与实践突破[J].北方民族大学学报,2023(5):30—37.

[21]孙琳,孙志平,杨晓丽.市场营销实务与案例分析[M].北京:人民邮电出版社,2023.

[22]陶广华,刘乐荣,徐嵘.市场调查与分析[M].2版.北京:北京理工大学出版社,2020.

[23]苏朝晖.市场营销从理论到实践[M].2版.北京:人民邮电出版社,2021.

[24]陈启杰.市场调研与预测[M].4版.上海:上海财经大学出版社,2013.

[25]郭国庆,钱明辉.市场营销学通论[M].7版.北京:中国人民大学出版社,2017.

[26]靳洪,刘翠.市场营销学理论、案例与实训[M].北京:人民邮电出版社,2023.

[27]郭国庆,陈凯.市场营销学[M].8版.北京:中国人民大学出版社,2024.

[28]余敏,陈可,沈泽梅.营销策划[M].北京:北京理工大学出版社,2020.

[29]朱捷.市场营销[M].成都:电子科技大学出版社,2020.

[30]邓镝.营销策划案例分析[M].2版.北京:机械工业出版社,2014.

[31]邵作昌.儒商文化与职业素养[M].北京:北京理工大学出版社,2020.

[32]王伟浩,汪朝洋.市场营销理论与实务[M].2版.上海:上海财经大学出版社,2024.

[33]黄金火.市场营销学[M].5版.上海:上海财经大学出版社,2024.

[34]晁钢令.市场营销学[M].5版.上海:上海财经大学出版社,2018.

[35]乔辉.营销策划:创意、信息处理及表达[M].上海:上海财经大学出版社,2015.

[36]邵作昌.儒商文化[M].上海:上海财经大学出版社,2018.

[37]赵悦.市场调查与预测[M].上海:上海财经大学出版社,2021.

[38]闫秀荣,崔佳.市场调查与预测[M].5版.上海:上海财经大学出版社,2022.

[39]吴宪和.分销渠道管理[M].4版.上海:上海财经大学出版社,2021.

[40]黄炜.市场营销理论与实务[M].上海:上海财经大学出版社,2019.

[41]张传兵,范巧.现代儒商新概念、中国式管理与现代化[J].财经问题研究,2024(8):75—87.

[42]徐国利.传统儒商仁道观及其现代价值[J].社会科学战线,2021(6):57—66.

[43]徐国利.传统儒商义利观及其近代转型与文化取向[J].学术界,2020(9):147—156.

[44]徐国利.中国古代儒商发展历程和传统儒商文化新探[J].齐鲁学刊,2020(2):5—13.

[45]李军,张运毅.基于儒商文化视角构建新时代商业伦理探析[J].东岳论丛,2018,39(12):178—184.

[46]李培挺.儒商精神的内生境遇探析:历史溯源、存在特质及其实践内生[J].商业经济与管理,2018(10):47—56.

[47]唐金培.子贡儒商精神的历史意蕴与当代价值[J].河北学刊,2015,35(3):60—63.

[48]王兴元,张鹏.企业家儒商文化特征的一种分析与评价[J].经济管理,2012,34(9):180—188.

[49]王艳,王瑞辉.当代市场经济潮流中儒商精神的缺失与儒商文化的现代意义及其践行[J].农业现代化研究,2012,33(3):346—349.

[50]孙建华,杨秉强.鲁商思想文化元素初探[J].商业研究,2011(4):212—216.

[51]孔祥智.三农蓝图:乡村振兴战略[M].重庆:重庆大学出版社,2022.

[52]林峰.乡村振兴战略规划与实施[M].北京:中国农业出版社,2018.

[53]代彦辉,雷发明,李敏. 乡村振兴战略理论与实践读本[M]. 北京:中国农业科学技术出版社,2020.

[54]罗见. 乡村振兴战略实施的关键路径和实践探索[M]. 南昌:江西人民出版社,2022.

[55]张学颖. 数字赋能乡村振兴的政策与实践[J]. 中国信息界,2025(1):6-8.

[56]周光霞,梁丽群. 乡村人才振兴:国内外经验与中国路径[J]. 智慧农业导刊,2025,5(2):189-192.

[57]田海燕. 文化旅游产业与生态农业融合发展的实践路径研究[J]. 现代农业科技,2024(22):195-198.

[58]李新颖,姚士君. 山东省乡村产业振兴政策落实多维度分析[J]. 山东宏观经济,2024(4):73-77.